Grundlagen frühkindliche Bildung

Herausgeber der deutschen Ausgabe: Wassilios E. Fthenakis, Pamela Oberhuemer

Ingrid Pramling Samuelsson, Maj Asplund Carlsson

Spielend lernen

Stärkung lernmethodischer Kompetenzen

Für Ingrids Enkelkinder
Vilgot
Hjördis
Frida
Albin
Hjalmar

Haben Sie Anregungen oder Kritikpunkte zu diesem Buch?
Dann senden Sie eine E-Mail an service@schubi.com
Autoren und Verlag freuen sich auf Ihre Rückmeldung.

Swedish language edition published by Liber AB, Stockholm,

Herausgeber und Überarbeitung der deutschen Ausgabe: Wassilios E. Fthenakis, Pamela Oberhuemer

Anhang für die deutsche Ausgabe und Kapitelzusammenfassungen: Gisela Hoppenstedt

Übersetzung aus dem Schwedischen: Stefanie Werner

Umschlagfoto: Heidi Velten, Kunterbunt

Sie finden uns im Internet unter:
www.schubi.com
www.bildung-von-anfang-an.de

2. Auflage 2013

ISBN 978-3-86723-520-4

No BV 500 63

Inhaltsverzeichnis

Vorwort der Herausgeber der deutschen Ausgabe

Mit diesem Buch legen die schwedischen Wissenschaftlerinnen Ingrid Pramling Samuelsson und Maj Asplund Carlsson ein theoriegeleitetes und empirisch untermauertes Konzept der Frühpädagogik vor. Sie nennen dieses Konzept „Entwicklungspädagogik".

Mit Bezug zur Geschichte der Frühpädagogik und zu aktuell exponierten pädagogischen Philosophien wie der Reggio-Pädagogik setzen sich die Autorinnen mit der internationalen Forschungsliteratur um Lernen und Bildungsprozesse in der frühen Kindheit auseinander – insbesondere mit phänomenografischen Ansätzen, Spieltheorien und Untersuchungen zum Kinderspiel. Sie beziehen dabei selbst eine klare Position.

Mit dem Begriff der „Entwicklungspädagogik" wollen sie zum Ausdruck bringen:

- Spielen und Lernen sind für junge Kinder zwei Seiten einer Medaille und nicht künstliche Alternativen;
- Lernen in der frühen Kindheit ist erfahrungsbasiert und findet ganz wesentlich in der sozialen Gemeinschaft statt;
- Pädagogische Fachkräfte spielen eine aktive und ko-konstruktive Rolle durch die bewusste Fokussierung von Lerngegenständen und die explizite Thematisierung des Lernvorgangs (Akt des Lernens).

Das „Lernen lernen" und die „lernmethodische Kompetenz" haben in Deutschland in der Fachdiskussion um Bildung in der frühen Kindheit an Präsenz gewonnen. Die Aufforderung zur Unterstützung der metakognitiven Kompetenzen von Kindern ist fest in einzelnen Bildungsplänen für den Elementarbereich verankert. Von Rückmeldungen aus dem Praxisfeld wissen wir aber, dass noch vielfach Unsicherheit darüber besteht, was unter lernmethodischer Kompetenz zu verstehen ist. Wir haben auch hierzulande noch wenig Forschung über diesen Aspekt der Elementarbildung.

Das vorliegende Buch füllt diese Lücke in zweifacher Hinsicht. Nicht nur werden Kernbegriffe des Lernens und des Meta-Lernens veranschaulicht, sondern auch unzählige Praxisbeispiele aus eigenen Untersuchungen der Autorinnen illustrieren, wie pädagogische Fachkräfte – ausgehend von alltäglichen Phänomenen in der Kindertagesstätte – in konkreter Weise die Lernprozesse der Kinder erweitern und diese auch durch metakognitive Dialoge für die Kinder bewusster machen können. *Was* die pädagogische Fachkraft im Alltag der Kinder aufgreift und thematisiert, hängt von ihren eigenen pädagogischen Zielsetzungen ab – Zielsetzungen, die wiederum im Bildungsplan verankert sind. So zeigt das Buch in hervorragender Weise das enge Zusammenspiel zwischen global formulierten Bildungszielen und dem lokalen Gruppenkontext auf, in dem Kinder sich befinden.

Prof. Dr. Dr. Dr. Wassilios E. Fthenakis, Pamela Oberhuemer

Vorwort

Endlich halten wir dieses Buch in den Händen und können uns kaum noch vorstellen, wie viel Arbeit bereits hinter uns liegt und dass es wirklich so lange gedauert hat, bis es endlich fertig war. Am Anfang stand das Projekt „Entwicklungspädagogik[1] – ein theoretischer Ansatz" (1995–1997) finanziert von dem „Jubiläumsfonds der Riksbanken", und unsere Aufgabe bestand darin, eine theoretische Grundlage für die Frühpädagogik, wie sie hier beschrieben wird, herauszuarbeiten. Es gab auch vorher schon diverse Artikel zu diesem Thema, aber im Grunde kann man es erst jetzt als abgeschlossen betrachten – oder sollten wir besser so sagen: Wir haben ein Etappenziel auf dem Weg zu einer theoretisch fundierten Frühpädagogik erreicht.

Ich war bereits einige Jahre damit beschäftigt, Literatur zu sichten und Aufsätze zu schreiben, als im Frühjahr 1999 Maj Asplund Carlsson dazustieß. Zwischen uns entstand ein fruchtbarer, dem Schreiben sehr dienlicher Dialog. Wir haben abwechselnd am Manuskript gearbeitet und uns immer wieder intensiv ausgetauscht, bis es fertig war.

Während all der Zeit, in der wir an der Theorie der Entwicklungspädagogik arbeiteten, war uns Professor Ference Marton ein wichtiger Dialogpartner und ihm gilt unser herzlichster Dank. Andere Kollegen, die wir erwähnen möchten, sind die Redakteurin Eva Johansson und die Studienrätin Elisabet Doverborg sowie alle, die am Doktorandenkolloquium „Spiel, Kreativität und Kommunikation in der Kindertageseinrichtung" teilgenommen haben: Siv Anstett, Katarina Barnö, Siv Benn, Lotta Bjevås, Elisabeth Björklund, Annika Elm, Anette Emilson, Mirella Forsberg Ahlcrona, Elisabeth Frank, Marianne Holm Djurfeldt, Susanne Johansson, Maelis Karlsson Lohmander, Bibbi Ljungvall, Eva Malmström, Ulla Mauritzson, Agneta Plengier Gaál, Helena Pokka, Maria Reis, Carin Roos, Monika Törning, Marita Westerlund und Camilla Öhberg, die eine ältere Fassung gegenlas und uns viele wertvolle Hinweise gab. Dank auch an Lisbetth Söderberg, die das Manuskript immer wieder umschrieb und mit Engelsgeduld redigierte, sooft uns neue Gesichtspunkte eingefallen sind.

Vielleicht noch ein paar Worte zum Titel des Buches. „Spielend lernen" soll als Leitmotiv für das gesamte Buch und als zentral für die Entwicklung der Theorie verstanden werden. Es geht folglich nicht um ein spielendes oder ein lernendes Kind, sondern um ein Kind, das spielt und gleichzeitig lernt, auch wenn wir nicht ständig beide Begriffe benutzen. Was die „Entwicklungspädagogik" betrifft, so bedeutet sie nicht, dass sich Kinder spontan und von allein in der Kindertageseinrichtung entwickeln, sondern vielmehr, dass der Bildungsplan und die Kinder selbst gleichermaßen wichtig für eine Frühpädagogik sind, wie wir sie hier beschreiben. Das

---

1 *Im deutschen Sprachgebrauch wird der Begriff „Entwicklungspädagogik" bisher eingeschränkter gebraucht, insbesondere in Verbindung mit der Pädagogik von Maria Montessori (siehe http://www.bildungsserver.de/db/mlesen.html?Id=21930) oder im Zusammenhang mit der Förderung von verhaltensauffälligen Kindern und Kindern mit Lernschwierigkeiten.*

Bewusstsein der Erwachsenen dafür *sowie* ihr Weg hinein in die Welt der Kinder stehen im Mittelpunkt. In dieser Form unterscheidet sich diese Frühpädagogik von anderen Theorien, indem wir Gegenstand und Akt des Lernens als untrennbar voneinander betrachten. Was zudem einzigartig ist, ist die Tatsache, dass zum ersten Mal in der Geschichte pädagogische Fachkräfte ihre eigene Frühpädagogik entwickelt haben. Ich selbst bin Pädagogin, habe mit pädagogischen Fachkräften während des Forschungsprojektes auch in der Praxis zusammengearbeitet und die meisten, die uns auf unserer Reise mit Anregungen und Hinweisen unterstützt haben, haben einen Hintergrund als Pädagogen.

Göteborg im Mai 2003 *Ingrid Pramling Samuelsson*

„**Spielend lernen**" meint, es geht um ein Kind, das spielt und gleichzeitig lernt.
In der „**Entwicklungspädagogik**" sind Bildungsplan und Kinder gleichermaßen wichtig für eine Frühpädagogik.

Teil I: Hintergrund

1. Ein Blick in die Geschichte

Zu Beginn des 21. Jahrhunderts kann man in der Forschung eine neue Bewegung erkennen, die sich inzwischen mehr oder weniger etabliert hat. Wir meinen damit Wissenschaftler, die Konferenzen einberufen oder Bücher und Artikel veröffentlichen, bei denen das Präfix *re* (wie bei Revision) oder *de* (wie in Dekonstruktion) im Titel auftaucht, was bedeutet: Man nimmt sich klassische Theorien und Texte vor, um diese *neu zu interpretieren* oder sie *neu zu beurteilen*. Gaile Sloan Cannella (1997, S. 16) beschreibt dies folgendermaßen:

> *Auch wenn man den Begriff Dekonstruktion auf sehr unterschiedliche Weise auslegen kann, so meint er doch in der Hauptsache eine Methode des Lesens oder Deutens (der Worte und/oder der Welt), bei der es darum geht, verborgene Inhalte aufzudecken, Schweigen, Widersprüche oder Kennzeichen von Macht. Die Daten sind historisch, in der Gegenwart verhaftet, mehrdimensional, dialogisch, qualitativ, quantitativ und ohne Einschränkung abhängig davon, wo sich diese versteckten Hinweise im Text verbergen. Die Dekonstruktion startet nicht nur einen Angriff auf den Glauben an den traditionellen Zusammenhang von Bezeichner und Bezeichnetem, sondern auch auf die Form des Denkens, der beide verhaftet sind. Dekonstruktion deckt die Stellen auf, an denen sich die Mächte verbergen, die durch das „Zeichen" generiert wurden (Kincheloe, 1993, S. 90) und macht Platz für alternative Auslegungen der Welt. Dekonstruktion deckt dominante Themen und Diskursformen auf und demaskiert die darin vorkommenden Widersprüche und vorgefassten Meinungen. Dekonstruktion kann als Musterung der dominierenden Referenzrahmen definiert werden. Ohne die Dekonstruktion herrschte nur der Status quo und wäre keiner Herausforderung unterworfen (Cherryholmes, 1998). Die Dekonstruktion macht die dominierende Wahrheit zur Fiktion und öffnet die Tür für eine Vielzahl von Möglichkeiten.*[2]

Der überwiegende Teil dieser Literatur (siehe z. B. Cannella, 1997; Dau, 1999; Dahlberg, Moss und Pence, 1999) geht von einer postmodernen Perspektive als Grundlage aus. Besonders oft zitiert wird vor allem der Philosoph Michel Foucault (1972, 1974), der als theoretischer Ausgangspunkt fungiert. Demnach sind das Kind und die Kindheit nicht an biologische Voraussetzungen gebunden, sondern konstruiert von denen, die die Macht haben oder als Erste die Geschichte auslegen konnten. Mit Vorliebe wird vor allem die naturwissenschaftliche Perspektive kritisiert. Auch in der Soziologie, genauer in der „Soziologie der Kindheit" haben Kinder als Individuen und nicht nur als Familienmitglieder ihren Platz eingenommen (siehe z. B. Jenks, 1982; James und Prout, 1990; Qvortrup, 1994; Corsaro, 1997).

[2] *Anm. des Übersetzers: Übersetzt aus der schwedischen Übersetzung.*

Warum ist diese Bewegung um die Jahrtausendwende immer stärker geworden? Vermutlich gibt es mehrere Gründe dafür. Eine Ursache kann in der Ausbreitung einer multikulturellen Gesellschaft liegen – zumindest in der westlichen Welt, die der Ursprung dieser kritischen Forschungsrichtung ist. Viele Länder, die zuvor aus scheinbar homogenen Kulturen bestanden, sind heute einer Vielfalt fremder Kulturen ausgesetzt, was natürlich dazu beiträgt, dass die andere Welt, die Normen, die Art des Denkens und Verhaltens zum Vergleich herangezogen werden. Die Mannigfaltigkeit in der Gesellschaft bewirkt, dass das eigene Verhalten der Menschen ihrem Umfeld gegenüber, das sie für selbstverständlich hielten, im Lichte des Verhaltens der anderen gebrochen wird und so bewirkt, dass man ein anderes Bewusstsein entwickelt. In dieser Situation, die die „Multikulti-Gesellschaft" mit sich bringt, kann auch das Streben des einzelnen Forschers nach Identität bzw. sein Ziel, die eigene Identität in einer fremden Kultur aufrechterhalten zu können, zu dieser Entwicklung beigetragen haben. Wenn man sich in gewisser Hinsicht „außerhalb" der traditionellen Werte und Normen einer Gesellschaft befindet, hat man eine größere Chance, sie aufzudecken, als wenn man ein Teil von ihr ist.

Eine andere Ursache für das Infragestellen des Etablierten kann die Frage nach *Einfluss* und *Demokratie* sein, d. h. der Gedanke, dass alle den gleichen Wert besitzen, dass auch Kinder Rechte haben und das Recht, Anteil zu nehmen. Die Kinderkonvention der UN hat eine konkrete Manifestation in der globalen Gesellschaft verabschiedet (Pramling Samuelsson, 1999). Diese Manifestation wurde systematisch aus einer Reihe internationaler Schriften (Bartley, 1998) entwickelt. Mit der Kinderkonvention hat sich die Sichtweise auf Kinder verändert, von einer Perspektive, die die *Bedürfnisse der Kinder* betrachtete, hin zu einer Sichtweise, die *die Rechte der Kinder* thematisiert (Nutbrown, 1996; Rinaldi, 2000). Vielleicht kann man sagen, dass es heute ein breites Bewusstsein dafür gibt, dass Kinder als vollwertige Menschen betrachtet werden sollten, die eigene Rechte besitzen. Allerdings kann man sich denken, dass die Konsequenzen dieser Erkenntnis in verschiedenen Ländern unterschiedlich aussehen werden. Mit Gesetzen über das Züchtigungsverbot, in Norwegen 1972 und in Schweden 1979, sowie mit zahlreichen Studien darüber, wie Familien hier mit ihren Kindern verhandeln (Andernaes, 1994; Sommer, 1997), war Skandinavien Vorreiter auf diesem Gebiet. In den Lehrplänen der öffentlichen Schulen und im Bildungsplan der Tageseinrichtungen für Ein- bis Fünfährige ist die Einflussnahme und Partizipation des Kindes ein ausgesprochenes Ziel (Utbildningsdepartementet/Bildungsministerium, 1998 a; 1998 b).

Eine dritte Ursache für die kritische Betrachtung und Neubewertung der Kindheit kann in der *Forschung* liegen. Teilweise spielt sicherlich die *Genderforschung* eine Rolle, indem sie den Frauen eine Stimme gegeben hat. Durch die Erkenntnis, dass die bisherige Forschung innerhalb der Psychologie fast ausschließlich auf Studien von Männern basierte, wurde das Geschlecht zu etwas, das nun berücksichtigt werden musste. Dass die Frauen- oder Geschlechterforschung von der Genderforschung abgelöst worden ist, wie auch im Falle der Kindheitsforschung, hat damit zu tun, dass „Gender" ein Begriff aus der soziologischen Terminologie ist, „Geschlecht" jedoch ein biologischer Terminus. Ebenso wird der Begriff *Klasse* in der aktuellen Forschung längst nicht mehr so häufig verwendet, dafür hat die Bezeichnung *Ethnizität* an Bedeutung gewonnen. Weil es „Rasse" im biologischen Sinn nicht gibt, ist Ethnizität ein ebenso konstruierter Begriff, genau wie Gender und Kindheit. Nur wenige verhaltens- oder gesellschaftswissenschaftliche Studien verzichten heute auf Aspekte, die Gender, Klasse und ethnische Zugehörigkeit betreffen. Nun warten wir nur noch darauf, dass der Begriff Generation – Kindheit, Jugend, Erwachsenenalter und Alter – die gleiche Wertigkeit erfährt. Seit man in der

Forschung begonnen hat, die unterschiedlichen Perspektiven von (unterdrückten) Menschen zur Kenntnis zu nehmen, kommen die Unterschiede zum Vorschein.

Eine vierte Ursache für die neue Sichtweise von Kind und Kindheit liegt in der großen Anzahl *empirischer Studien* über das Lernen des Kindes. Neue Forschungsmethoden und neue Blickwinkel haben gerade die Unterschiedlichkeiten von Kindern sichtbar gemacht (siehe z. B. Stern, 1991 a, 1991 b; Marton und Booth, 1997). Vor allem die sozialen und kulturellen Erfahrungen standen nun im Mittelpunkt des Interesses (Winegar und Valsiner, 1992), im Gegensatz zum entwicklungspsychologischen Ansatz, der früher in den Theorien über Entwicklung und Lernen zentral war (siehe z. B. Sommer, 1997; Gesell und Ilg, 1961; Gruber und Voneché, 1977).

Heutzutage herrscht ein Bild des Kindes vor, das kompetent ist, über Begabungen und Potenziale verfügt, aktiv ist und Sinn schafft, d. h. die Forschung hat ein anderes Kind „konstruiert" als früher, eben ein Kind, das zu der Gesellschaft und der Forschung, wie sie heute sind, passt. Dass die Gesellschaft heute als „Informations- und Kommunikationsgesellschaft" charakterisiert wird, die großen Gruppen die Möglichkeit bietet, Informationen zu erhalten und auch über große Distanzen hinweg miteinander zu kommunizieren, hat dazu geführt, dass sich im Vergleich zu früheren Generationen die Wirklichkeit auch für Kinder stark verändert hat. Kindern in Schweden, denen zu Hause in den meisten Fällen neue Kommunikationstechnologien zur Verfügung stehen, erscheint die Welt um sie herum nahezu grenzenlos.

Schließlich können Kritik und Infragestellung des Etablierten auch darin begründet sein, dass wir kürzlich eine Jahrtausendgrenze überschritten haben. In den letzten zehn Jahren vor der Jahrtausendwende waren die Menschen von dem Bewusstsein und auch der Hoffnung erfüllt, dass sich etwas verändern würde – d. h. besser werden würde! Schon beim letzten Jahrhundertwechsel war es z. B. Ellen Key, die vom 20. Jahrhundert als dem Jahrhundert des Kindes sprach (Key, 1927). Für die Mehrzahl der Kinder dieser Welt hat sich während dieses Jahrhunderts tatsächlich vieles verändert. Nicht zuletzt verbringen heute viele Kinder einen Teil ihrer Kindheit in einer Kindertageseinrichtung, was vor 1900 nur selten der Fall war.

Bis der Grundstein für den Kindergarten gelegt war, haben einige Persönlichkeiten und Bewegungen die Entwicklung entscheidend beeinflusst (Johansson, 1994). Friedrich Fröbel und Maria Montessori waren vermutlich die wichtigsten, da die Personen und Bewegungen, die sich in ihrem Kielwasser bewegten, großen Einfluss auf die nationalen Kindergartenbewegungen ausübten – auch wenn es eine Reihe anderer Personen und Bewegungen gegeben hat, die auf andere Art und Weise zur Entwicklung der Kindergärten beigetragen haben. In Schweden waren das z. B. Alva Myrdal in Stockholm und die Schwestern Ellen und Maria Moberg in Norrköping.

Die Kindertageseinrichtung hat ja, wie alle, die auf diesem Gebiet arbeiten, wissen, einen anderen Ursprung und auch andere Ideale für das Lernen und die Persönlichkeitsentwicklung des Kindes als die Schule. Dieses Ideal wurde während des 20. Jahrhunderts von einer entwicklungspsychologischen Perspektive dominiert, d. h. die biologische Reife des Kindes bildete die Grundlage, nach der man sowohl die Curricula entworfen (siehe z. B. Bredekamp und Copple, 1997) als auch die Tätigkeiten in der Kindertageseinrichtung strukturiert hat. Die Entwicklung des einzelnen Kindes stand im Mittelpunkt.

Heute sind viele, die über Kinder und Kindheit forschen, der Ansicht, dass der Inhalt, der sich dahinter verbirgt, ein soziales Konstrukt ist oder von verschiedenen Akteuren und Interessenvertretern vorbestimmt ist (Halldén, 2001). Die Tatsache, dass der Staat im zwanzigsten Jahrhundert immer mehr Verantwortung übernommen hat, zum einen ökonomisch, aber auch mit Blick auf auf die Gesundheit und Bildung der Kinder, beeinflusst natürlich die Art und Weise, wie wir Kinder und Kindheit heute betrachten. Man kann vielleicht sagen, dass die Theorien der genetisch vorherbestimmten Stadien innerhalb der Kinderforschung, die sich an die Praxis in der Kindertageseinrichtung richtet, zum gewissen Teil von mehr sozialkonstruktivistisch und soziologisch ausgerichteten Theorien ersetzt worden sind. Parallel dazu hat zwischenzeitlich auch die Hirnforschung und die biologische Forschung an Boden gewonnen (Nash, 1997). Das menschliche Gen[3] wurde entschlüsselt und zog eine enorme Zuversicht in die Möglichkeit nach sich, das Nicht-Wünschenswerte in der Entwicklung eines Kindes vorhersagen und verhindern zu können. Die Kluft zwischen den von C. P. Snow (1993) beschriebenen zwei Kulturen ist vermutlich niemals größer gewesen als heute, da sich die Naturwissenschaften zur Biologie hin orientieren und die Gesellschaftswissenschaften zur Soziologie. Damit führen die beiden Kulturen ein paralleles Leben nebeneinander her. Gleichzeitig werden jedoch Stimmen laut, die ein interdisziplinäres Vorgehen und die Notwendigkeit fordern, verschiedene Perspektiven zu integrieren, um die komplexe Wirklichkeit besser greifen zu können (Scholz und Tietje, 2002).

Innerhalb der pädagogischen Disziplin hat man in hohem Maße dazu Stellung bezogen, wie wir schon bei der Einleitung zu diesem Buch angedeutet haben. Es sind die Gesellschaft, die Familie und die soziale Praxis, in der man lebt, die das Kind formen (Saljö, 2000), auch wenn Kinder ebenso biologische Wesen sind, und diese Voraussetzungen die Entwicklung und das Lernen des Kindes bestimmen (siehe z. B. Valsiner, 1990). Aber Kinder in Hinblick auf ein Forschungsvorhaben innerhalb der Pädagogik zu studieren, ist eine Sache, und die Pädagogik als einen Faktor in der Entwicklung eines Kindes zu betrachten, eine andere. Forschung darüber, wie man Kinder betrachtet und versteht, kann und muss analytisch und deskriptiv sein, während dagegen die pädagogische Praxis normativ sein soll und muss.

Aber zunächst wollen wir noch einmal zurückkommen auf die Gegenüberstellung von der sozialkonstruktivistischen und der entwicklungspsychologischen Perspektive in Bezug auf die pädagogische Praxis. Unter der entwicklungspsychologischen Perspektive erscheint die individuelle Kontinuität als ein organischer Prozess – etwas passiert in dem Kind selbst. Unter der sozialkonstruktivistischen Perspektive dagegen wird das einzelne Individuum unkenntlich gemacht, stattdessen wird der Zusammenhang in Form von Beziehungen und Umgebung hervorgehoben.

Genau an dieser Bruchstelle zwischen den Traditionen aus der Geschichte der Kindertageseinrichtungen, der Veränderung der Gesellschaft und den Trends, die sich heute in der Literatur abzeichnen, entwickeln wir eine Frühpädagogik – und ihren theoretischen Ansatz – als einen Versuch, eine Theorie *vom spielenden und lernenden Kind in der Kindertageseinrichtung* zu beschreiben und zu diskutieren. Der Ausgangspunkt und die Grundlage dieser Pädagogik sind in der phänomenografischen Forschung zu finden (siehe z. B. Marton und Booth, 1997; Pramling, 1983, 1989, 1994; Doverborg und Pramling Samuelsson, 1999 a), in der die Perspektive des Lernenden im Zentrum steht. Aber der Ausgangspunkt liegt auch im Schnittpunkt zwischen Individuum und Milieu. Wir wissen, dass siebenjährige Kinder ganz unterschiedlich „aus dem Kindergarten kommen", auch wenn sie an einem gemeinsamen sozialen Leben teilge-

---

[3] *Die gesamte Erbinformation.*

nommen haben. Wir wissen auch, dass das Lernen und die Entwicklung unterschiedlich verlaufen, je nachdem ob man zwei, fünf oder fünfzehn Jahre lang unterschiedlichen Bedingungen und sozialen und kulturellen Zugehörigkeiten ausgesetzt war. An dieser Stelle sind die Haltung und die Verantwortung der Erwachsenen von zentraler Bedeutung. Dion Sommer (2003) ist der Ansicht, „Kinder werden mit Grundkompetenzen geboren. Erwachsene beziehen Kinder nach und nach ein und delegieren hinterher die Selbstbestimmung." Dies bedeutet, dass Kinder *sowohl kompetent als auch verletzlich* sind. Als pädagogische Fachkraft muss man einerseits Vertrauen in ihre Fähigkeiten setzen und andererseits wie ein Erwachsener die Verantwortung für die Bedürfnisse des Kindes, seine Entwicklung und sein Lernen übernehmen.

Die Auffassung vom kompetenten Kind setzt voraus, dass Entwicklung und Lernen mit dem Spiel des Kindes vereinbar sind und dass ein soziales Zusammenspiel sowohl zwischen Kindern und Erwachsenen als auch zwischen Kindern untereinander stattfindet (Williams, 2001). Das Lernen geschieht mit Kreativität und Einfühlungsvermögen und ist unabhängig von Gender, Klassenzugehörigkeit und kulturellem Referenzrahmen des Kindes.

Wenn die Kindheit ein Konstrukt ist, dann wollen wir die Konstruktion vertreten, die Kinder als kompetent und lernend versteht und ihnen eine Zukunft verspricht, in der sie dem Unbekannten begegnen und damit umgehen können. Eine pädagogische Praxis hat ja das Ziel oder die Absicht, Werte, Verständnis und Können zu entwickeln, die mit der Zeit entstanden sind. Unsere Sichtweise ist *pädagogisch* und weder psychologisch noch soziologisch, was bedeutet, dass wir uns nicht so sehr dafür interessieren, wie etwas ist, sondern vielmehr, wie es werden soll – was Bildung in der frühen Kindheit den Kindern an Nutzen bringt (vgl. Hedegaard, 2000, dort geht es um Schulunterricht).

Ingrid Carlgren und Ference Marton (2000) behaupten, dass das, was gelehrt wird, das *Objekt des Lernens*, oft nicht thematisiert und in der Schule als selbstverständlich erachtet wird, während der *Akt des Lernens* an sich, oder auch wie man lernt, wesentlich stärker im Mittelpunkt des Interesses steht. Wenn dies für die Schule gilt, so noch mehr für die Kindertageseinrichtung. Dort waren bislang die Abläufe, Handlungen und das Verhalten den Kindern gegenüber am wichtigsten. Gleichzeitig wurde die Behauptung aufgestellt, dass Kinder in diesem Betrieb lernen, aber was sie gelernt haben, hat man meist nicht genauer betrachtet oder als selbstverständlich angenommen.

Dies ist unser Ausgangspunkt, nämlich zu reflektieren, was Kinder in der Tageseinrichtung lernen. Von hier aus versuchen wir, uns einer Theorie des Lernens im Kontext der Kindertageseinrichtung anzunähern. Es geht also nicht um die generelle Entwicklung und das Lernen des Kindes in der Familie oder Gesellschaft, sondern eben in der Kindertageseinrichtung, und heute gibt es klare Intentionen, was bei den Kindern gefördert werden soll – die Richtung, die wir anstreben (Utbildningsdepartementet, 1998 a). Es versteht sich von selbst, dass dem Pädagogen oder der Pädagogin eine entscheidende Rolle beim Lernprozess des Kindes zukommt, doch auch die anderen Kinder und die Interaktion und das Zusammenspiel aller sind wichtige Aspekte. Es geht um die Entwicklung und das Lernen einzelner Kinder im kollektiven Kindergartenbetrieb, das bedeutet, in einer Einrichtung, in der sowohl die individuellen als auch die kollektiven Werte Beachtung finden müssen (Pramling Samuelsson, 2000 a). Auch wenn das Lernen in der Kindertageseinrichtung oft als informell betrachtet und in den Alltag und die Welt der Kinder eingebettet wird, so hat die pädagogische Fachkraft hier doch die Funktion, *die Aufmerksamkeit der Kinder auf einen Lerninhalt zu richten.*

Die Tätigkeit in der Kindertageseinrichtung hat sich oft an der Entwicklungspsychologie als theoretischer Grundlage orientiert. Gleichzeitig sind ja im Laufe der Zeit diverse Vorschulprogramme entwickelt worden, die einander aus verschiedenen Gründen abgelöst haben. So wie ein etabliertes entwicklungs*psychologisches* Forschungsgebiet existiert, kann man heute feststellen, dass es ebenso ein entwicklungs*pädagogisches* Forschungsgebiet gibt. Darunter kann man sich alle Arten von Forschungs- und Entwicklungsstudien vorstellen, die sich mit dem Lernen des Kindes in der Kindertageseinrichtung befassen.

Was beinhaltet es dann, eine Frühpädagogik zu entwickeln und zu beschreiben, die von theoretischen Annahmen ausgeht? In unserem Fall heißt das zum Ersten, dass die Historie Beachtung findet, dass keine Theorie aufgestellt wird, ohne dass sie eine Verankerung in einer Tradition, einer tradierten Arbeitsweise oder der Gedankenwelt früherer Theoretiker aufweist. Zum Zweiten basiert die Frühpädagogik auf umfassenden empirischen Forschungsergebnissen. Zum Dritten halten wir uns an ein paar grundlegende Begriffe aus bisherigen Traditionen und Erfahrungen, die die Frühpädagogik kennzeichnen, für die wir plädieren. Zum Vierten „leihen" wir theoretische Aspekte verschiedener Theorien und kombinieren sie miteinander. Und zum Fünften ist eine derartige Frühpädagogik nicht nur eine Beschreibung, sondern hat auch Konsequenzen für Kinder und Pädagogen, für die Vorschule, die Gesellschaft und die Kultur. Im Anschluss an unsere Ausführungen werden wir die Konsequenzen für die praktische Arbeit diskutieren.

Wir werden unser Buch mit einer Übersicht über einige bekannte frühpädagogische Programme beginnen, die natürlich alle von bestimmten Prämissen ausgehen und ein Ziel vor Augen haben, was das Lernen des Kindes betrifft. Gemeinsam bilden sie Teile der Fachrichtung Frühpädagogik. Eines der Herzstücke der Frühpädagogik, das Spiel, wird hervorgehoben und in Beziehung zum Lernen problematisiert. Spiel und Lernen werden kritisch hinterfragt, um dann in einer Gesamtheit der Frühpädagogik integriert zu werden. Anschließend wird die Phänomenografie als Grundlage der theoretischen Perspektiven, die wir entwickeln, vorgestellt. Zentrale Begriffe, die die Theorie bilden, werden in verschiedenen Kapiteln betrachtet. Diese Begriffe sind die Erfahrungen des Kindes und sein Erleben, Vielfalt und Variation, Lenkung, Metakognition und metakognitive Dialoge sowie Lernen als Veränderung der Umwelt. Wir stellen auch verschiedene Forschungsansätze vor, die in der Phänomenografie ihre Wurzeln haben, um von da ausgehend Prinzipien herauszuarbeiten, um eine spezifische *Frühpädagogik als eine Theorie vom Lernen des Kindes in Tageseinrichtungen* zu entwickeln – die wir hier *Entwicklungspädagogik* nennen wollen. Am Ende des Buches werden wir die Theorie mit dem Bildungsplan der Kindertageseinrichtung in Verbindung bringen und einen Blick in die Zukunft werfen.

Im Mittelpunkt steht heute das „**kompetente Kind**" gegenüber dem „**bedürftigen**" Kind früherer Ansätze.
Ursachen für die aktuelle **Neubewertung der Kindheit:**

- Die Auflösung homogener Kulturen stellt klassische Werte und Verhalten infrage;
- die Kinderkonvention der UN richtet ihre Perspektive auf Kinderrechte;
- die Forschung überhaupt, u. a. Genderforschung, Hirnforschung;
- die Bedeutungszunahme des Begriffes „Ethnizität";
- empirische Studien belegen Unterschiedlichkeiten von Kindern vor allem im Bereich der sozialen und kulturellen Erfahrungen;
- Veränderung des Kinderlebens durch die „Informations- und Kommunikationsgesellschaft;
- Veränderung der Kinderwirklichkeit durch institutionelle Erziehung im Kindergarten.

2. Verschiedene Richtungen innerhalb der Frühpädagogik

Wenn man sich Theorien wie die von Jean Piaget (1970, 1976) oder von Lev Vygotsky (1972, 1978) anschaut, stellt man fest, dass beide ihr Augenmerk auf den Akt des Lernens richten, also darauf, wie das Lernen vonstattengeht. Nach Jerome Bruner (1997) versucht Piaget, das Lernen zu *erklären*, während Vygotsky versucht, es zu *interpretieren*, sie beziehen sich also auf zwei verschiedene Forschungsparadigmen und interessieren sich folglich auch für unterschiedliche Aspekte der Entwicklung der kindlichen Gedankenwelt. Es war Piagets Lebenswerk, die Entwicklung der menschlichen Logik zu ergründen, Vygotsky hingegen wollte herausfinden, wie menschliche Kultur und Geschichte dazu beitragen, dass sich die intellektuellen Fähigkeiten des Kindes entwickeln. Beide Theorien handeln jedoch allgemein gesagt davon, wie Kinder verschiedene Aspekte ihrer Umwelt verstehen.

Wenn Kinder als psychologische Wesen betrachtet werden und (fehlende) Entwicklung und Reife als Probleme in bestimmten Zusammenhängen, erscheint nun zunehmend ein soziologisches Kind auf der Bildfläche, meinen Allison James, Chris Jenks und Alan Prout (1998), d. h. das Kind und die Kindheit tauchen in der Soziologie als eigene Kategorie auf. Hier spielen die Theorien, die auf Vygotsky aufbauen, eine entscheidende Rolle. Kultur, Kontext und Alltagsleben werden wesentliche Gesichtspunkte, wenn Dion Sommer (1998, S. 320–321) eine moderne Sichtweise des Kindes herausarbeitet. Er ist der Ansicht, dass die Entwicklung des Kindes in den Kontext, das Alltagsleben und die sozialen Episoden, in denen es lebt, eingebettet ist. Deshalb sind die Motivation und das Verhalten des Kindes auch von der Kultur beeinflusst. Er vertritt auch die Meinung, dass Kultur, Bewusstsein und Verhalten miteinander verwoben sind. In eine Kultur integriert zu sein heißt, ein Bedeutungssystem miteinander zu teilen (Corsaro, 1997). Das Kind entwickelt Kompetenzen, die ganz vom Kontext abhängen, die jedoch auch generelle Bezüge haben können. Die Normalität in Hinblick auf die „Reife" und das Entwicklungsstadium des Kindes ist gleichermaßen relativ wie funktionell. Letztendlich weist Sommer darauf hin, dass die Theorien, die von denen angewandt werden, die mit Kindern arbeiten oder „leben", das Kind auch „erschaffen". „Psychologische, soziologische und pädagogische Ideen nehmen – sofern sie in ihrer Anlage konstruktiv sind – in erheblichem Maße Einfluss auf die Familien und Kinder" (s.o., S. 321). Das bedeutet, dass das, was wir über Kindertagesstätten und Kinder im Vorschulalter denken, eine Bedeutung für das hat, was dort geschieht.

Man kann sich fragen, wie die Kindertageseinrichtung als Kontext das Lernen des Kindes beeinflusst und wie verschiedene theoretische Schulen sich im Laufe der Zeit entwickelt haben. Wenn Tina Bruce (1990) über *Tradition och förnyelse i förskolepedagogiken/Tradition und Erneuerung in der Frühpädagogik* schreibt, stützt sie sich dabei auf das pädagogische Gedankengut Fröbels, Montessoris und Steiners. Sie stellt die Behauptung auf, dass man in der Frühpädagogik zehn Prinzipien finden kann, die allen Theorien gemeinsam sind (s. o., S. 26–27):

- Die Kindheit wird als Wert an sich verstanden, als Teil des Lebens und nicht nur als eine Vorbereitung auf das Erwachsenenleben. Die Pädagogik wird somit als etwas Wertvolles in der Gegenwart betrachtet und nicht allein als Übungsplatz und Vorbereitung für das, was kommt.
- Das ganze Kind wird als wichtig erachtet. Seine physische und psychische Gesundheit haben eine hohe Bedeutung, ebenso wie seine Gefühle, Gedanken und seine Seele.

- Der Unterricht wird nicht in einzelne Fächer unterteilt, weil alles miteinander verknüpft ist.
- Die innere Motivation, mit der sich ein Kind aus eigenem Antrieb in Tätigkeiten vertieft, wird hoch geachtet.
- Die Selbstdisziplin wird betont.
- Es gibt in verschiedenen Entwicklungsstadien besonders rezeptive Lernphasen.
- Der Ausgangspunkt für die Pädagogik sind eher die Fähigkeiten des Kindes, als das, was es nicht beherrscht.
- Das Kind hat ein inneres Leben, das sich unter günstigen Bedingungen besonders gut entwickelt.
- Die Menschen, mit denen das Kind interagiert, sowohl Erwachsene als auch Kinder, haben eine entscheidende Bedeutung.
- Erziehung und Bildung werden als Interaktion zwischen dem Kind und seiner Umgebung, im Besonderen mit anderen Menschen und dem Wissen an sich, verstanden.

Auch wenn Bruce hier eine Reihe Begrifflichkeiten in ihrer Zusammenfassung verwendet, die uns heute fremd erscheinen (wie Unterricht, psychische Gesundheit, inneres Leben, sensible Perioden etc.), so kann man doch davon ausgehen, dass man mit etwas moderneren Formulierungen eine positive Reaktion auf diese Prinzipien innerhalb der Kindertageseinrichtung erzielen würde. Im Vergleich zum Schulbetrieb kann man gleichfalls behaupten, dass die Frühpädagogik von der Pädagogik der Schule immer getrennt war und es teilweise heute noch ist (SOU, 1985:22)[4]. Gleichzeitig ist offensichtlich, dass sich die Prinzipien mit dem Akt des Lernens befassen, wie man sich Kindern gegenüber verhalten soll, damit sie sich optimal entwickeln. Heißt das, man hat keinen Lerngegenstand innerhalb unterschiedlicher vorschulpädagogischer Richtungen gefunden? Oder wird der Inhalt, das „Was" des Lernens, als selbstverständlich vorausgesetzt? Wie sieht das bei einer anderen Begriffskombination aus – Lernen und Spiel –, die schon immer verschiedene Aspekte der Tätigkeit in der Kindertageseinrichtung beinhaltete? Und last but not least, wie ist das Bild vom Kind innerhalb der verschiedenen Richtungen? Dies sind einige der Fragen, die wir in diesem Kapitel näher beleuchten wollen.

Wir haben ein paar Beispiele für frühpädagogische Theorien oder Programme ausgesucht, die unterschiedliche Epochen repräsentieren und die ebenso in verschiedenen soziokulturellen Zusammenhängen stehen. Wir haben uns für Friedrich Fröbels und Maria Montessoris Pädagogik sowie das High/Scope-Programm, für die Dialogpädagogik und die Pädagogik von Reggio Emilia entschieden, weil sie alle wesentlichen Anteil an dem Bild der Kindertageseinrichtung haben, wie es sich uns heute darstellt.

An dieser Stelle möchten wir die Begriffe *den Gegenstand* und *den Akt des Lernens* einführen. Mit dem Gegenstand des Lernens bezeichnen wir *das Vermögen oder die Fähigkeit, die das Kind entwickeln soll*, was heißt, dass man mit mehreren unterschiedlichen Inhalten arbeiten kann, um im Kind die Voraussetzung zu schaffen, dass es beispielsweise etwas auf spezifische Weise

---

[4] *Anm. d. Übers.: SOU – Statens offentliga utredningar, vom schwedischen Staat in Auftrag gegebene Untersuchungen zu bestimmten Fragestellungen.*

versteht. Der Begriff „Inhalt" ist sozusagen ein sehr viel weiter gefasster Begriff als der „Gegenstand des Lernens". Der Akt des Lernens stellt dementsprechend die Frage, *wie Kinder vorgehen, um etwas zu lernen*. Ebenso, wie eine Unterscheidung zwischen dem Gegenstand des Lernens und dem Inhalt getroffen wird, so gibt es auch einen Unterschied zwischen dem Akt des Lernens und der Arbeitsweise der Pädagogin, also der Art und Weise, wie der Inhalt arrangiert wird.

Auch wenn wir hier Begriffe benutzen, die in den zurückliegenden Strömungen der Frühpädagogik keine Verwendung fanden, werden wir diese Strömungen dennoch in Hinblick auf unsere Begrifflichkeiten beleuchten.

„Gegenstand des Lernens" meint:
Die Fähigkeit, die ein Kind entwickeln soll, um etwas auf spezifische Weise zu verstehen, wobei man das mit ganz unterschiedlichen Inhalten erreichen kann.

„Akt des Lernens" meint:
Wie gehen Kinder vor, um etwas zu lernen?

„Arbeitsweise der pädagogischen Fachkraft" meint:
Die Art und Weise, wie Inhalte arrangiert werden.

Friedrich Fröbel und die Selbsttätigkeit in der Menschenerziehung

Jan-Erik Johansson (1994) ist der Ansicht, dass Fröbels Interesse für die Pädagogik und der Schwerpunkt seiner eigenen Texte vor allem im grundlegenden Schulunterricht liegen. Seine Texte seien nicht ganz leicht zu lesen, weil sie im Stil der deutschen Romantik verfasst wurden. „Seine Erkenntnis ist von dialektischen Gegensatzpaaren geprägt, die sich gegenseitig bedingen: Äußeres – Inneres, Ganzheit – Einzelnes, allgemein – besonders, Gedanke – Gefühl, nah – fern und so weiter" (s. o., S. 29). Fröbels pädagogische Ideen sind mit seiner Ontologie (Lebensanschauung) eng verwoben. Er verknüpft darin die Mathematik und die Göttlichkeit in einem sphärischen Gesetz – etwas, das er ganz konkret in dem von ihm entwickelten Material umsetzte – die sogenannten Fröbel'schen Spielgaben – in dem der Ball wie ein göttliches Symbol der Ursprung ist.

In Fröbels Konzept der Frühpädagogik ist der Mensch Teil der Natur und kann sich immer ändern. Deshalb vertrat er die Ansicht, dass die Menschen aktiv arbeiten müssten, um sich fortzuentwickeln. Der Tätigkeitstrieb, der sich bei Kindern in Spiel und Arbeit ausdrückt, sei ihnen von Natur aus gegeben. Auch wenn Fröbel das Schaffen und die Sinneserfahrungen als wichtig bezeichnet, so ist doch gemäß Johansson (s. o.) ein beträchtlicher Formalismus in der Arbeitsweise festzustellen, was impliziert, dass sie durchstrukturiert und vorausgeplant ist. Weiterhin behauptet Johansson (s. o., S. 31), dass „Fröbels Gedankengang philosophisch betrachtet in der Regel als objektiver Idealismus beschrieben wird, was beinhaltet, dass die Welt zwar von Grund auf geistiger Natur war, aber das Zentrum des Weltbildes lag nicht im einzelnen Menschen selbst, sondern im Mittelpunkt aller Kraft: Gott". Fröbels Pädagogik erscheint jedoch sogar heute noch als kindzentriert. Die Menschen entwickeln sich von innen heraus, was zur Folge haben muss, dass die pädagogische Fachkraft auf die Entwicklung des Kindes eingeht. Dennoch meint Fröbel, dass dies nicht in Bezug auf Mathematik oder moralische Fragen Gültigkeit besitzt. Erwachsene und Kinder sollen zusammenleben und dabei sollen die

Erwachsenen gute Vorbilder sein. Konkretes Verhalten war von großer Wichtigkeit, weil Kinder ihre innere Entwicklung in äußeres Verhalten umsetzen sollten, auch wenn die Sprache ebenfalls eine wichtige Funktion innehatte (Fröbel, [1863] 1995).

Wenn man Fröbel heute liest (z. B. Fröbel, s. o.; Johansson, 1994; Leeb-Lundberg, 1972; Wallström, 1992), hat es den Anschein, als sei er seiner Zeit voraus gewesen, indem er dem Spiel des Kindes und der eigenen Tätigkeit Bedeutung beimisst. Man kann heute sagen, dass Fröbels Gedankengut einen Bruch der damals herrschenden Konvention im Umgang mit Kindern bedeutet hat, ein Umgang mit Kindern, der ausgesprochen autoritär war. Diese neue Einstellung zu Kindern wurde später allgemein akzeptiert, erschien aber seinen Zeitgenossen als äußerst subversiv. Aber wie sehen Fröbels spielende Kinder aus? Von einem kann man wohl ausgehen: Fröbels Buchtitel *Die Menschenerziehung* gibt auch seine Einstellung wieder (Fröbel, [1863] 1995). Für Fröbel stand es immer außer Frage, dass es um etwas anderes ging, als Kinder von Anfang an zu erziehen und sie so zu fördern, dass sie im Leben zurechtkommen, sowohl was ihr Wissen betrifft als auch ihre Moralvorstellungen. Aber das Erste, was in seinen Schriften auffällt, ist, dass sein Kind *Knabe* genannt wird, und man fragt sich, wie man heute damit umgehen soll. Ist unser Idealkind und unsere Norm auch heute noch immer der Junge, ohne das das Geschlecht des Kindes genannt wird? Fröbels Kind ist auch nicht das „natürliche Kind", wie spätere Studien feststellen (Dahlberg und Lenz Taguchi, 1996; Sylva, Roy und Painter, 1980), auch wenn er sich dafür ausspricht, den Willen des Kindes einzubeziehen. Von der strengen Art des Schulunterrichts dieser Zeit sollten die Vorschulkinder noch verschont bleiben, der Unterricht sollte erst dann einsetzen, wenn sich das Kind so weit entwickelt hat, dass es dem Unterricht auch folgen kann. Gleichzeitig erscheinen Mathematik und Religion als besonders wichtige Fächer. Ebenso wurde großes Gewicht darauf gelegt, dass sich das Kind mit den Fröbelschen Spielgaben beschäftigt, die er neben seiner häuslichen Arbeit entwickelt hat und die besonders durch Henriette Schrader-Breymanns Verdienst Einzug in die Fröbelsche Pädagogik gehalten hatte (Asplund Carlsson und Johansson, 2000). Im Falle der Mathematik und der Religion rät Fröbel jedoch, kein bestimmtes Reifestadium des Kindes abzuwarten, sondern diese Fächer bereits früh zu unterrichten. Gegen seine Bedenken in Hinblick auf die Reife spricht:

> *So soll der Mensch, d .h. die Menschlichkeit selbst im Menschen als äußere Erscheinung nicht als etwas Vollendetes betrachtet werden, das in festen Formen erstarrt. Denn der Mensch ist ein Wesen, das sich in einem sicheren und ständig fortschreitenden Entwicklungsprozess befindet und der in Ewigkeit von einem Entwicklungszustand in den anderen schreitet, seinem in der Unendlichkeit und Ewigkeit liegenden Ziel entgegen. (S. o., S. 39)*

Man ahnt, dass hinter Fröbels Pädagogik die gleiche Sichtweise steht wie später auch bei Erik Homburger Erikson (1977): Wie gut man sich als Individuum entwickelt, hängt davon ab, wie gut man jedes Stadium in einer Art und Weise, die im Einklang mit der Natur geschieht, verlässt (s. o., S. 46). Weiterhin kann man feststellen, dass es nicht das spielende Kind ist, das hervorgehoben wird, sondern die doppelte Funktion des Menschen, d. h. sowohl arbeiten als auch erschaffen zu können. Zuallererst muss man arbeitswillig sein und dazu erzogen werden. Und die Spielgaben an sich[5], die ja auf ein mathematisches Denken aufbauen, sind von der eigenen

---

5 *Für die jüngsten Kinder bestehen die Spielgaben aus einem Ball, einem Würfel und einem Zylinder. Vorschulkinder erhalten in der Regel drei Würfel, die unterschiedlich viele Klötze enthalten, die auch unterschiedlich aufgeteilt sind. Dahinter steht die Absicht, eine Vorstellung von Ganzem und Teilen zu entwickeln – vom Ganzen zum Teil und wieder zum Ganzen zurück, wenn man die Klötze in den Würfel zurücklegt.*

Welt der Kinder weit entfernt und vermutlich ebenso weit von der Welt der pädagogischen Fachkräfte, die dann mit den Kindern arbeiten sollen. Der Wissensansatz setzt voraus, dass die Kinder von Erwachsenen angeleitet werden, auch wenn versucht worden ist, das Material dem Niveau der Kinder anzupassen. Die Kinder lernen daraus, wenn die Erwachsenen immer und immer wieder alle Teile benennen. Die Sprache bedeutet, sich Begriffe anzueignen und nicht selbst Sinn zu schaffen. Innerhalb der Fröbelpädagogik ist es Aufgabe der pädagogischen Fachkräfte, den Reifegrad des Kindes im Auge zu behalten und systematisch daran zu arbeiten, dass Kinder definiertes Wissen und Fertigkeiten erwerben.

Fröbel hatte eine klare Vorstellung davon, welche Erfahrungen Kinder im Vorschulalter machen sollten. Das Kind soll eine Harmonie mit sich selbst, mit der Familie und der Natur entwickeln. Der *Gegenstand des Lernens* ist in einem Bereich diffus und schwer greifbar, während er in einem anderen Bereich eindeutig in Form *der Mathematik und Moral* erscheint. Wenn man den *Akt des Lernens* betrachtet, werden die Gedanken auf das gelenkt, was man als *Spielpädagogik* bezeichnet: Kinder beschäftigen sich frei mit Hilfe des Fröbelschen Spielmaterials, um etwas über mathematische Strukturen zu erfahren. *Spielmaterial führt zu einer Art von Spiel* oder vielmehr *Beschäftigung*, während das Spiel, das *eine Tätigkeit aus eigenem Antrieb und ein Ausdruck eines inneren Bedürfnisses* ist, etwas anderes ist. „Spiel ist das reinste und geistigste Erzeugniß der Menschen auf dieser Stufe"[6] (Fröbel [1863]1995, S. 55). Deshalb schafft das Spiel auch Freude, Freiheit, Befriedigung und Ruhe, im Kind selbst und im Frieden mit seiner Umgebung. Im Spiel ist das Kind vertieft und engagiert, es ist Ernst für das Kind. Das Kind darf frei wählen, weil das Spiel Ausdruck für das „Herzblatt·der Zukunft", wie er es ausdrückt, ist.

Maria Montessori und die Selbsttätigkeit des Kindes

Zu Beginn des zwanzigsten Jahrhunderts sah die Welt anders aus als zu Fröbels Zeiten ein Jahrhundert zuvor. Maria Montessori konnte selbst durch die Welt reisen und ihre Lehren verbreiten (Signert, 2000). Auch Fröbel hatte eine Nachfolgerin, Bertha van Mahrenholtz Bülow, die zwischen 1850 und 1860 durch Europa und Amerika reiste, um die Fröbelpädagogik bekannt zu machen. Die Kindergärten waren zu dieser Zeit nach preußischem Gesetz verboten und geschlossen.

Maria Montessori interessierte sich schon früh für das Vorschulalter (drei bis sechs Jahre). Sie rief nach und nach einige *Casa dei Bambini* (Kinder-Häuser) ins Leben und beobachtete dort das Verhalten der Kinder, welches wiederum zur Entwicklung einer spezifischen Form der Pädagogik führte, die man heute zumeist die Montessorimethode nennt. Im Mittelpunkt steht hierbei, wie auch bei Fröbel, die Tätigkeit des Kindes aus eigenem Antrieb heraus. Als Ärztin begründete Montessori das Verhalten des Kindes durch die Biologie und die natürliche Entwicklung des Kindes. Dem Kind soll Gelegenheit gegeben werden, dem eigenen Lernbedürfnis zu folgen, denn Kinder wollen nicht nur irgendetwas lernen, sondern zu einer bestimmten Zeit etwas ganz Bestimmtes. Daher wurde der Begriff „sensible Phase" in ihrer Methode zentral. Die Selbsttätigkeit des Kindes steht auch im Mittelpunkt der entwickelten Spielmaterialien. Diese sind so konzipiert, dass sie sich selbst erklären und man deutlich erkennen kann, ob die richtige Lösung gefunden wurde oder noch nicht (Montessori, 1986). Die Kinder können mit

6 *Anmerk. d. Übers.: Zitat der Übersetzung aus dem deutschen Original „Die Menschenerziehung", Bd. 1, Leipzig 1826, S. 69.*

dem Material selbstständig arbeiten, ihre Lernerfolge selbst kontrollieren und entscheiden, wann sie zur nächsten Herausforderung übergehen.

In *The formation of man* schreibt Montessori (1989 a), dass die Ausbildung der Vorschulkinder in der Psychologie verankert sein müsse, um die *Individualität* des Kindes und sein Verständnis für die Natur, an die sich das Kind anpassen soll, zu gewährleisten. Montessori nennt das *cosmic order*, etwas, das sie für fundamental hält, damit wir mit äußeren sozialen Konstruktionen umgehen können, sie selbst bezeichnete es als Psychologiepädagogik. Die psychologische Reife ist wichtig und verhindert nach Montessori beispielsweise, dass Kinder unter sechs Jahren etwas über Moral lernen können, denn dafür wäre ein Bewusstsein und ein Interesse Voraussetzung, das in diesem Alter noch nicht vorhanden ist (Montessori, 1989 a). Ebenso vertritt sie die Ansicht, dass man Kindern so lange keine Märchen vorlesen sollte, bis sie eine gut verankerte Vorstellung von der Realität haben. Dies wird von Kindern im Alter von sechs bis sieben Jahren angenommen. Denn Kinder sollen lernen, Fantasie und Wirklichkeit unterscheiden zu können (Standing, 1984).

Nach Kerstin Signert (2000) sind die Grundgedanken der Montessoripädagogik: *eine vorbereitete Umgebung*, die an die natürliche Entwicklung und die Bedürfnisse des Kindes angepasst ist, Kinder anzuregen, eine *Selbstständigkeit zu* entwickeln, zu lernen, die Kinder zu *beobachten* und die *Entwicklungsperioden* der Kinder zu nutzen, mit *alltäglichen Übungen* zu arbeiten, *Sinnesübungen* anzuwenden und *bestimmtes Material* einzusetzen. Wenn Montessori davon spricht, das Kind zu befreien und seiner Energie und Lust, tätig zu werden, freien Lauf zu lassen (Montessori, 1986), spürt man gewisse Einflüsse von Sigmund Freud. Viele ihrer Gedankengänge finden sich auch in der Fröbelpädagogik wieder.

Wie schon Fröbel stellt Montessori die Bedeutung der Arbeit in den Mittelpunkt ihrer Pädagogik. Aufgabe der pädagogischen Fachkraft ist es, bei Kindern ein Interesse zu wecken, Kindern Zeit zu geben zu *arbeiten* und mit ihnen darüber zu sprechen, *um ihr Bewusstsein dafür zu wecken*, was sie wissen (Signert, s. o.). Während es sich mit dem Material auseinandersetzt, soll das Kind konzentriert sein und in Ruhe arbeiten. Noch deutlicher als bei Fröbels Theorien wird hier von der *natürlichen Entwicklung des Kindes* in Form von Stadien ausgegangen, d. h. die biologische Entwicklung ist die Voraussetzung für das Lernen. Inhalt der Montessoripädagogik ist „die kosmische Aufgabe des Menschen, Zusammenhalt in der Welt zu schaffen". Gesellschaft und Natur, Moral und Gruppenbewusstsein werden zum Fundament. Ob dies Inhalte sind, die in Beziehung zur direkten Erfahrungswelt des Kindes stehen, ist wohl fraglich. Ist auch die Montessoripädagogik vor allem von Erwachsenen gesteuert, geprägt von der Sichtweise eines Erwachsenen auf die globalen Probleme der Gesellschaft? Auf der anderen Seite können wir feststellen, dass wir heutzutage in Bezug auf Rechte der Kinder globale Ambitionen haben (SOU, 1997:116). Montessoris Kinder sind aktive Kinder, die sich selbstständig ihrem Entwicklungsniveau entsprechend verhalten. Das bedeutet, dass die pädagogische Fachkraft die Rolle eines Beobachters übernimmt, zurückgenommen und abwartend. Weil die Selbstständigkeit des Kindes wichtig ist, ist die pädagogische Fachkraft dazu angehalten, im Hintergrund zu bleiben, selbst wenn unter den Kindern Konflikte auftreten. Die pädagogische Fachkraft soll sich darum kümmern, dass passendes Material zur Verfügung steht, aber der eigene Wille und das Interesse des Kindes bewirken, dass es mit diesem Material so lange arbeitet, bis es spürt, dass es das Material beherrscht. Nun gibt es sicherlich hin und wieder Gespräche zwischen Pädagogen und Kindern, in denen darüber gesprochen wird, was man gerade getan hat. Aber ein Kritikpunkt, der an Montessorivorschulen geübt wurde, ist gerade die fehlende Kommunikation. Während die Kinder arbeiten, soll es im Raum nämlich ruhig sein und jedes Kind ist angehalten, seine Arbeitsmittel wieder wegzuräumen. Das meiste Material ist auf individuelles und einzelnes Arbeiten ausgerichtet (Polakow, 1992).

Was ist nun der *Gegenstand des Lernens* in der Montessoripädagogik? Montessori ([1948] 1989 b) beschreibt in dem Buch *What you should know about your child* als grundlegendes Prinzip, dass das Bewusstsein des Kindes die Wirklichkeit begreifen und einen Kontakt zu ihr aufbauen soll, was bei jedem Entwicklungsschritt nötig ist. Weiterhin ist sie der Auffassung, dass die Aufmerksamkeit der Kinder stückweise stimuliert werden muss, damit sie *Konzentrationskraft* entwickeln können. Weil das Denken eng an Sinneserfahrungen geknüpft ist, sind Wahrnehmungsübungen sehr wichtig. Ziel ist, dass man sich *an die Wirklichkeit anpasst*. Das impliziert zum Teil, dass man Lesen und Schreiben lernen soll, weil die menschliche Kommunikation auch anhand der Schrift erfolgt. In den ersten Jahren in einer Kindertageseinrichtung ist *Gegenstand des Lernens* aber nur, verschiedene Gegenstände und ihre Eigenschaften zu entdecken.

Der *Akt des Lernens* kann durch den Begriff *Arbeit* charakterisiert werden, da Montessori die Einstellung vertrat, dass Freiheit und Disziplin in der Arbeit miteinander verknüpft sind. Bei Montessori finden wir eine gewisse Distanzierung vom Spiel. Stattdessen sagt sie, dass die Hand, die von der Intelligenz gesteuert wird, eine Art Arbeit verrichtet. Erwachsene nennen diese Aktivität Spiel. Darüber hinaus ist Montessori der Auffassung, dass Kinder anstelle von Gegenständen, die zur Entwicklung ihrer Intelligenz beitragen, sinnloses Spielzeug bekommen. Sie bezeichnet sogar Puppen als Ersatz für die richtige Welt, für Mutter und Vater – ein unbefriedigendes Substitut für die Gesellschaft, wie sie schreibt (Montessori, 1989 a). „Man glaubt, dass Kinder glücklich sind, wenn sie spielen, aber in Wahrheit ist das Kind am glücklichsten, wenn es arbeitet" (Montessori, 1992, S. 78). Das Spiel erscheint ihr teilweise wie eine Flucht aus der Wirklichkeit, etwas, das man nicht ermuntern sollte. Von großer Bedeutung für das Lernen des Kindes ist für Montessori (1987) dagegen die Fantasie. Aber so, wie wir ihren Fantasiebegriff verstehen, handelt es sich dabei mehr um die Fähigkeit, sich etwas noch Unbekanntes vorzustellen, als darum, den Gedanken freien Lauf zu lassen. Fantasie und Abstraktionsvermögen liegen hinter den wirklichen Dingen und sind für die intellektuelle Entwicklung unabdingbar.

Vielleicht sollte man sich in Erinnerung rufen, dass die ersten Kinder, mit denen Montessori gearbeitet hat, zum Teil entwicklungsgestörte oder arme Kinder arbeitender Eltern waren. Diese Kinder sollten in erster Linie – dem Geiste der Zeit im vorigen Jahrhundert entsprechend – an die Gesellschaft und das Arbeitsleben angepasst werden.

Das High/Scope-Programm und die Logik

Piagets Theorie von der Struktur des Intellekts und der stufenweisen Veränderung je nach Alter ist die Grundlage des High/Scope-Programms (Rye, Smebye und Hundeide, 1987). Im Mittelpunkt steht hier ein aktives Kind, das ganz allein sein Wissen bestimmt – innerhalb des Rahmens, den seine biologische Reife vorgibt. Die Rolle der Erwachsenen liegt darin, das Kind zu seiner eigenen Entwicklung zu führen. Als ebenso wichtig wird im Zusammenhang mit der Bildung von Wissen auch das Zusammenspiel von Kindern untereinander gesehen. Karsten Hundeide (1987, Kap. 2, S. 37, Übersetzung aus dem Dänischen): „Es muss ein *gleichberechtigtes Verhältnis* sein, sodass jedes Kind den Mut aufbringt, *seine* Hypothesen und *sein* Verständnis

‚durchzusetzen' und auszutesten." Hundeide kritisiert die durch Piagets Theorie der Stadien entstandene einseitige Fokussierung des High/Scope-Programms, und dass man es als ein *kognitiv orientiertes Programm* bezeichnet, auch wenn es üblich ist, so von Vorschulprogrammen zu sprechen (Elkind, 1982).

Ausgehend von Piagets Beschreibung der Entwicklung des Kindes (kognitive Funktion) und von der Vorstellung, dass aktives Lernen von zentraler Bedeutung für die Entwicklung der Gedankenwelt ist, hat David Weikart mit seinem Team 50 Schlüsselerfahrungen herausgearbeitet, mit denen Kinder in der Kindertageseinrichtung arbeiten sollten (Hohmann, Barnet und Weikart, 1989). Diese *Schlüsselerfahrungen* werden in fünf Gruppen unterteilt:

- aktives Lernen (das Kind darf selbst die Initiative ergreifen und Handlungen ausüben);
- Sprache (Kinder erzählen und mit anderen kommunizieren lassen);
- Erfahrungen und Repräsentation (seinen Gedanken in unterschiedlicher Form Ausdruck verleihen);
- logische Schlussfolgerungen ziehen (klassifizieren, Folgen erkennen, Auffassung von Zahlen entwickeln usw.);
- Zeit und Raum durchblicken (sowohl räumliche als auch zeitliche Perspektiven erfassen).

Es ist wichtig, wie der Raum eingerichtet und organisiert ist, weil viele Aktivitäten in kleinen Gruppen stattfinden sollen. Die pädagogische Fachkraft geht herum und kommuniziert mit den Kindern. Hier erahnen wir Montessoris durchorganisiertes Klassenzimmer. Der Tag ist klar strukturiert und es wird spezielles Material benötigt – darüber kann man sich in dem ausführlichen Handbuch für Pädagogen informieren (Hohmann, Barnet und Weikart, s. o.).

Ganz konkret wird nach einem Modell gearbeitet, in dem Planung, Durchführung und Reflexion *(plan, do, review)* von zentraler Bedeutung sind. Es ist ein durchgeplantes, systematisches Programm, in dessen Rahmen die Kinder aktiv sind. Doch innerhalb seiner Gruppe genießt jedes Kind große Freiheit. Jedes Kind muss sich überlegen, womit es arbeiten will, und dies dann in die Tat umsetzen. Am Ende seiner Handlung soll es reflektieren, was es getan hat und wie es lief. Im Klassenzimmer wird also viel experimentiert und kommuniziert. Von den Kindern wird mit anderen Worten erwartet, sowohl im Handeln als auch im Denken aktiv zu sein. Die Kommunikation der Kinder über ihre konkrete Arbeit ist wichtig. Die Rolle der Erwachsenen beschränkt sich dabei nicht nur darauf, herumzugehen und allgemein zu kommunizieren, sondern den Kindern dabei zu helfen, ihre Pläne auszuweiten und sich neuen Herausforderungen zu stellen. Einige spätere Studien zeigen, dass Kinder, die diese Form der Kindertageseinrichtung durchlaufen haben, ausgeprägtere kognitive Fähigkeiten aufweisen als Kinder, die eine eher traditionelle Kindertageseinrichtung besucht haben (siehe z. B. Kwan und Sylva, 1996). Das Kind, von dem in der High/Scope-Pädagogik ausgegangen wird, ist ein Piaget'sches Kind, das sein Denkvermögen (vor allem die Logik) dadurch entwickelt, dass ihm Herausforderungen gestellt werden, bei denen es sowohl im Denken als auch im Handeln aktiv sein kann. Kognitive Konflikte nehmen im Experimentieren Gestalt an. Die Rolle der pädagogischen Fachkraft besteht sowohl darin, eine reiche Umgebung zu schaffen, sie zu organisieren als auch mit den Kindern zu kommunizieren. Aber das Wissen, das sich die Kinder aneignen, ist in erster Linie das, was Piaget für jedes Entwicklungsstadium als wichtig bezeichnet hat, dem liegt ganz einfach die biologische Reife des Kindes zugrunde. Diese Verankerung in universellen und generellen Stadien ist nach Mary Hohmann, Bernard Barnet und David Weikart (s. o.) der Grund dafür, dass diese Form von Vorschulprogramm sowohl auf Kinder aus verschiedenen Kulturen wie auch auf Kinder, die besondere Unterstützung benötigen, anwendbar ist.

Das High/Scope-Programm wurde entworfen, um Kinder zu unterstützen, die aus sozial belasteten Milieus stammen. Ihnen soll geholfen werden, sich positiv zu entwickeln, damit sie sich im Verhältnis zu Kindern, die unter günstigeren Bedingungen aufwachsen können, behaupten können. Dadurch, dass die Schlüsselfaktoren deutlich bezeichnet werden, können auch echte Dialoge zwischen Pädagogen und Kindern entstehen. Die Einbindung der Eltern und das Zusammenarbeiten der pädagogischen Fachkräfte in einem Team sind wichtige Bestandteile des Programms – alles Aspekte, die zu einem echten Zusammenspiel in der Arbeit mit und bei Kindern beitragen.

Gegenstand des Lernens sind in erster Linie all die *Begriffe*, die Piaget zur Beschreibung der *logischen Entwicklung* des Kindes anwendet. Aber auch Kommunikation und Sprache stehen im Mittelpunkt. In wichtigen Situationen kommen noch Lesen, Schreiben und Rechnen hinzu. *Der Akt des Lernens* liegt im *konkreten Tun* und *Experimentieren* in Kombination mit der *Anwendung der Sprache* in verschiedenen Formen. Kinder werden Situationen ausgesetzt, in denen sie mit anderen Kindern und mit Erwachsenen über ihre bedeutsamen Erfahrungen sprechen. Hier geht es nicht allein um Logik, hier wird den Gefühlen ein bedeutender Raum zugestanden.

Wenn Hohmann, Barnet und Weikart (s. o.) das Verhalten der pädagogischen Fachkraft zusammenfassen, erwähnen sie, dass die Umgebung als sicher und angenehm empfunden werden solle, dass man als pädagogische Fachkraft das Tun des Kindes und seine Sprache unterstützen solle, dass man dem Kind helfen solle, eine Wahl und eine Entscheidung zu treffen, und dass man das Kind in der selbstständigen Lösung seiner Probleme bestärken solle. Der Akt des Lernens handelt mit anderen Worten davon, *das Engagement und Interesse der Kinder an einer Tätigkeit zu wecken*, wobei diese Tätigkeit die Aufmerksamkeit des Kindes gemäß Piagets Theorie auf Aspekte von Logik und Sprache lenken soll. Die Tätigkeit des Kindes ist hauptsächlich eine Form des lustvollen Lernens, das spielorientiert ist, auch wenn das Spiel als Phänomen oder Form im High/Scope-Programm eigentlich nicht vorkommt. Gleichzeitig besteht ein großer Teil der Handlungen aus Spiel.

Die Dialogpädagogik als Form und Inhalt

Marion Blank, Autorin von *Teaching Learning in the Preschool. A dialogue approach* (1983 a), ist eine Vorläuferin einer Frühpädagogik, die den Schwerpunkt auf die Interaktion zwischen Kind und pädagogischer Fachkraft legt und Dialogpädagogik genannt wird. Blank (s. o., S. 9) schreibt: „Das Ziel ist es nicht, traditionelle Unterrichtsinhalte zu lehren, sondern, die intellektuellen Funktionen des Kindes so zu verändern, dass es ihm leichter fällt zu lernen und zukünftige Misserfolge verhindert oder zumindest minimiert werden." Die intellektuellen Funktionen des Kindes sollen auf abstrakte Einstellungen, auf das Reflektieren, auf Aufmerksamkeit und auf die Fähigkeit, Verstandenes, unabhängig vom Gegenstand des Lernens, wiederzugeben, ausgerichtet werden. Oberstes Ziel dieser Frühpädagogik ist es, bei den Kindern die selbstständige Motivation zu schaffen, nach Sinn und Verstehen zu streben. Blank geht davon aus, dass, wenn das Verhalten der Erwachsenen darauf abzielt, die Gedankenwelt der Kinder zu erreichen, dies zur Folge hat, dass die Kinder Dialoge mit Erwachsenen aufnehmen. Weil sie dadurch lernen, dass Erwachsene über Wissen verfügen, gern mit ihnen zusammenarbeiten und ihnen Hilfestellungen geben können. Die Entwicklung des Denkvermögens der Kinder, die in dieser Pädagogik eine wichtige Rolle spielt, wird als *Eins-zu-eins-Relation* in den Mittelpunkt gestellt (zwischen Kindern und Erwachsenen), auch wenn man meint, dass dieser Dialog nur einen kleinen Teil der organisierten Lernerfahrungen des Kindes ausmachen.

Sprache und Dialog werden zum Kernstück dieser Pädagogik, auch wenn das Agieren des Kindes als noch wichtiger angesehen wird als Sprache und Verständnis. „Die gemeinsame Bedeutung von Vereinfachung und Zusammenarbeit ist der eigentliche Kern des entstandenen Dialoges. Dies spiegelt das Prinzip, dass die Antwort des Kindes mehr als jeder andere Faktor entscheidet, welchen Schritt der Lehrer tun wird." (Blank, s.o., S. 105). Die pädagogische Fachkraft muss sich auch bewusst sein, wie der Kontext die Gedankenwelt des Kindes beeinflusst. Bei dieser Pädagogik ist nicht der Inhalt wichtig, den Kinder sich aneignen. Wichtig ist, dass Kinder eine Form des Verhaltens lernen, die das Lernen grundsätzlich unterstützt. Vielleicht kann man es so ausdrücken, dass Blanks Ambition dahin geht, dass die Kindertageseinrichtung sich zum Ziel setzt, *den Kindern das Lernen beizubringen* (Blank, 1983 b).

Viele dieser Gedankengänge kennen wir in Schweden aus der Einstellung der Barnstugeutredningen/Vorschulstudie (SOU 1972:26) und aus dem Buch „Dialogpädagogik" (Schyl-Bjurman und Strömberg-Lind, 1976). Hier stehen Sprache und Kommunikation im Mittelpunkt. Aber im Grunde finden wir auch hier dieses Denken in Stadien, nicht zuletzt wenn wir einen Blick auf das schwedische Modell der Frühpädagogik werfen, wo man sich auf Piagets, Eriksons und Meads Theorien stützt. Piaget und Erikson legen dasselbe Denken in Stadien zugrunde – hierbei ist entscheidend, wie gut man sich in einem Stadium entwickelt, denn danach richtet sich der Erfolg im nächsten Stadium. Gleichzeitig fließt auch George Herbert Meads Theorie ein, die nicht mehr nur die Stadien definiert (SOU 1972:26) und auf die Bedeutung einer kommunikativen Umgebung hinweist. In der Vorschulstudie wurden Kinder als aktiv kommunizierende Wesen dargestellt und dies sollte in der Frühpädagogik zur Kenntnis genommen werden. Daher wurde jede Art des Unterrichts in der Kindertageseinrichtung inklusive des „Stuhlkreises" abgewertet (Davidsson, 2000). Man war der Meinung, große Gruppen ließen Kinder zu passiv werden, stattdessen sollten die Kinder aktiv sein und in Kleingruppen oder mit einer pädagogischen Fachkraft kommunizieren. Aber die Rolle des Erwachsenen als *Dialogpartner* trat immer dann in den Vordergrund, wenn das Kind die Initiative dazu ergriff. Und worüber man kommunizieren sollte, wurde nicht benannt, auch wenn so einige Piaget'sche Bezeichnungen für naturwissenschaftliche Begriffe fielen, die für die Entwicklung der Logik bei den Kindern von Bedeutung sein könnten. Ein Großteil der Verantwortung für das Lernen wurde dem Kind übertragen und die psychologischen Aspekte in Form des *„Selbstbildes"* des Kindes wurden wichtig. Doch *die Entwicklung von Begriffen und Kommunikation* sind Aspekte, die auch in der Entwicklung der Kindertageseinrichtung eine zentrale Stellung einnahmen. Aber wir würden behaupten, dass die Zeit zwischen 1970 und den späten 1990er Jahren in den schwedischen Kindertageseinrichtungen am stärksten kindzentriert war, und zwar in negativer Weise auf das Kind zentriert, denn Pädagogen und Inhalte wurden unsichtbar gemacht. Dennoch war es ein wichtiger Meilenstein innerhalb der Entwicklung der Frühpädagogik, weil die Kompetenz des Kindes und die Qualität des gemeinsamen Spielens in den Mittelpunkt gerückt wurden. Man kann sagen, dass die Dialogpädagogik sich etabliert hat und heute mitsamt neuen theoretischen Ansätzen (Pramling Samuelsson, 2003) teilweise neue Wege beschreitet. Der Dialog und die Interaktion werden heute für mindestens genauso wichtig erachtet wie in der Blütezeit der Dialogpädagogik. Dabei werden jedoch nicht das Bedürfnis und die Reife des Kindes bei der Kommunikation in den Mittelpunkt gestellt, sondern sowohl die Kommunikation der Kinder untereinander als auch die sozialen und kulturellen Erfahrungen von Kindern und Erwachsenen.

Das bedeutet, dass der *Gegenstand des Lernens* in der Dialogpädagogik *nicht erwähnt und als selbstverständlich betrachtet wird*. Hingegen wurde der *Akt des Lernens* in der Weise, *wie man sich Kindern gegenüber verhalten sollte*, fokussiert. Das Spiel des Kindes und die eigene Welt des Kindes gewannen durch die Studie von Marion Blank an Bedeutung, auch wenn sie das Spiel thematisch ignoriert. Das Spiel erscheint irgendwie als vom Lernen getrennt, als etwas, das geschützt und bewahrt werden soll!

Reggio Emilia und die pädagogische Dokumentation

Reggio Emilias Kindertageseinrichtungen und ihr Begründer Loris Malaguzzi wurden gegen Ende des 20. Jahrhunderts in der ganzen Welt bekannt, nicht zuletzt durch ihre Kompetenz im Dokumentieren, die zu fantastischen Ausstellungen von Kinderzeichnungen führte. Ihr Leitmotiv wurden die *hundert verschiedenen Sprachen der Kinder*, mit denen sie sich ausdrücken (Edwards, Gandini und Forman, 1993), auch wenn es in der Praxis die Bildsprache war, die in den Vordergrund gestellt wurde. Carla Rinaldi (1991) bezeichnet sie als grafische Sprache, in der sich die Ideen, die Beobachtungen, die Erinnerungen und die Gefühle der Kinder spiegeln.

Die Umgebung, die Beziehungen und diverse Fragen nach Wertauffassungen sind wichtige Komponenten in der Reggio-Pädagogik. Die Tageseinrichtungen in Reggio Emilia sind bekannt für ihre offene und luftige Bauweise. Wertvorstellungen waren von Anfang an zentral, wobei es sich um sozialistische Werte wie Solidarität und Gleichheit handelte. Beziehungen und Kommunikation stehen im Mittelpunkt der Pädagogik, Begriffe wie Subjektivität und Intersubjektivität bilden den Kern. Rinaldi (2000) weist darauf hin, dass das Lernen des Kindes individuell ist, das heißt, das Sinn-Stiften vollzieht sich bei jedem Kind individuell. Aber wie dies vor sich geht, hängt maßgeblich davon ab, wie die pädagogische Fachkraft das Kind sieht. Nach dem Ansatz in Reggio Emilia wird das Kind als kompetent, aktiv und kritisch betrachtet. Eher die Rechte als die Bedürfnisse des Kindes werden ins Auge gefasst. *Außerdem konstruieren Kinder Fragen, Theorien und Sinn im Zusammenspiel mit ihrer Umwelt, und dies in einem kontinuierlichen Prozess*. Die Gegenseitigkeit der Interaktion ist wichtig für die Identitätsbildung des Kindes und für sein Weltverständnis. Als Pädagoge sollte man eher zuhören als sprechen, sagt Rinaldi.

Pädagogik ist Politik, meint Rinaldi, nicht zuletzt dadurch, dass sich die Wertvorstellungen in der Kommunikation niederschlagen und so auch in der Identitätsbildung des Kindes. Die Pädagogik in Reggio Emilia reflektiert vor allem eine sozialkonstruktivistische Perspektive, bei der die Eltern als ein aktiver Teil berücksichtigt werden. Handlung und *Gruppensozialisation* sind wichtige Faktoren (Rinaldi, 1993), genau wie ihre Art, mit bestimmten *Projekten oder Themen* umzugehen (Katz, 1993). Auch wenn man in Reggio Emilia mit verschiedenen Inhalten systematisch arbeitet, ist dies von untergeordneter Bedeutung. Denn die Identität des Kindes, sein Wert und seine Kommunikation stehen unangefochten im Mittelpunkt dieser Pädagogik. Das ewig-wahre psychologische Prinzip, dass wir Menschen andere so behandeln, wie wir sie betrachten, wird zum entscheidenden Faktor, dessen sich die pädagogischen Fachkräfte bewusst sein müssen (Hundeide, 1999). Daher wird auch in Reggio Emilias Kindertageseinrichtungen viel Energie darauf verwandt, die Kompetenz der Pädagogen zu verbessern und ein entsprechendes Bewusstsein zu schaffen. In Reggio Emilia wird das Kind als einzigartig und „reich" betrachtet, meinen Gunilla Dahlberg, Peter Moss und Allan Pence (1999). Das impliziert, dass man Vertrauen in die Fähigkeit des Kindes hat, ein Weltverständnis zu entwickeln. So betrachtet man auch das Erlernen von Fähigkeiten in einem besonderen Licht: Womit man auch arbeitet, dem Kind ist es gestattet, seine Gedanken darum zu spinnen, Spaß daran zu empfinden und ein starkes Selbstvertrauen zu entwickeln. Malaguzzi selbst ist der Ansicht, dass Reggio Emilia nicht als eine spezifische Pädagogik gesehen werden sollte, sondern als eine Philosophie. Dennoch ist es gerade eine bestimmte Form der Pädagogik, die daraus entstanden ist. Eine Frühpädagogik, die entscheidend auf modernen psychologischen Theorien über Kinder aufbaut und in der die eigentliche Pädagogik unter dem Gesichtspunkt, was Kinder lernen sollen, zweitrangig ist. Die Form ist wichtiger als der Inhalt, auch wenn die pädagogische Fachkraft in der explorativen Phase, in der das Kind seine Umwelt entdeckt, aktiv ist.

In der Reggio-Pädagogik sagt man, dass die Kinder für uns Erwachsene zum Subjekt werden müssen. Dies geschieht, wenn wir ihnen Verantwortung übertragen und ihnen die Macht über ihre eigenen Gedanken und die Wirklichkeit, die sie beeinflussen können, lassen. Hillevi Lenz Taguchi (1997, S. 34) schreibt:

> *Es ist also der Ausdruck des individuellen Kindes und der Kenntnisse und Erfahrungen, die darin vermittelt werden, der im Zentrum unseres Interesses steht, wenn das Kind zum Subjekt wird.*

Sie fährt fort:

> *Pädagogische Dokumentation ist ein Arbeitsmittel, das uns helfen kann, die individuellen und die gemeinsamen Ausdrücke der Kinder sichtbar zu machen.*

Der Kommunikationsprozess steht im Mittelpunkt, und in Lenz Taguchis Auslegung der Reggio-Pädagogik ist es die mit dem Körper erlebte Welt, die die Wiege des Wissens ist, d. h. die Lebenswelt aus einer phänomenologischen Perspektive (Merleau-Ponty, 1962) betrachtet. Rinaldi (2000) meint, dass genau im Zusammentreffen des Objektiven und des Zwischenmenschlichen der Wissenserwerb des Kindes geschieht und dass die individuellen Unterschiede zwischen den Kindern im Dialog entdeckt werden. Wie sich der Dialog, d. h. das Lernen des Kindes darstellt, ist davon abhängig, welche Vorstellungen wir von Kindern im Allgemeinen und von dem betreffenden Kind im Besonderen haben. Wenn man der Ansicht ist, ein Kind habe ein Bedürfnis, dann können wir es zufriedenstellen oder auch nicht. Wenn man aber davon ausgeht, dass das Kind ein Recht hat, dann haben wir als Pädagogen keine Wahl, dann müssen wir den Lernprozess des Kindes unterstützen, weil es sein Recht ist.

Rinaldis Art und Weise, wie sie die Grundlagen der Pädagogik in Reggio Emilia beschreibt, zeigt, dass sie Vertrauen in die Kinder und ihre Fähigkeiten hat. Doch gleichzeitig legt sie großen Wert auf Fragen der Werteorientierung und auf den Aspekt, Kinder als Individuen mit Selbstvertrauen und Stärken sein zu lassen. Die Reggio-Pädagogik, wie sie Rinaldi beschreibt, ist ohne Zweifel ein Beispiel für die neue Betrachtung des Kindes, wie wir sie heute so oft thematisieren, und sie hat ihre Wurzeln sowohl in der Kinderkonvention der UN als auch in der Forschung (siehe z. B. Sommer, 1997, 1998). Jede Frühpädagogik – auch die Reggio-Pädagogik – trägt starke Züge der Tradition des Kindergartens, was bedeutet, mit allen Sinnen zu lernen – oder geht von der Handlung zum Gedanken[7]. Gleichzeitig nimmt die Kommunikation und die gemeinsame Arbeit mittels der Sprache eine zentrale Stellung innerhalb dieser Pädagogik ein. Dies bezeichnet Taguchi als eine „konstruktionistische" Perspektive, um sie von der „konstruktivistischen" Perspektive[8] abzusetzen (eine Unterscheidung, die Carla Rinaldi nicht vornimmt). Lenz Taguchi belegt diese Ansicht anhand einer Beschreibung eines Teils des Lerninhalts „Zeit", den sie die „Untersuchungsphase" nennt, also eine explorative Phase, in der die Ideen und Gedanken des Kindes zum Vorschein kommen. Die Vorschullehrerin betrachtet gewisse Aspekte dessen, was das Kind über Zeit äußert, näher – sie selbst beschreibt dies als „primitiv".

Die pädagogische Essenz besteht also darin, das Kind dazu zu bringen, seinen Gedanken auf vielfältige Weise Ausdruck zu verleihen. Die pädagogische Aufgabe ist es, das Kind dabei zu unterstützen und seine Gedanken sichtbar zu machen. Man arbeitet mit Inhalten, die von Kindern als interessant betrachtet werden, weil man annimmt, dass Kinder sich dem zuwenden, was sie fasziniert (Doverborg und Pramling, 1988). Kommunikation und Dialog sind dabei wichtiger als alles andere. Hier fühlen wir uns wieder stark an die Dialogpädagogik erinnert (Schyl-Bjurman und Strömberg-Lind, 1976; SOU 1972:26), auch wenn sich der Dialog in der Reggio-Pädagogik stärker auf soziokulturelle Theorien stützt, die heute auf der Tagesordnung stehen, aber noch nicht niedergeschrieben waren, als die Vorschulstudie von Blank entstanden ist.

Der *Gegenstand des Lernens* ist in der Reggio-Pädagogik, *selbstständige und kreative Menschen* hervorzubringen. Dass man etwas Spezifisches von der Umwelt lernen soll, wurde zwar nicht explizit formuliert, doch natürlich wählen pädagogische Fachkräfte Themen und Inhalte, die eine kulturelle Relevanz besitzen. Und auch wenn das Bestreben dahin geht, von den Interessen und Fragen der Kinder auszugehen, so geschieht dabei doch ein übergeordnetes Zusammenspiel mit den pädagogischen Fachkräften, wenn gewisse Dinge aufgegriffen werden, die die Kinder äußern, und wenn diese Inhalte weiterentwickelt werden. Gleichzeitig distanziert man sich davon, Kindern bestimmte Lernstoffe beizubringen. Valerie Mercilliott Hewett (2001, S. 98) schreibt:

> *In der Reggio-Pädagogik existieren keine Curricula oder Standards, die angeben, was gelernt werden soll (Malaguzzi, 1993 b; Rinaldi, 1993), denn ‚das würde unsere Tagesstätten zu einem Unterricht treiben, bei dem nichts gelernt werden würde' (Malaguzzi, 1993, S. 8). Es liegt vielmehr an den Kindern selbst, die Richtung für ihr Lernen und ihre Aktivitäten zu bestimmen, natürlich in Zusammenarbeit mit den Pädagogen und anderen Erwachsenen (Malaguzzi, 1993 b).*[9]

Wenn es um den *Akt des Lernens* geht, so ist die Reggio-Pädagogik ein ausgezeichnetes Beispiel für eine spezifische Einstellung den Kindern und ihrem Lernen gegenüber. Sie hat ihre Wurzeln in neueren soziokulturellen Theorien (Säljö, 2000), in deren Mittelpunkt die mensch-

---

7 *Eva-Lena Dahl beschreibt in einem noch nicht veröffentlichten Aufsatz, wie der Begriff der Ästhetik von den Sinneserfahrungen aus dem 18. Jahrhundert Fröbels Philosophie zugrunde liegt, was ja tatsächlich unter ideengeschichtlichen Gesichtspunkten romantisch ist. Es ist interessant festzustellen, dass Lenz Taguchis Ideen, wie sie sie formuliert, starke Ähnlichkeiten mit der Ästhetik des 18. Jahrhunderts aufweisen.*

8 *In einem verdienstvollen Aufsatz nimmt Häikiö (2000) eine gründliche Untersuchung einer Anzahl konstruktivistischer bzw. konstruktionistischer Theorien des Lernens vor.*

9 *Anm. d. Übersetzers: Übersetzt aus der schwedischen Übersetzung.*

liche Kommunikation steht. Rinaldi (2001, S. 78–93) meint, dass es hauptsächlich um eine „Pädagogik des Zuhörens" gehe, d. h. um eine Sensibilität der pädagogischen Fachkraft für das ganze Kind und seine Ausdrucksformen.

Vielleicht kann man sagen, dass eine so geartete Sensibilität bedeutet, sich „in die Atmosphäre einzuleben" und das offenbar zu machen, was oft unsichtbar bleibt: Freude, Neugier, Selbstständigkeit, Möglichkeiten, Wünsche, Erwartungen, Ruhe, Zufriedenheit, Intimität, Individualität, Zugehörigkeit. Diese Aspekte werden nicht dadurch sichtbar, dass wir sie aufzählen, sondern dadurch, dass wir sie anerkennen und in unseren täglichen Handlungen zum Ausdruck bringen (Strozzi, 2001, S. 58–59).

Man kann ahnen, dass das Spiel in der Reggio-Pädagogik, so wie sie sich in der Praxis darstellt, sowohl als *Gegenstand* als auch als *Akt des Lernens* zum Tragen kommt. Die Dimension des Spiels fließt in all ihren Formen ein, wie eine lustvolle Zutat, durch die man lebt. Dahingegen hat die Dokumentation nur zum Ziel, dass das Kind innehält und über das Lernen reflektiert, da dies nun sichtbar geworden ist. Mit anderen Worten: es gibt eine metakognitive Dimension in der Reggio-Pädagogik, auch wenn sie selbst diesen Begriff nicht verwendet (Pramling, 1986 c).

Konzept/ Ansatz	Ziel	Gegenstand des Lernens	Akt des Lernens	Arbeitsweise	Rolle des Spiels
Friedrich Fröbel	Freiheit Verantwortung	allgemein: diffus konkret: Mathematik, Moral	freie Beschäftigung mit Entwicklungsmaterialien	Reifegrad beachten systematischer Aufbau eines definierten Wissens	notwendige Tätigkeit – getrennt von Lernen und Arbeiten „Freispiel"
Maria Montessori	Selbstständigkeit, Sprache, Schulung der Sinne, abstraktes Denken	allgemein: Entdecken von Gegenständen und ihren Eigenschaften konkret: Lesen und Schreiben	„Arbeit" selbsttätiges Beschäftigen mit sinnvollen Materialien in einer vorbereiteten Umgebung	Interesse wecken, Zeit geben, Ruhe herstellen	Abstand: „Flucht vor der Wirklichkeit"
High/Scope-Programm	das Kind zu seiner eigenen Entwicklung führen	nur allgemein: Kommunikation, logisches Denkvermögen	konkretes Tun in Kombination mit der Anwendung von Sprache	reiche Umgebung schaffen, organisieren, kommunizieren	kommt als Phänomen nicht vor, ein großer Teil der Handlungen besteht aber aus Spiel
Dialog-pädagogik	selbstständige Motivation schaffen, nach Sinn und Verstehen streben, das Lernen lernen	Gegenstand wird vorausgesetzt	aktive Kommunikation	Dialogpartner des Kindes	wird thematisch ignoriert – vom Lernen getrennt als etwas, das geschützt werden soll
Reggio Emilia	Solidarität, Gleichheit, Gruppensozialisation, Selbstständigkeit, Kreativität	Themen von kultureller Relevanz	Kommunikation „einleben", Gedanken „sichtbar" machen	„Sensibilität" „Einfühlen", Zuhören, Dokumentation	Dimension des Lernens

Wie haben sich die „Theorien" über Vorschulkinder und ihre Lernprozesse verändert?

Theorien aus einem Zeitraum von nahezu 200 Jahren miteinander zu vergleichen, ist natürlich keine leichte Aufgabe. Wie die Menschen vor so langer Zeit gedacht haben, lässt sich heute nicht ohne Weiteres einfangen, auch wenn wir nichts anderes anstreben als einen Vergleich, den wir aus der heutigen Sicht und mit unserer Art zu denken anstellen.

Dass Kinder dann lernen, wenn *sie aktiv sein können*, scheint der Tenor all dieser Theorien zu sein. In der Fröbel- und Montessori-Pädagogik geht man zusätzlich von einem inneren Tätigkeitsdrang aus. In High/Scope-Programmen sollen Kinder zur Aktivität angeregt werden, indem man verschiedene Tätigkeiten ihrem jeweiligen Entwicklungsstand anpasst und einen Rahmen anbietet, in dem Kinder aktiv sein können. In der Dialogpädagogik und beim Reggio-Ansatz entsteht die Aktivität vor allem im Zusammenspiel und in der Interaktion mit der Umwelt. Die Aktivität entwickelt sich dabei auf einer Skala vom biologischen Trieb hin zum sozialen Zusammenwirken oder von Individuum zu Umwelt und sozialen Beziehungen, was auf der einen Seite bei Montessori deutlich wird, wo das Kind gefühlsmäßig befreit werden soll, und auf der anderen Seite bei Reggio Emilia, wo das Kind als Individuum mit Fähigkeiten und Rechten betrachtet wird. Die Hausarbeit, die ja einen Teil der Fröbelpädagogik ausmachte, hatte zum Ziel, dass Kinder bei einer authentischen Beschäftigung etwas lernen, d. h. die Erwachsenen waren „abhängig" von dem Engagement des Kindes (Asplund-Carlsson und Johansson, 2000) – eine Sichtweise, die auch an Montessori weitervererbt wurde.

In Hinblick auf die eigene Aktivität des Kindes gibt es jedoch noch eine weitere Dimension, nämlich die, wie man ein Kind im Vergleich zu einem Erwachsenen betrachtet. Moral und Religion sind bei Fröbel wichtige Eckpfeiler, bei Montessori ist es ein globales Weltverständnis. Bei High/Scope-Programmen glänzen alle Aspekte der konkreten Welt durch Abwesenheit, um sich in Form von Werten in der Reggio-Emilia-Pädagogik erneut niederzuschlagen. Gleichzeitig kann man feststellen, dass die Reggio-Pädagogik der einzige Ansatz ist, dem kein Denken in Stadien zugrunde liegt.

Auf einer theoretischen Ebene scheinen Ähnlichkeiten einerseits zwischen Fröbel, Montessori und High/Scope-Programmen zu bestehen, andererseits zwischen der Dialogpädagogik und Reggio Emilia. Doch was die beiden zuletzt Genannten wesentlich voneinander unterscheidet, sind *die Richtung und der Inhalt* der Tätigkeit. In der Dialogpädagogik bestimmen die Fragen und Gedankengänge des Kindes zu den Themen oder Projekten, die die pädagogischen Fachkräfte aussuchen, die Richtung. Auch wenn der Gegenstand des Lernens nicht hervorgehoben wird, sondern nur das Kind als ein psychologisches Individuum. Die größte Bedeutung hatte der Gegenstand des Lernens in der Fröbelpädagogik: in Form von Mathematik und Religion.

Reife als Voraussetzung für das Lernen meinte nicht, dass man sie einfach abwarten könne, aber dennoch gehen die Fröbel-, Montessori- und auch die High/Scope-Pädagogik stark von einem Entwicklungsstand des Kindes aus. Montessori, indem sie von „sensitiven Phasen" spricht und High/Scope-Programmen, indem hier Piaget den Rahmen vorgibt. Bei Fröbel verläuft die Entwicklung eher linear anstelle eines Denkens in Reifestadien. Aber die Entwicklungspsychologie war zu Fröbels Zeiten auch noch nicht so weit entwickelt und von der Philosophie getrennt.

Ein weiterer Aspekt, der heutzutage oft als charakteristisch betrachtet wird, ist *das Spiel*. Auch wenn wir davon ausgehen, dass Kinder in allen Vorschuleinrichtungen spielen, so ist es doch eigentlich hauptsächlich die Fröbelpädagogik, die dies thematisiert hat. Fröbel sieht das Spiel noch als notwendige Tätigkeit, die getrennt vom Lernen und vom Arbeiten existiert, in der Reggio-Emilia-Pädagogik findet eine Verknüpfung von Spiel und Lernen statt – oder das Spiel wird als Dimension des Lernens betrachtet. Montessori distanziert sich im Prinzip vom Spiel in der Kindertageseinrichtung. In der Pädagogik Fröbels, in der Arbeit, Spiel und Lernen vorkommt, war das Spiel die freie Zeit des Kindes, später „Freispiel" genannt, und stand im Kontrast zum Lernen (Lindqvist und Löfdahl, 2001). Auch wenn das Spiel mit Fröbels Spielgaben nicht gerade frei war, so gab es dem Kind doch einen Spielraum. Bei Reggio Emilia hat das Spiel die gleiche Dimension wie das Lernen, wo es um das Neuerschaffen und das Beschreiten neuer Wege geht. Das Spiel an sich wird hier jedoch eher selten problematisiert.

Eine andere Entwicklungslinie, die man finden kann, ist die Hinwendung *vom konkreten Tun* (Fröbel, Montessori, High/Scope) *zur Kommunikation und zum Zusammenwirken* (Dialogpädagogik, Reggio Emilia). Gleichzeitig ist es interessant, festzustellen, dass der Schaffensprozess und die Kultur(re)produktion (die sich in Bildern und anderen Ausdrucksformen zeigt) in allen Theorien vorkommt, auch wenn dies bei Reggio Emilia stärker betont und hervorgehoben wird und als metakognitive Ebene des Lernens genutzt wird.

Weiterhin sehen wir eine Entwicklung von Religion (Fröbel) zu Demokratie. Vielleicht kann man behaupten, dass sich der stärkste Demokratieprozess in der Reggio-Emilia-Pädagogik findet. Die Kinder werden nicht als bedürftig angesehen, sondern als Individuen mit dem Recht, bei ihrem eigenen Leben und Lernen mitreden zu dürfen, etwas, das sich auch im schwedischen Bildungsplan für Kindertageseinrichtungen niedergeschlagen hat (Utbildningsdepartementet, 1998 a; Pramling Samuelsson, 2001 a). Auf jede Erfahrung des Kindes – sei sie kulturell, sozial oder psychologisch – muss eingegangen werden. Gleichzeitig ist die Tageseinrichtung eine kollektive Plattform, wo gemeinsame Werte respektiert werden müssen – die internationale Vergleichsstudie der OECD vertritt die Ansicht, dass dies in der schwedischen Kindererziehung gelungen sei (Utbildningsdepartementet, 1999).

Ein weiterer interessanter Aspekt ist die Beobachtung, dass Montessori und die High/Scope-Pädagogik ihren Ursprung in einem Kompensationsgedanken hatten, da die Zielgruppen arme oder entwicklungsgestörte Kinder oder Kinder aus Risikogruppen waren. Bei der Dialogpädagogik und der Reggio-Emilia-Pädagogik hingegen standen von Beginn an *alle* Kinder im Mittelpunkt.

Auch wenn man nicht von einem ebenso deutlichen Paradigmenwechsel wie in der Entwicklungspsychologie sprechen kann (Sommer, 1997), so ist doch eine deutliche Veränderung in den verschiedenen Vorschulprogrammen sichtbar. Der offensichtlichste Paradigmenwechsel ist sicherlich im dem Kind entgegengebrachten Verständnis und Respekt zu sehen. Nicht allein dadurch, dass man dem Kind *Rechte* zugesteht (Nutbrown, 1996), sondern auch dadurch, dass man die *Perspektive des Kindes zum Zentrum macht*. Dadurch nimmt das Kind ganz offensichtlich Anteil an seinem eigenen Lernprozess und Leben. Das scheint eine universelle Perspektive zu sein, die nicht in der westlichen Welt, sondern auch in den verschiedenen Bildungsprogrammen von Entwicklungsländern auftaucht, die für die Perspektive der Kinder und ihre Anteilnahme kämpfen (Ernst, 2000, S. 38–42). Man könnte vielleicht sagen, dass ein neues universelles Paradigma entstanden ist, in dem die Erfahrungs- und Gefühlswelt des Kindes zentral ist. Die Wurzeln dafür liegen natürlich in der Kinderkonvention, die die Stimmen der Kinder hörbar gemacht hat.

Der *Gegenstand des Lernens* war in der Kindertageseinrichtung nie besonders stark vertreten. Mit Ausnahme vielleicht der Fröbel-Pädagogik, die die Mathematik in den Vordergrund gestellt hat, und der Montessori-Pädagogik, die vor allem die Anfänge des Lesens und Schreibens ernst genommen hat, und bei High/Scope-Programmen in Form von Begrifflichkeiten. Wertvorstellungen hingegen waren immer präsent, auch wenn sie zu Beginn der Kindergartenentwicklung stärker und deutlicher hervortraten, so wie es auch heute der Fall ist. *Der Akt des Lernens* hingegen stand durch die Geschichte hindurch immer im Mittelpunkt des Interesses. Schon seit Fröbel und bis in unsere Tage spiegelt sich in der Frühpädagogik Respekt vor dem Kind und seiner Integrität. Der entwicklungspsychologische Gesichtspunkt, dass Kinder sich von Erwachsenen unterscheiden, ist in allen Ansätzen deutlich erkennbar. Kinder werden, im Gegensatz zu Erwachsenen, nicht von hohen Zielen angetrieben, sondern nehmen eine „Hier-und-jetzt-Perspektive" ein. Das Konkrete liegt ihnen näher als das Abstrakte, darauf nehmen Kindertagesstätten Rücksicht. Das Fundament der verschiedenen frühpädagogischen Richtungen ist es, das Interesse und das Engagement der Kinder zu wecken. Vielleicht hat man in den vergangenen Jahren gerade deshalb so viel Energie für den Prozess des Lernens gebraucht, weil das Verhalten der Kinder ihrer Umwelt gegenüber eben ein anderes ist als das der Erwachsenen.

3. Spiel als eine Möglichkeit, die Welt zu verstehen

Wenn man die Frage stellt, was im Vergleich zur Pädagogik der Schule typisch für die Frühpädagogik ist, würde vermutlich fast jeder in Schweden antworten, dass es das Spiel sei. Das Spiel nimmt eine zentrale Stellung in der Kindertageseinrichtung ein – ausgenommen die Einrichtungen orthodoxer Montessori-Pädagogen. Heute entwickelt sich das „Spiel" in zwei unterschiedliche Richtungen. Einerseits hat das *Spiel als Phänomen* in gewissen Kreisen an Akzeptanz gewonnen. Das Spiel wird nicht mehr nur als Kindheitsbeschäftigung gesehen (wenn dies überhaupt jemals der Fall gewesen ist), denn heute befassen sich viele Jugendliche und Erwachsene intensiv mit allerlei elektronischen Spielen (Linderoth, Lantz-Andersson und Lindström, 2002). Auf der anderen Seite gibt es aber auch Anzeichen für ein Verschwinden des Spiels zugunsten eines mehr „schulorientierten Lernens" (Elkind, 1982; Pramling Samuelsson, 2002 b).

Neubewertung des Spiels: Zwei Änderungstendenzen
a) Das Spiel ist nicht mehr nur auf die Kindheit bezogen.
b) Das Spiel verschwindet immer mehr zugunsten eines eher schulorientierten Lernens.

Das amerikanische *National Research Council* setzte vor einigen Jahren ein Komitee mit zwanzig hochkarätigen Wissenschaftlern und Wissenschaftlerinnen ein, deren Aufgabe es war, Forschungsergebnisse zu sichten, Ergebnisse zusammenzustellen und Empfehlungen für die künftige Elementarbildung in den USA abzugeben. Unter dem Titel *Eager to Learn. Educating our Preschoolers* (National Research Council, 2001) wurden die Ergebnisse auf imposanten 400 Seiten publiziert. Als wir nach dem ersten Lesedurchgang das Buch erneut in die Hand nahmen, um nachzuschlagen, was zum Thema Spiel zu finden ist, fanden wir nichts. Das liegt jedoch nicht etwa daran, dass keine Studien über das Spiel vorliegen, denn es gibt sowohl neuere Theorien als auch empirische Daten zu diesem Thema. Die Frage, die sich stellt, ist die, ob es möglich ist, dass die Experten sich mit besonderer Aufmerksamkeit dem Lernen zugewandt haben, das Spiel dabei aber unbeachtet ließen? Doch dies ist kein Einzelfall. Wir tendieren wohl alle dazu, zwischen Spiel und Lernen zu unterscheiden. Man sagt zwar, dass ein Kind beim Spielen lernt – dass aber nach wie vor Spielen und Lernen zwei verschiedene Phänomene sind[10].

Laut James Johnson, James Christie und Thomas Yawkey (1999) ist es sehr schwer, „Spiel" exakt zu definieren. Dabei verweisen sie zum einen auf das Oxford English Dictionary, in dem sich 116 verschiedene Definitionen für das Wort „Spiel" finden, und zum anderen auf den Philosophen Wittgenstein, der solche Begriffe wie „Spiel" als ein aus vielen Fasern gesponnenes „Seil" betrachtete. Denn es gäbe nur eine *Variation von Inhalten,* deren Teile zusammen ein größeres Ganzes ergeben, aber kein zusammengewobenes Ganzes, welches den Inhalt definiere. In den verschiedenen Definitionen von „Spiel" gibt es durchaus Überschneidungen und erkennbare Charakteristika. Auch wenn das Phänomen „Spiel" viele Aspekte hat, betraf es in der Vergangenheit doch hauptsächlich Kinder (auch wenn heute oft auf die Ähnlichkeiten zwischen dem Spiel von Kindern und von Erwachsenen hingewiesen wird, vgl. z. B. Sutton-Smith, 1997). Was seine Werteinschätzung anging, so rangierte das Spiel hinter den *wichtigen* Beschäftigungen wie Arbeiten oder Lernen und erfolgte erst, wenn diese anderen Beschäftigungen erledigt waren (Johnson, Christie und Yawkey, 1999). Auch in vielen Studien zum Thema „Lernen" wird das Lernen meist nicht in erster Linie im Verhältnis zum Spielen, sondern als separates Phänomen betrachtet, und das Spiel als einer von vielen Wegen zum Lernen (Sozialstyrelsen/Amt für Gesundheits- und Sozialwesen, 1987:3). Ingrid de Jonghe (2001) hat in ihrer Darstellung des internationalen Forschungsstandes zum Thema „Spiel" angemerkt:

> *Wenn Schullehrer vom Spielen sprechen, dann ist das in der Regel instrumentalisiert: Spiel als Mittel, um weitere Ergebnisse und Ziele beim Lernen zu erreichen – der Wert des Spieles an sich kommt bei diesem Ansatz nicht zum Vorschein.*[11]

Diese Ansicht findet sich nach de Jonghe in den Fachausdrücken „lernzentriertes Spiel", „spielerisches Lernen", „pädagogisches Spiel", „spielorientiertes Lernen" usw. wieder.

Ein Blick in die Geschichte: das Thema „Spiel"

So wie die Theorien der Lernforschung eine Neubewertung erfahren (vgl. Kapitel 1), geschieht dies auch in der Spielforschung (Dau, 1999). In ihrem Buch *Child's Play* schreibt Elizabeth Dau, dass Kinder sich Wissen erschaffen, indem sie sich in einem reichen und sinnvollen Spiel engagieren. Wenn Kinder spielen und verschiedene Dinge ausprobieren, erwarten sie neue und unbekannte Situationen. Lässt sich die neue Information oder Situation nicht in bereits vorhandenes Wissen des Kindes einordnen, kann dies beim Kind zunächst zu Frustration führen. Dann versucht das Kind, mit der neuen Situation umzugehen und sie seinem bisherigen Wissen anzupassen. In diesem Prozess entsteht neues Wissen und dies gibt dem Kind Bestätigung.

---

[10] *Für Henriette Schrader-Breymann war es, nach Krecker (1977), wichtig, Spiel und Arbeit voneinander zu trennen. Beides durfte nicht vermischt werden, denn das Zentrale am Spiel des Kindes war seine spontane Aktivität, während bei der Arbeit eine vorgegebene Aufgabe zu lösen war. Als Arbeit galt z. B. Arbeit im Haushalt oder im Garten.*

[11] *Anm. d. Übersetzers: Übersetzt aus der schwedischen Übersetzung.*

So wird der Spielprozess zu einem Teil des Lernens (Levin, 1996). Das Spiel gibt Kindern, nach Diane Levin, die Möglichkeit, *selbst die Kontrolle* darüber zu behalten, was geschieht und was sie wissen.

In frühen Jahren geht es beim Spielen zunächst darum, die physische Welt zu entdecken, Schritt für Schritt erfolgt dann der Übergang zum Rollenspiel. Um ihrer Gefühlswelt Ausdruck zu verleihen, setzen Kinder sowohl ihren Körper als auch ihre Sprache und verschiedene Materialien ein und geben so ihrer Welt einen Sinn. Im Spiel und im Zusammenspiel mit anderen Kindern üben und entwickeln Kinder ihre bisherigen Fähigkeiten, Selbstkontrolle auszuüben, in Gruppen zu arbeiten, sich dabei abzuwechseln, zusammenzuarbeiten und die Fähigkeit, mit anderen zusammen sein zu können (Glover, 1999). Auch die emotionale Entwicklung des Kindes wird durch das Spiel beeinflusst. Ihr Engagement im Spiel gibt Kindern die Gelegenheit, Dinge selbst zu tun, etwas immer wieder zu versuchen, bis sie das Gefühl haben, es zu beherrschen. Auf diese Weise erleben sich Kinder als kompetent und stark. Die kognitive Entwicklung des Kindes wird laut Anne Glover dadurch beeinflusst, dass beim Spielen das Denken in Symbolen eine zentrale Stellung einnimmt. Im Spiel gäbe es sehr viele Möglichkeiten zum Symbolisieren und zahlreiche Möglichkeiten, das Material so einzusetzen, dass es *für Kinder interessant ist und für sie einen Sinn ergibt* – eine wichtige Voraussetzung für das Lernen.

Es gibt auch Vertreter eines Entwicklungsparadigmas für das Spiel (Jennings, 1995), doch Sue Emmy Jennings geht dabei von einer bestimmten Auffassung von „Entwicklung" aus. Sie beschreibt einen Entwicklungsverlauf (in allgemeinen Begriffen wie Reife), der pädagogischen Fachkräften als Ausgangspunkt dafür dienen sollte, das Spiel der Kinder zu beobachten. Man kann die Sichtweise aber auch umdrehen, indem man die Kinderwelt als Ausgangspunkt nimmt und dem Spiel aus ihrer Perspektive folgt.

Sue Dockett (1999) ist der Ansicht, dass sich die Spielforschung in Richtung Intersubjektivität bewegt und der damit verbundenen Möglichkeit, sich der Perspektive der anderen bewusst zu werden. Sie schreibt (s. o., S. 40):

> *Einer der wichtigsten Faktoren ist, dass den Kindern bewusst ist, dass Spielen nur gemeinsam mit anderen funktioniert. Um ein Spiel richtig entwickeln zu können, müssen Kinder verstehen, was im Spiel geschieht, welche Rollen gespielt werden und welche Bedeutung sie haben. Außerdem muss ihnen klar sein, was die anderen Kinder im Spiel akzeptieren und was nicht, d. h. sie müssen eine Vorstellung davon haben, was die anderen denken, und deren Worte und Verhalten einschätzen können. In dieser Hinsicht haben die Entwicklung von Intersubjektivität – d. h. die Entwicklung einer gemeinsamen Fokussierung auf Interaktionen – und ein erweitertes Bewusstsein von kognitiven Vorstellungen viel gemeinsam.* [12]

Auch wenn „Repräsentation" kein Begriff ist, den wir in diesem Buch verwenden, so kann man doch sagen, dass das oben erwähnte Zitat belegt, dass das Spiel hohe Anforderungen an das Vermögen des Kindes stellt, Dinge zu deuten und auf vielfältige Weise mit anderen Kindern zusammenzuspielen. Wir möchten darauf hinweisen, dass die Variationen der kognitiven Anforderungen, die an Kinder beim Spielen gestellt werden, Simultaneität erfordern, d. h. Kinder müssen eine ausgeprägte Fähigkeit zu simultanen Leistungen besitzen, um alle Bälle in der

[12] *Anm. d. Übersetzers: Übersetzt aus der schwedischen Übersetzung.*

Luft halten zu können und um nicht von den anderen Kindern vom Spiel ausgeschlossen zu werden. Das Spiel wird zum Sinnstifter in der Hinsicht, dass die ganze Welt des Kindes und damit seine gesammelten Erfahrungen angesprochen werden.

Keith Sawyer (1997) erinnert das Spiel der Kinder an experimentelles Theaterspiel (improvisierte Handlungen): z. B. existiert kein Manuskript, das Spiel wird aus der Situation heraus geschaffen, trotzdem gibt es offene Richtlinien und Strukturen, die die Vorstellung beeinflussen, diese Vorstellungen sind immer kollektiv, d. h. es ist keine einzelne Person vorhanden, die sagt, was getan werden soll. Jedes Kind wird von den anderen beim Spiel beeinflusst, Kreativität wird als kollektiver sozialer Prozess angesehen. Metakommunikation, d. h. die Kommunikation *über* das eben stattfindende Spiel, ist ein notwendiger Teil des Spiels. Gregory Bateson (1972) vertritt die Auffassung, dass Kinder das, was sie spielen wollen, zunächst einmal formulieren müssen, um auf einer gemeinsamen Ebene darüber diskutieren zu können. Metakommunikation ist auch dann noch nötig, wenn das Spiel begonnen hat, denn im Spiel regulieren Kinder die Handlungen kollektiv und integrieren Ideen der einzelnen Teilnehmer. Diese Metakommunikation kann nach Bateson sowohl implizit als auch explizit vor sich gehen.

Sawyer (1997) weist noch darauf hin, dass nicht jedes Spiel kreativ und konstruktiv ist. Dennoch trägt das Spiel zur kindlichen Entwicklung bei, weil es einen kollektiv improvisierenden Prozess verlangt, den er metapragmatische Verhandlung nennt. Damit ist nicht nur Kommunikation über Kommunikation (Metakommunikation) gemeint, sondern im Mittelpunkt steht die Art und Weise zu kommunizieren und zu handeln. *Metapragmatisch* ist dafür ein geeigneter Begriff, weil er ausdrücken soll, wie sich Kinder bestimmte Dinge zu eigen machen. Beim Spiel geht es um Kommunikation auf allen Ebenen und mit allen Hilfsmitteln. Vielleicht kann man sagen, dass Kinder im Spiel ganz spontan das Unsichtbare sichtbar machen!

Erik Hadley (2002) plädiert für ein Umdenken in Bezug auf die Rolle des Spiels bis hinein in die Schulzeit. Er beschreibt das Spiel mit Begriffen wie „im Fluss sein" *(flow)* und beschreibt, was es bedeutet, ob sich die pädagogische Fachkraft mit „im Fluss" des Spiels befindet oder nicht. Er behauptet, dass die meisten Studenten, wenn sie ihre pädagogische Ausbildung beginnen, zwischen dem Spiel der Kinder und dem Lernen unterscheiden. Anhand verschiedener Beispiele weist er darauf hin, wie Kinder demonstrieren, was sie alle gemeinsam vereint – nämlich, „ein spielendes Individuum zu sein". Es entsteht etwas, das Claxton (Hadley, s.o., S. 13) „Gemütlichkeit" nennt, d. h. eine spielfreundliche Einstellung:

> *Teilhaftig zu sein, zu sehen, was um einen herum vor sich geht, heimlich die Gespräche der anderen zu belauschen, sich zu trauen, seine eigenen Gedanken, seine Vermutungen, seine Zweifel auf den Tisch zu legen. Sich zu trauen, öffentlich an einer gemeinsamen Erforschung teilzunehmen.*

Was Kinder dazu antreibt, die Gedanken der anderen zu verstehen und ihre Auslegungen „abzugleichen", ist dasselbe, was uns als Forscher zusammenhält und *communities of learners* schafft (Lave und Wenger, 1991).

Sich als pädagogische Fachkraft selbst *inside the flow* des Lernens des Kindes zu versetzen, bedeutet, dass man die oft von pädagogischen Fachkräften ausgeübte Kontrollfunktion aufgibt, nämlich Bedingungen festzulegen und das Wort zu erteilen. Verhalten und Bewusstsein werden eins und in Folge dessen verändert sich auch die Art des Kommunizierens. So wird die

Kommunikation authentisch, und die Grenzen des Spiels sind nah am Dramatisieren, was einen Bereich schafft, vielleicht überhaupt den einzigen Bereich, in dem es möglich ist, die eigenen Gefühle und die der anderen auszudrücken und mit ihnen umzugehen – was die Voraussetzung dafür ist, über diese Gefühle sprechen zu können und sie zu verdeutlichen. Das bedeutet, in die Haut eines anderen zu schlüpfen. Deshalb ist Hadley (2002) der Auffassung, dass, wenn man sich als pädagogische Fachkraft auf die Welt der Kinder einlässt, man das Strukturieren des Lernens selbst aufgeben muss und die Gelegenheit ergreifen sollte, über das, was man hört und sieht, nachzudenken.

Der Spielbegriff bekommt langsam eine Plattform auch in der Schule. Ole Fredrik Lillemyr (2001 a, 2001 b), der den Stand der Spielforschung in Norwegen zusammengefasst und mit der internationalen Forschung verglichen hat, weist darauf hin, dass die zentralen, die gegenwärtige Entwicklung im Alter rund um den Schulstart betreffenden Fragestellungen sein werden, wie man das Selbstwertgefühl der Kinder stärken kann, wie der Inhalt des Begriffs „ganzheitliches Lernen" zu diskutieren und wie die Rolle der pädagogischen Fachkraft in Relation zum Spiel zu betrachten sei.

Kinder selbst unterscheiden zwischen Spiel und Lernen (Eide und Winegar, 1996; Pramling, Klerfelt und Williams Graneld, 1995), gleichzeitig zeigen jedoch Studien, dass Kinder bei stärker projektorientierten Tätigkeiten andere Begriffe als „Spiel" und „Lernen" wählen. Die Entwicklung hat gezeigt, dass sich *der Begriff des Spiels ausgeweitet* hat und dass es hier um die verschiedenen Arten *von Sinn stiften und von Grenzüberschreitung* geht.

Das Spiel als Forum für kommunikative Kompetenz, gemeinsames Lernen, Rechte und Mitbestimmung

Wir sind der Auffassung, dass Kinder die Kultur, die sie im Spiel erschaffen, auf die Interaktion, auf gemeinsames Lernen und auf Teilhabe aufbauen. Im Spiel vollzieht sich ein wichtiger, aber bislang nicht beachteter Bereich des Lernprozesses, nämlich dass Kinder gemeinsam lernen und sich zudem untereinander Dinge beibringen. Diese Art des Lernens setzt schon in jungem Alter ein und hat viele Aspekte. Beispielsweise entwickeln Kinder beim Spielen Vorstellungen von Rechten, von Partizipation und von Einfluss (Williams, Sheridan und Pramling Samuelsson, 2001; Johansson, 1999).

Der schwedische Bildungsplan sieht vor, dass Kinder die Möglichkeit haben sollten, sich in einer Umgebung aufzuhalten, die geprägt ist von Freude, Zusammengehörigkeitsgefühl, Kommunikation, Spielen und Lernen. In einer derartigen Umgebung kann man beobachten, wie Kinder beim Diskutieren, Streiten und dem Erforschen der Ideen und Gedanken von anderen Kindern lernen. Wenn Kinder lernen, Fragen zu stellen, die Qualität ihrer Argumente zu testen und sich in den anderen hineinzuversetzen, wird die Gedankenwelt der Kinder für sie selbst sichtbar und sie können mit ihrem eigenen Verstehen arbeiten. Das geschieht größtenteils spontan beim Spielen. Ivar Frønes (1994, 1997) betont, dass in der Welt der Kinder, und vor allem beim Spielen, ständig neu verhandelt wird. Das Zusammenspiel der Kinder ist komplex. Weil Kinder unter gleichberechtigten Bedingungen spielen, sich das Umfeld ständig verändert und Mitspieler ausgetauscht werden, gibt es in der Welt des Kinderspiels kein endgültiges „Richtig oder Falsch". Stattdessen müssen die Regeln ständig neu definiert und angepasst werden. Daher ist das Spiel für Kinder eine ausgezeichnete Basis, kommunikative Kompetenz zu entwickeln. Diese Kompetenz ist nach Frønes grundlegend für die Entwicklung von Fähigkeiten, die das Kind zum Lernen und Gestalten benötigt. Im Spiel wird das Kind mit der Welt der anderen konfrontiert und lernt nach und nach, diese verschiedenen Welten zu verstehen (Damon, 1977, 1984; Damon und Phelps, 1989).

Im Spiel können Kinder auch ein Verständnis dafür entwickeln, was Rechte und Beteiligung bedeuten. In einer Studie untersuchten Sonja Sheridan und Ingrid Pramling Samuelsson (2001) unter dem pädagogischen Gesichtspunkt der Qualität das Recht der Kinder auf Einfluss und Partizipation in der Kindertageseinrichtung. Unter anderem fragten die Wissenschaftlerinnen fünfjährige Kinder, wie sie ihre Möglichkeiten beurteilen, Einfluss auf das Geschehen in der Kindertageseinrichtung zu nehmen. Die Hälfte der befragten Kinder besuchte Kindertageseinrichtungen, die nach externen Einschätzungen eine eher niedrige Qualität aufwiesen, die andere Hälfte der Kinder besuchte Einrichtungen, die als hochwertig eingestuft waren (Sheridan, 2001).

Was verstehen nun die Kinder unter Mitbestimmung und in welchen Situationen meinen sie, dass sie dies in der Kindertageseinrichtung tun dürfen? Die Interviews brachten zum Vorschein, dass die Kinder sehr klare Vorstellungen davon haben, was es heißt, etwas bestimmen zu dürfen. Die Antworten der Kinder auf die unterschiedlichen Fragen wurden mit den Situationen verglichen, von denen sie annahmen, die Möglichkeit zur Mitbestimmung zu haben. Dabei machte man interessante Beobachtungen, denn es zeigte sich, dass Kinder meistens beim Zusammenspielen mit anderen Kindern ein Verständnis dafür entwickeln, was Mitbestimmung bedeutet. Im Spiel vollzieht sich also eine Form des gemeinsamen Lernens. Wenn Kinder selbst entscheiden können, wählen sie das gemeinsame Spiel mit anderen, und ihre Erfahrungen beim Mitbestimmen passen sie meist der jeweiligen Spielsituation an. Nun kann man der Frage nachgehen, was im Spiel wirklich passiert, wenn man die Aspekte „mitbestimmen" und „sich beteiligen" betrachtet. Um darauf eine Antwort zu erhalten, müssen wir herausfinden, was es für ein Kind heißt, zu *bestimmen,* und wie es seine Möglichkeiten zur Mitbestimmung in der Kindertageseinrichtung erlebt. *Bestimmen* bedeutet für die meisten Kinder:

- *Das zu tun, was man selbst tun möchte.* Die allermeisten Kinder meinen, bestimmen bedeutet, das zu tun, was man selbst tun möchte. Wenn Kinder bestimmen dürfen, entscheiden sie sich für das gemeinsame Spiel mit ihren Freunden.
- *Ausdenken – fantasieren.* Bestimmen bedeutet für Kinder auch, sich etwas auszudenken, zu fantasieren. Kinder meinen, dass sie bestimmen, wenn sie sich ausdenken können, was und wie sie in einem Spiel sein möchten. Sie stellen sich z. B. vor, dass sie sehr stark sind oder dass sie der beste Dieb im Spiel sind. Auf diese Weise *bestimmen* sie, dass sie *so* sind.
- *Macht ausüben.* Das Kind, das das Spiel erfunden hat, bestimmt das Spiel, seinen Inhalt und die geltenden Regeln. Er oder sie ist „der Bestimmer/die Bestimmerin" und hat die Macht, Entscheidungen zu treffen.
- *Das tun, was die Mehrheit will.* Ein Kind ist der Ansicht, dass *bestimmen* bedeutet, das zu tun, was die Mehrheit möchte. Interessant hierbei ist, dass der Erfahrungshintergrund dieses Kindes eine Kindertageseinrichtung ist und das Kind eine Einrichtung mit bestem Ruf besucht.
- *Erlauben oder verbieten.* Bestimmen bekommt einen ganz anderen Inhalt, wenn die Kinder wiedergeben sollen, was die pädagogische Fachkraft bestimmt. Sie tut dies nämlich, indem

sie Dinge verbietet oder erlaubt, also festlegt, was die Kinder tun dürfen und was nicht. (Sheridan und Pramling Samuelsson, 2001)

Interessant daran ist, dass sich die ersten vier Definitionen der Kinder auf das Spiel und die Erlebnisse mit anderen Kindern beziehen. *Bestimmen* im Sinne von „erlauben und verbieten" benutzen Kinder meistens dann, wenn es um die pädagogischen Fachkräfte in der Kindertageseinrichtung geht.

Im Spiel vollzieht sich also ein gemeinsamer Lernprozess, der beinhaltet, dass die Kinder einerseits demokratisches Verhalten praktizieren und andererseits Macht ausüben. Besonders beim Spiel und im Zusammensein mit anderen lernen Kinder, was es heißt, mitzuspielen und mitzubestimmen, oder wer derjenige ist, der die Macht hat, Regeln und Mitspieler zu bestimmen. Demokratie drückt sich darin aus, dass die Kinder der Meinung sind, sie könnten bestimmen, was und mit wem sie spielen möchten. Gleichzeitig ist ihnen bewusst, dass sie nicht für die anderen bestimmen können und dass sie nicht bestimmen können, ob ihr Spielkamerad mit ihnen oder einem anderen Kind spielen möchte.

Viele Kinder sind eigentlich der Meinung, dass keiner von ihnen alleine bestimmt, sondern dass sie im Spiel gemeinsam bestimmen: „Im Spiel bestimmt keiner, wir überlegen uns einfach, was wir zusammen spielen können." Für Kinder ist es ungeheuer wichtig, dass sie sich abwechseln, dass jeder der Reihe nach zum Zug kommt – sowohl beim Spielen als auch beim gemeinsamen Treffen von Entscheidungen. Sie verabreden, wer wann an der Reihe ist und sagen „wir machen etwas, das alle wollen".

Oft wurde das Spiel unter Kindern als frei und gleichberechtigt bezeichnet (s. Piaget, 1962). Macht nimmt andere Formen an. Eva Johansson (1999) hat sich mit der Ethik von Kleinkindern beschäftigt und herausgefunden, dass Macht eine wichtige Rolle in der Beziehung zwischen Kindern spielt (vgl. auch Sutton-Smith 1984; Hangaard Rasmussen, 1993). Kinder üben im Spiel öfter Macht aus, weil sie von ihrem eigenen Gefühl ausgehen und glauben, dass sie ein Recht auf ihr Spiel haben. Das Spiel ist kostbar und das Recht darauf muss verteidigt werden. Die Kinder erwarten, dass die anderen das respektieren. Die Kinder, die das Spiel initiieren, haben das Recht zu bestimmen, wer mitspielen darf, was gespielt wird und wie die Regeln für dieses Spiel aussehen. Macht wird zum Werkzeug, um sein Spiel zu verteidigen. Macht kann auch im Spiel selbst eingesetzt werden, wenn beispielsweise die Grenzen der Integrität der anderen getestet werden (Johansson, 1999).

Im Spiel findet unter den Kindern ein gemeinsamer Lernprozess statt, denn Kinder erschaffen sich gegenseitig die Möglichkeit, neue Spielwelten zu betreten. Kinder können auf diese Weise in weiterentwickelte Spielthemen einsteigen und in detaillierte Rollen schlüpfen. Vygotsky (1995) vertrat die Meinung, dass die Zusammenarbeit der Kinder das kreative Denken anregt, neue Ideen hervorbringt und Lernen in Form von Entdecken fördert. Das bedeutet, dass Kinder gern mit einem Kind spielen, das die Initiative ergreift und kreativ ist. In diesem Zusammenhang erscheint die Frage interessant, welche Möglichkeiten ein Kind in verschiedenen Lernumgebungen wie in einer Kindertageseinrichtung, einem Hort oder einer Schule hat, ein Spiel initiieren zu können.

Zu fragen wäre etwa, wie sich das Spiel als Teil einer Kultur in der Kindertageseinrichtung und in der Schule darstellt. Was geht vor sich? Wann, wie und wo verläuft die Grenze zwischen

Spielen und Lernen? Und wie können wir Pädagogen unter Zuhilfenahme eines entwicklungspädagogischen Ansatzes das Spiel hervorheben und ihm zu einem klareren Status verhelfen? Wie können wir die Entwicklung in der Kindertageseinrichtung, im Hort und in der Schule mithilfe einer besseren Integration von Spiel und lustvollem Lernen voranbringen?

Eigenschaften des Spiels, die das Lernen begünstigen:
- Sinn stiften durch Interaktion,
- gemeinsames Lernen,
- Vorstellungen von Teilnahme, Rechten und Einfluss,
- Erwerb von kommunikativer Kompetenz.

Die Vielfalt des Spiels

Es ist unbestritten, dass jeder weiß, was Spielen ist (Sutton-Smith, 1997), dass der Forschung es allerdings schwerfällt, sich auf eine Definition von „Spiel" zu einigen (Lillemyr, 2001 a, 2001 b). Das Problem liegt nach Brian Sutton-Smith (s. o.) im Verständnis des Phänomens selbst und erfordert verschiedene Disziplinen und verschiedene Blickwinkel. Es gibt zwei unterschiedliche Standpunkte. Der eine geht davon aus, dass das Spiel die höchste Aktivitätsform des Menschen (s. z. B. Steinsholt, 1999) und daher unvereinbar mit dem Lernen ist (s. z. B. Hangaard Rasmussen, 2002), der andere hält eine Integration von Spiel und Lernen für möglich (z. B. Lillemyr, 2001a, 2001 b) und stellt deren Gemeinsamkeiten heraus.

Gunilla Lindqvist (1989) vertritt die Meinung, „das Spiel gehört zum Abenteuer und zum Märchen". Aber das Spiel gehört auch zu der Art und Weise, wie das Kind sich seiner Umwelt gegenüber verhält und wie es sie lustvoll mit Sinn erfüllt. Lindqvist (1996) führt hervorragende und lebendige Beispiele dafür an, wie Kinder und Erwachsene dramatisieren und verschiedene Themen aus Märchen und Geschichten durchleben. Aber die Umwelt bzw. das, was wir als „Wirklichkeit" bezeichnen, muss nicht weniger spannend sein als ein Märchen.

Innerhalb der Forschung wird immer gerne versucht, alles in „Entweder-oder"-Kategorien einzustufen, z. B. Spiel als Fantasie und Lernen als Wirklichkeit – doch die Wahrheit ist oft wesentlich komplexer. Wenn Kjetil Steinsholt (1999) meint, beim Spiel ginge es um Grenzüberschreitung und der Wille sei eine Voraussetzung zum Spielen, dann sind wir der Auffassung, dass dies in gleichem Maße auch für das Lernen gilt. Sutton-Smith (1997) analysiert in seinem Buch *The Ambiguity of Play*, wie sich die verschiedenen Richtungen der Spielforschung entwickelt haben und wie sie in den Sozial- und Geisteswissenschaften diskutiert worden sind. Er führt Gründe dafür an, dass das Spiel eine Form von „kognitiver Rückmeldung" *(mental feedback)* ist, das das Menschliche verstärkt. Sutton-Smith bezieht sich in seinem Buch auf Stephen Jay Goulds Evolutionstheorie (1996), die besagt, dass Variation und Vielfalt unter biologischen Gesichtspunkten der Schlüssel zur Entwicklung seien. Er geht davon aus, dass eher die Variabilität die biologische Entwicklung charakterisiere als Präzision und Anpassung, wie Darwin behauptet. Variabilität bedeutet die Möglichkeit zur Veränderung als eine Art des Reagierens. Kinder werden mit unzähligen Synapsen geboren, die unzählige Entwicklungsmöglichkeiten bieten. In einer reichen Spielwelt benutzen Kinder viele verschiedene Synapsen, was den Weg bereitet für eine reichere Welt. Für Donald Bailey, John Bauer, Frank Symons und Jeff Lichtman (2001) sind dies die „Fenster der Möglichkeiten", andere Wissenschaftler wiederum bezeichnen die Entwicklung der Synapsen als kritische Periode, da hier Chancen unwiederbringlich verloren gingen, wenn sie nicht zur rechten Zeit genutzt würden.

Die Möglichkeiten eines Kleinkindes sind unendlich und die unendlichen Variationen des Spiels vermitteln dem Kind Werkzeuge, nämlich Reaktionsmuster, die die Welt des Kindes beeinflussen. Sutton-Smith ist der Ansicht, dass die *Variation das Zentrale an der Funktion des Spiels sei*. Es gibt nicht nur eine Art von Spiel und nicht nur eine einzige Funktion, sondern für ihn ist das Spiel eine Tätigkeit, die sich über das ganze Leben erstreckt – ebenso wie man das Lernen heute als lebenslangen Prozess betrachtet – und verbindet Kinder und Erwachsene gleichermaßen. Sogar im Spielen vollzieht sich eine Variation, indem Kinder versuchen, Neues auszuprobieren oder zu erfinden – und dies auf ganz unterschiedliche Weise.

Eine weitere Sichtweise der unterschiedlichen Auslegungen des Spielbegriffs sind die vier Metaphern, die Johnson, Christie und Yawkey (1999) präsentieren: Übertragung der Kultur, Metakommunikation, Vorstellung (performance) und die Interpretation von Erfahrungen (scripts). Mit dem Spiel als *Übertragung der Kultur* meinen sie den symbolischen Charakter des Spiels, nach dem man einordnen kann, auf welchem Entwicklungsstand sich das Kind befindet. Die relevanten Fragen lauten hier: 1. Tut das Kind so, als sei er/sie jemand anders? 2. Tut das Kind so, als seien andere anders als in der Realität? 3. Tut das Kind so, als seien Gegenstände etwas anderes, als sie es in Wirklichkeit sind? 4. Tut das Kind so, als sei die Situation eine andere, als sie tatsächlich ist?

Im Spiel als *Metakommunikatio*n nehmen Kommunikation, Verhandeln und Kontext eine zentrale Stellung ein. Kinder senden interpersonelle (wenn sie zusammen spielen) oder intrapersonelle (wenn sie allein spielen) Botschaften aus, um das Spielgeschehen in Gang zu bringen, zu erhalten, abzubrechen, wiederherzustellen oder abzuschließen. Spiel kann insofern nicht von der Umgebung getrennt werden und die Kinder bewegen sich zwischen Spielwelt und tatsächlicher Welt hin und her. Das Spiel der Kinder vollzieht sich auf mehreren verschiedenen Ebenen gleichzeitig. Das Spiel als *Vorstellung* bezieht sich darauf, dass im Spiel Dialoge mit vielen Personen stattfinden, d. h. mit den Personen, die spielen (Mitspieler), mit den Regisseuren, Produzenten und Zuschauern. Schließlich geht es im Spiel als *Interpretation von Erfahrungen* um das Erzählen und um Erzählungen, die in der persönlichen Erlebniswelt des Kindes Sinn stiften. Der Inhalt des Spiels kann damit als Ausdruck der eigenen Interpretation ihrer Erlebnisse betrachtet werden.

Der gleiche Autor diskutiert die Entwicklung der Kinder und das Spiel unter drei Gesichtspunkten: Das Spiel *reflektiert* Entwicklung, das Spiel *beeinflusst* Entwicklung und das Spiel kann Entwicklung *zur Folge haben*. Die erste Blickrichtung zeigt uns, wo sich das Kind in seiner Entwicklung gerade befindet. Bei der zweiten wird angenommen, dass das Spiel wie ein Kontext, wie ein Medium des Ausdrucks zu betrachten ist und eine Festigung der bisherigen Entwicklung bewirkt. Das bedeutet, dass es beim Kind Fähigkeiten im Bereich des Verhaltens und der Anwendung von Begriffen stützt. Unter dem dritten Blickwinkel dient das Spiel als Instrument einer Veränderung der Entwicklung, das Spiel kann qualitative Verbesserungen in der Funktion des Organismus und der strukturellen Organisation erreichen.

Die Vielfalt liegt gerade im Ganzen, das bedeutet im ganzen Sein des Kindes, in das alle Erfahrung, sowohl die aus der Märchenwelt als auch die aus der Wirklichkeit, einfließt und das jedem Kind neue Dimensionen und Gedanken eröffnen kann. Aber das Erleben dieser Erfahrungen kann unterschiedlich sein, abhängig davon, welche Qualität die Aktivitäten, an denen die Kinder teilnehmen, haben (Sheridan, 2001).

Spiel …

- schafft Wissen durch reiches und sinnvolles Tun;
- stellt Anforderungen an die Fähigkeit, Dinge zu deuten;
- beeinflusst die kognitive Entwicklung durch Denken in Symbolen;
- bietet Erfahrungen mit Metakommunikation, Bedeutung und Kontext;
- bietet durch gemeinsames Tun die Basis für kommunikative Kompetenz;
- ist Ausdruck der individuellen Interpretation von Erlebnissen und Erfahrungen;
- reflektiert Entwicklung, beeinflusst Entwicklung, hat Entwicklung zur Folge;
- ermöglicht die Übertragung der Kultur.

Der Gegenstand und der Akt des Spielens

Wenn Kinder spielen, dann spielen sie immer „etwas", d. h. im Bewusstsein des Kindes gibt es einen Gegenstand des Spiels, sei er reflektiert oder nicht. Dieser Gegenstand ist kein Unterrichtsfach, aber dennoch etwas, mit dem sie arbeiten, um ihre Umwelt zu begreifen. Annica Löfdahl (2002) legt in ihren Untersuchungen dar, wie die Spiele der Kinder inhaltlich in Begriffe wie „Überleben" oder „Machtspiel" gefasst werden können. Sie ist der Ansicht, dass Kinder, wenn sie beim Spielen Sinn stiften, üben, ihr eigenes Leben in den Griff zu bekommen und Verantwortung dafür zu übernehmen. Sie lösen ein konstruktives Problem und einigen sich, wie man die Frage der Autorität klärt. Weite Teile der Dialoge drehen sich darum, wie man es schafft, einen Status zu erreichen oder zu sichern und damit auch die Position in der Gruppe der Spielkameraden. Aber Spiel kann ebenso bedeuten „wir spielen Schule" und da kann es sich hauptsächlich ums Lesen und Schreiben drehen. Oder „wir spielen Kaufmannsladen", wo es besonders aufs Rechnen ankommt. Aber worauf zielen die Kinder ab? Wenn Kinder zu spielen beginnen, einigen sie sich auf einen Spielinhalt. Das heißt nicht, dass während des Spiels nicht verschiedene Schwerpunkte für verschiedene Kinder entstehen können. Sind diese nicht allzu abwegig, kann das Spiel weitergehen, doch entfernen sie sich zu sehr von der ursprünglichen Idee, bricht das Spiel ab (Mauritzson und Säljö, 2003).

Das Spiel ist sozial, emotional und kognitiv. Es geht darum, mitmachen zu dürfen, etwas das gleichzeitig soziales und emotionales Fingerspitzengefühl erfordert. Und ohne ein kreatives, erfinderisches und fantasievolles Umfeld entsteht wohl kaum ein Spiel – d. h. das ganze Kind ist mit dem Gegenstand des Spiels beschäftigt! Die Fokussierung auf den Gegenstand des Spiels verlangt ein zielgerichtetes Verhalten derjenigen, die spielen. Wenn ein gemeinsames Spiel entwickelt werden soll, müssen alle Kinder zur Entwicklung des Spielthemas beitragen. Der Akt des Spiels ist durch Variation gekennzeichnet, denn die Kinder tragen auf unterschiedliche Weise und mit ihrem jeweiligen Erfahrungshintergrund zum Spiel bei. Wenn sich ein Spiel entwickelt und verändert, hängt dies meist damit zusammen, dass sich das Bewusstsein der Kinder verändert (der Schwerpunkt verändert sich, neue Dimensionen fließen ein usw.). Im Spiel gibt es eine kontinuierliche Kommunikation, die durch bestimmte Reaktionen der Kinder oder ihre Beiträge verursachen können, dass man innehält und neu verhandelt. Aber auch einzelne Kinder stellen Variationen in ihrem Spiel her (vgl. auch Lindahl und Pramling Samuelsson, 2002). Das bedeutet, dass jedes Kind ausprobieren kann, verschiedene Dinge auf verschiedene Weisen in Szene zu setzen. Um in einer Gruppe zu spielen, brauchen die Kinder in ihrer Gedankenwelt ein gemeinsames Objekt – eine Vorstellung davon, was sie tun wollen – auch wenn jedes Kind von seiner eigenen Erfahrungswelt ausgeht und diese die Grundlage für seine Deutungen ist. In der Kommunikation während des Spiels kann diese dann jedoch

Veränderungen erfahren. Damit ein Spiel (Akt) beginnen und weitergehen kann, müssen zudem alle Kinder, die mitmachen, ihre Rolle und ihr Verhalten mit den anderen abstimmen. Aber auch dies wird durch die Kommunikation untereinander im Spiel beeinflusst und verändert.

Gegenstand des Spiels	Akt des Spiels
„etwas" z. B. Überleben, Macht, Problemlösungen	• zielgerichtetes Verhalten in Bezug auf den Gegenstand • kontinuierliche Kommunikation • Variation • Simultanität

Teil II: Grundzüge des phänomenografischen Forschungsansatzes

4. Die Phänomenografie als Grundlage einer Theorie der Frühpädagogik

Eine Frühpädagogik, wie wir sie in diesem Buch entwickeln möchten, hat ihren Ursprung sowohl in der Geschichte und den Beziehungen zu Theorien in der Umwelt als auch in der empirischen Forschung zum Thema Lernen der vergangenen Jahrzehnte.

Als die Phänomenografie in den 1980er Jahren als Forschungsmethode entwickelt worden war, wurde untersucht, wie ein bestimmtes Phänomen – beispielsweise der Text eines Lehrbuches – von einer Gruppe (in diesem Falle handelte es sich um Studenten) aufgenommen wurde (Marton, 1981a, 1981b). Zum ersten Male wurde nicht das *falsche* Lesen oder Verstehen gemessen, sondern man wollte herausfinden, was die Leser einem bestimmten Text entnahmen, und dies dann in Beziehung setzen zu deren eigenen Vorstellungen vom Lernen an sich. Mit anderen Worten, es sollte ihre subjektive Welt sichtbar gemacht werden, die im Grunde gleichzeitig subjektiv und objektiv war – wie die Beziehung zwischen den Studenten und einem Phänomen aus ihrer Umwelt, in diesem Fall dem Text. Ingrid Pramlings Studie (1983) darüber, was Kindern über ihren eigenen Lernprozess bewusst ist, trifft den Kern der Phänomenografie: zunächst festzustellen, wie Kinder Sinn stiften und ein Verständnis für ein spezifisches Phänomen entwickeln (lernen), anschließend zu untersuchen, wie viele qualitativ unterschiedliche Arten es gibt, dieses Phänomen zu verstehen, und schließlich die Variationen der Denkweisen zu beschreiben, d. h. die charakteristischen Merkmale jeder Kategorie herauszuarbeiten.

Um die Ergebnisse zu erzielen, die innerhalb der Phänomenografie ermittelt werden sollen, ist eine Methodenauswahl bei der Datenermittlung erforderlich, die die Menschen zum Denken, Reflektieren und Mitteilen ihrer Erfahrungswelt anregt. Dies ist sozusagen die wichtigste Komponente, da die Phänomenografie als Forschungsansatz in Richtung einer Bewusstseinstheorie (Marton und Booth, 1997) oder – wenn wir es mit jüngeren Kindern zu tun haben – einer Entwicklungspädagogik (Pramling, 1994) entwickelt worden ist. Eine Pädagogik, die dazu beitragen kann, das Lernen in einer Kindertageseinrichtung zu ermöglichen.

Es gibt zahlreiche Methoden, Kinder ihre Erfahrungen ausdrücken und mitteilen zu lassen. Allerdings ist das Verhalten der Erwachsenen, sich jedem einzelnen Kind gegenüber positiv und interessiert zu zeigen und zu versuchen, die Denkweise jedes Einzelnen zu verstehen, nicht so vielfältig. Kinder müssen reflektieren und frei assoziieren dürfen und es muss ihnen dabei das Gefühl vermittelt werden, dass sie genau das tun dürfen und nicht unter dem Erwartungsdruck stehen, eine richtige Antwort geben zu müssen. Hier hat die Kindertageseinrichtung traditionell eine stärker dem Kind zugewandte Einstellung und das größere Vertrauen in das kindliche Denken, als es die Schule bisher getan hat (Pramling Samuelsson, 2000 b).

Der dritte wichtige Aspekt der Phänomenografie ist die Beschreibung der vielfältigen Denkweisen. Für die pädagogische Fachkraft stellt sich diese Aufgabe sicher anders dar als für den Forscher. Das impliziert, dass man als Lehrerin oder Lehrer nicht die unterschiedlichen Möglichkeiten des Denkens darlegen und charakterisieren muss, aber dennoch versuchen sollte, die Variationen sichtbar zu machen und für das Kind Voraussetzungen zu schaffen, diese Variationen der Gedankengänge zu erkennen (Doverborg und Pramling, 1995; Doverborg und Pramling Samuelsson, 1999 c, 2000 a). Auf diese Weise fließen die eigenen Gedanken des Kindes inhaltlich in den Unterricht ein. Wenn die Vielfalt dargestellt wird, wird das Kind mit den Denkweisen der anderen Kinder konfrontiert und relativiert vielleicht seine eigene Vorgehensweise. Seine ihm selbstverständliche Art zu denken wird infrage gestellt. Aber noch einmal – wichtig für das Verständnis des Kindes in bezug auf die verschiedenen Aspekte seiner Umwelt sind die Begegnungen mit Dingen und Menschen und die Kommunikation zwischen dem Kind und seiner Umwelt. Der phänomenographische Forschungsansatz erhellt die subjektive Welt der Menschen und deren Vorgehen, sich ihre Umwelt begreiflich zu machen. Die Entwicklungspädagogik konzentriert sich auf diesen Aspekt und schafft die Voraussetzungen dafür, dass die Welt der Kinder für sie selbst und für Außenstehende sichtbar wird. In der Phänomenografie wurde ursprünglich mit Tiefeninterviews gearbeitet. Das sind relativ offene Interviews, die den Befragten viel Raum für Überlegungen, Reflexionen und Ausdrucksmöglichkeiten lassen. In der Entwicklungspädagogik ist es wesentlich, dass Erwachsene mit Kindern kommunizieren und sie zu unterschiedlichen Ausdrucksmöglichkeiten anregen. Interviews mit Kindern waren daher die zentrale Wissensquelle bei der Entwicklung dieser Pädagogik (Doverborg und Pramling Samuelsson, 2000 a). Voraussetzung für die Interviews ist einmal die Fähigkeit, Fragen stellen und Kinder zum Erzählen bewegen zu können, und die Fähigkeit, als pädagogische Fachkraft die Welt der Kinder zu verstehen und zu deuten. Hierbei zeigt sich ein Vertrauen in die Möglichkeit der Sprache, Menschen an der eigenen Gedankenwelt teilhaben zu lassen, was auch für Kinder gilt. Es werden noch weitere Methoden angewandt, um die Gedanken- und Erfahrungswelt der Kinder zu ergründen (z. B. Videoaufzeichnungen, Pramling Samuelsson und Lindahl, 1999, oder Zeichnungen, Pramling, Asplund Carlsson und Klerfelt, 1993, Doverborg und Anstett, 2003). Ergebnis einer phänomenografischen Studie ist eine *Variation in der Art des Denkens*[13] und des Verstehens von Dingen in der kindlichen Umwelt. Diese Variation ist das Ergebnis einer Analyse verschiedener, qualitativ unterschiedlicher Arten des Verstehens und zeigt die Bandbreite aller Inhalte (Ergebnisse), denen die untersuchte Gruppe Ausdruck verleiht. Genau diese *Variation von Verstehensmöglichkeiten* wird in der Entwicklungspädagogik als Inhalt der Kommunikation angewendet. Um die Gedanken der Kinder als Inhalt verwenden zu können, müssen sie auf irgendeine Art von Kindern gestaltet werden, damit sie als Reflexionsgegenstand verwendet werden können (Doverborg und Pramling, 1995).

Die phänomenografische Forschung als Forschungsmethode der Entwicklungspädagogik untersucht:

- Wie machen sich Kinder ihre Umwelt begreiflich?
- Wie stiften Kinder Sinn?
- Wie entwickeln sie ein Verständnis für ein Phänomen?
- Wie viele Möglichkeiten gibt es, ein Phänomen zu verstehen?
- Welche Variationen der Denkweisen lassen sich beschreiben?
- Welche charakteristischen Merkmale haben diese?

[13] *In der Begrifflichkeit der Phänomenologie wird nicht zwischen Gedanken und sprachlichem Ausdruck unterschieden. Das, was man denkt oder versteht, kann man verbalisieren und der sprachliche Ausdruck ist nicht getrennt vom „eigentlichen" Denken.*

Das Forschungsziel:
Eine Methode, mit der die Welt der Kinder für sich selbst und für Außenstehende „sichtbar" gemacht werden kann.

Zusammenfassend lassen sich drei Prinzipien festmachen, die für die aus der Phänomenografie als Forschungsmethode und Theorie hervorgegangene Frühpädagogik gültig sind (Pramling Samuelsson und Mårdsjö, 1997):

- Situationen herstellen und fördern, die Kinder zum Denken und Reden ermutigen.
- Kinder dazu anregen, selbst zu denken, zu reflektieren und sich sowohl verbal als auch mit anderen Mitteln auszudrücken.
- Die Vielfalt der Ideen der Kinder wahrnehmen.

Kommunikation, Beziehungen und Inhalt

Aber worin besteht nun der Unterschied zwischen der Entwicklungspädagogik, für die wir hier eintreten, und der kindzentrierten Pädagogik, die die Kindertageseinrichtung schon immer vertreten hat? Nach unserer Auffassung liegt der Unterschied darin, dass die Entwicklungspädagogik bewusst danach strebt, spezifische Werte und Normen, Kompetenzen und Einsichten für bestimmte Aspekte der Umwelt zu entwickeln. Es gibt ganz einfach festgelegte Zielsetzungen und die bedeuten, dass die Art und Weise, wie Werte und Normen gesehen und verstanden werden – ebenso wie Kompetenzen und Kenntnisse, die man in der frühen Kindheit lernen sollte – sich entwickelt. Dies geschieht nicht in endgültiger und fertiger Form, sondern eher wie auf einer Reise, die innerhalb verschiedener Gebiete beginnt und durch das Bildungssystem hindurch, ja, eigentlich durchs ganze Leben hindurch, immer wieder auftaucht.

Die kindzentrierte Pädagogik geht davon aus, dass es die individuelle Erfahrung des Kindes ist, die sowohl das Spiel wie auch das Lernen steuert. Der Erwachsene reagiert auf die Inhalte, Gedanken und Äußerungen des Kindes und begegnet ihm dort. Man kann vielleicht sagen, dass die Verantwortung für das Lernen des Kindes teilweise dem Kind selbst übergeben wird, oder um es positiv zu formulieren, man vertraut darauf, dass das Kind von selbst alles entdeckt, was für das Leben in seiner Kultur wichtig ist – und bei vielen Kindern ist das auch der Fall. Selbstverständlich muss es auch im Umfeld der Kindertageseinrichtung Raum für spontane, eigene Ideen und Interessen des Kindes geben. Aber wie wir wissen, lernen nicht alle Kinder das Gleiche, auch wenn sie das gleiche Umfeld haben.

Wir halten es jedoch für ein eher romantisches Bild der Wirklichkeit, davon auszugehen, dass sich jedes Kind optimal entwickelt und lernt, wenn man es tun lässt, was es möchte. Die Kindertageseinrichtung ist ein kollektiver Rahmen (Carlson, 1993; Williams, 2001) und die Kommunikation und das Zusammenspiel, das dort stattfindet, betrifft sowohl die pädagogischen Fachkräfte als auch die anderen Kinder. Kann man der Kommunikation derart ihren Lauf lassen, dass das „stärkste", das kreativste oder das Kind mit dem höchsten Status die Richtung angibt und so die Aufmerksamkeit aller anderen Kinder auf sich zieht? Als pädagogische Fachkraft kann und soll man den Gedanken und Erlebnissen jedes Kindes Gehör verschaffen – hierin liegt unserer Meinung nach der Beitrag der Frühpädagogik – aber die Festlegung der Inhalte ist Aufgabe der pädagogischen Fachkraft. Sie soll die Kinder anleiten und ermuntern, sich über den jeweiligen Lerngegenstand und -inhalt, der im Bildungsplan steht, Gedanken zu machen. Dies ist in erster Linie die pädagogische Aufgabe. Eine andere Aufgabe ist es, Kinder von dem erzählen zu lassen, wofür sie sich „begeistern", das hat soziale, psychologische und mitunter pädagogische Gründe. Beide Aspekte sind für jedes einzelne Kind wichtig, aber sie sind in Hinblick auf den pädagogischen Auftrag der Kindertageseinrichtung zu unterscheiden.

Sprache ist nicht nur der Ausdruck des Denkens, wie Formulierungen wie „den Gedanken Ausdruck verleihen" oder „die Gedanken in Worte kleiden" andeuten, sondern die Verwendung von Sprache ist ausschlaggebend für das Denken überhaupt. Wenn ein Lehrer Kinder nach ihren Gedanken fragt, erhalten die Kinder nicht nur die Möglichkeit zu denken und zu reflektieren, sondern sich gleichzeitig auch verbal oder grafisch zu äußern. Unser Begriff von Sprache umfasst sämtliche Ausdrucksmöglichkeiten, also auch Gestik und Bildsprache. Das Denken *geht nicht* dem sprachlichen Ausdruck *voran*, sondern das Denken *entsteht erst* und *konstituiert* sich im Ausdruck. Daher glauben wir nicht, dass Kinder mit ihren Gedanken still dasitzen, wenn niemand sie danach fragt, sondern vielmehr, dass erst die Nachfrage, die Situation und die Kommunikation den Denkprozess hervorbringen und gleichzeitig das Selbstverständliche und intuitiv Angenommene problematisiert.

Entwicklungspädagogik verlangt also ein bestimmtes Verhalten, das wiederum untrennbar mit dem jeweiligen Inhalt verbunden ist. Weil verschiedene Inhalte verschiedene Formen des Verständnisses fordern, kann es – wie Ference Marton (1992) darlegt – keine Standardunterrichtsmethode und kein Standardverhalten geben, das garantiert, dass alle Kinder alles lernen können. Aber indem wir uns in der Forschung und der pädagogischen Praxis dafür interessieren, wie Kinder auf verschiedene spezifische Phänomene reagieren, erwerben wir das notwendige Rüstzeug, um für Kinder bessere Voraussetzungen zu schaffen, etwas darüber zu lernen.

Kindzentrierte Pädagogik	**Entwicklungspädagogik**
Die individuelle Erfahrung des Kindes steuert das Spiel und das Lernen. Die pädagogische Fachkraft vertraut auf die Selbststeuerung des Lernens.	Die pädagogische Fachkraft ist für die Inhalte (des Bildungsplans) verantwortlich und auch dafür, bei dem Kind die Voraussetzungen dafür zu schaffen, dass es ein Verständnis für die Inhalte entwickelt, wobei verschiedene Inhalte verschiedene Formen des Verständnisses fordern.

Lassen Sie uns als Beispiel einen Blick auf eine der Zielvorgaben im schwedischen Bildungsplan werfen: Jedes Kind soll ein Verständnis dafür entwickeln, dass es ein Teil des Kreislaufes der Natur ist und zudem *einfache naturwissenschaftliche Phänomene* erfassen, also auch Kenntnisse über Pflanzen und Tiere erwerben (Utbildningsdepartementet, 1998 a, S. 12–13; Hervorhebung durch I. Pramling Samuelsson).

Ein kleiner Teil dieser Ziele bezieht sich also auf einfache naturwissenschaftliche Phänomene. Das kann zum Beispiel die Tatsache sein, dass manche Gegenstände im Wasser schwimmen, andere jedoch sinken, etwas, das bereits Kleinkinder bei ihrem täglichen Bad beobachten können. Kleine Kinder haben also Erfahrungen mit Dingen, die schwimmen oder sinken. Aber vermutlich haben die meisten Kinder noch nicht darüber nachgedacht, warum das so ist, denn traditionellerweise wird dieses Wissen erst in der Mittel- oder Oberstufe der Schule gelehrt. Aber wie könnte Kindern schon in der Kindertageseinrichtung die Voraussetzung dafür gegeben werden, dieses Phänomen in Ansätzen zu verstehen? Schritt eins muss sein, dass die pädagogische Fachkraft das Kind dazu bringt, seine Aufmerksamkeit auf das Schwimmen oder Sinken von Gegenständen zu richten.

Niklas Pramling und Ingrid Pramling Samuelsson (2001) haben in einem Artikel eine Videoaufnahme analysiert, in der eine pädagogische Fachkraft ein Experiment mit Jonas (gut drei Jahre alt) macht, bei dem es um Sinken und Schwimmen geht. Bevor sie den jeweiligen Gegenstand testet, fragt sie Jonas, ob er wohl schwimmen oder sinken werde. Er ist so interessiert und neugierig, dass die pädagogische Fachkraft mitunter seinen Arm sanft zurückhalten muss, damit er es nicht sofort ausprobiert. Sie möchte, dass er vorher innehält und nachdenkt oder sich eine Vorstellung davon macht, warum Gegenstände schwimmen oder sinken. Sie hat sehr viele unterschiedliche Objekte ausgesucht. Jonas ist aktiv und reflektiert seine Gedanken, während er mit der Pädagogin kommuniziert.

Jonas entnimmt ihren Fragen, dass sie möchte, dass er einen Grund für das Sinken oder Schwimmen des Gegenstandes findet, d. h. dass er eine Hypothese entwirft, die getestet wird. Er versteht die Botschaft und sucht nach Eigenschaften, die er für das Sinken oder Schwimmen verantwortlich macht. Es zeigt sich, dass einige der Gegenstände ein Loch haben (eine Schraubenmutter, ein Metallring). Das fällt Jonas auf und er gibt diese Eigenschaft als Ursache für das Sinken an. Aber dann schwimmen auch Gegenstände mit einem Loch und so ändert er seine Hypothese dahin, dass etwas schwimmt, weil es ein Loch hat. Vorhandene Löcher oder solche, die er sich nur vorstellt (z. B. bei einem Kiefernzapfen, einem Holzknopf), werden für Jonas zu der Eigenschaft, die für das Verhalten eines Gegenstandes im Wasser verantwortlich ist. Im Verlauf des Dialogs wird deutlich, dass ihm die Begriffe „sinken" und „schwimmen" nicht ganz klar sind, ebenso die Begriffe „leicht" und „schwer", die er zwischendurch verwechselt. Nachdem das Experimentieren eine Weile angedauert hat, bekommt der anfangs sehr interessierte Jonas Lust, zu spielen und seiner Fantasie freien Lauf zu lassen. Er taucht die Hand ins Wasser und schlägt vor: „Und jetzt spielen wir, das ist das Meer!"

Was die pädagogische Fachkraft hier getan hat, ist eine Situation zu schaffen, über die sie kommunizieren können, während das Kind gleichzeitig aktiv und reflektiv sein kann. Die pädagogische Fachkraft nutzt die Variation der Gegenstände und das Kind versteht die Botschaft, eine Erklärung für die Ursache zu finden. Und man kann behaupten, dass Jonas, auch wenn ihm die Begriffe nicht ganz klar waren, versucht hat, entscheidende Eigenschaften an den Gegenständen auszumachen, die zu einer Erklärung beitragen konnten. Er verwendet eine induktive Methode, um eine Theorie für das Schwimmen im Wasser zu finden. Zudem kann man feststellen, auch wenn Jonas' Erklärung weit von der naturwissenschaftlichen Erklärung entfernt war, so hat er doch begonnen, über eine Ursache-Wirkung-Problematik nachzudenken. Vermutlich hat das sein Interesse geweckt, selbst in anderen Situationen zu experimentieren und zu reflektieren. Monica Sträng-Haraldsson (2000, S. 8–9) schreibt dazu:

> *Kinder leben und entwickeln sich in derselben Alltagswelt, die die Naturwissenschaften erklären. Daher hat es seine Richtigkeit, die „Alltagswelt" des Kindes als Ausgangspunkt zu wählen, das Kind seine eigene Sprache und seinen eigenen Blickwinkel benutzen zu lassen, um nach und nach Fragen zu entwickeln, die an die naturwissenschaftlichen Erklärungen anknüpfen.*

Bei den meisten Kindern läuft dies jedoch nicht selbstverständlich ab, sondern sie brauchen Hilfe. Diese „Hilfe" können wir schon sehr früh im Leben des Kindes anbieten. Sie beinhaltet, dass wir einfach gute Voraussetzungen dafür schaffen, dass das Kind gemeinsam mit anderen „natürliche" Phänomene und Erscheinungen, die mit der Natur und dem Leben verknüpft werden können, erleben und mit den anderen Kindern über seine Erlebnisse sprechen kann.

Das Kind muss:

- sich bewusst werden über das, was es sieht und erlebt, das heißt, ein eigenes Gespür für seine Umwelt entwickeln,
- dieses Bewusstsein, die Umwelt auf vielfältige Weise wahrnehmen zu können, weiterentwickeln, sowohl mit der eigenen „Alltagsperspektive", mit Märchen und Mythen und nach und nach auch mit einer naturwissenschaftlichen Sichtweise,
- sein Verhältnis von Gedanken und Sprache im Verhältnis zur Umgebung weiterentwickeln, indem es übt zu beobachten, zu sortieren, zu vergleichen, Veränderungen zu beschreiben und Ursache und Wirkung kritisch zu hinterfragen usw.,
- auch ethische Erfahrungen machen, bei denen es positive Gefühle wie Freude, Schönheit, Neugierde und Wissensdrang usw. erlebt,
- lernen, Verantwortung für seine eigene Art des Lernens zu übernehmen, unter anderem, indem es denken, beschreiben und vergleichen kann, was es getan hat, warum es das getan hat usw. Durch die bewusste Arbeit des spontanen Erklärens ihrer Umwelt helfen wir den Kindern, einen Zugang zu den Naturwissenschaften zu finden.

Im oben genannten Beispiel geht es um ein handelndes und denkendes Kind, doch die pädagogische Fachkraft hat die Situation dafür geschaffen und hatte eine Vorstellung, mit welchem Inhalt sie das Kind konfrontieren wollte.

Lassen Sie uns noch ein Beispiel anführen, bei dem ein Kind daran arbeitet, Teile seiner näheren Umwelt zu untersuchen. Dabei spielt Wasser eine Rolle, das für Kinder etwas Selbstverständliches ist. Das langfristige Ziel dieses Themas ist es, bei den Kindern ein Bewusstsein für den Wasserkreislauf zu entwickeln. Zuerst gibt die Lehrerin den Kindern die Aufgabe, alles zu zeichnen, was ihnen zu der Frage einfällt: Wozu braucht man Wasser? Um zu erfahren, welche Vorstellungen die Kinder haben, gibt die Lehrerin ihnen die Aufgabe zu zeichnen oder zu schreiben, wozu sie Wasser benutzen. Der Ansatz ist, die Kinder zum Nachdenken darüber zu bringen, wozu sie Wasser benötigen. Viele Kinder malen, wie auch Stefan im Bild auf der nächsten Seite, eine Reihe verschiedener Situationen und Phänomene.

Die pädagogische Fachkraft schafft eine Situation, in der die Kinder Probleme lösen und auch reflektieren können, um dann im nächsten Schritt ihre eigene Anschauung über die Verwendung von Wasser mit den Gedanken der anderen Kinder zu vergleichen. Bei dieser Aufgabe geht es darum, jedes Kind zum Nachdenken darüber anzuregen, wozu man Wasser braucht, und um die Erkenntnis, dass Wasser für verschiedene Dinge wichtig ist.

Die pädagogische Fachkraft hat ein Ziel vor Augen, aber sie beginnt ihre Unternehmung im Alltäglichen, das meist nicht mehr hinterfragt wird. Kinder benutzen Wasser täglich für eine ganze Reihe von Tätigkeiten, aber denken selten oder nie darüber nach. Das Selbstverständliche zu problematisieren ist eine gute Methode, um Kinder zum Nachdenken und Grübeln zu brin-

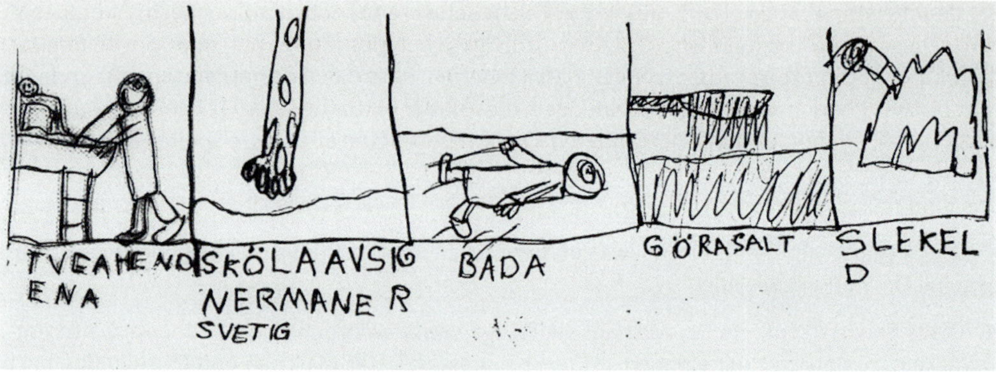

Bild 1: Stefans Illustration, wozu man Wasser braucht.

gen, und das ist notwenig, damit sich ihre Fähigkeit zum Verstehen entwickeln kann (Pramling unbd Mårdsjö, 1994). Kinder dazu zu ermuntern, spezifische Aspekte ihrer Umgebung ins Auge zu fassen und sich Gedanken darüber zu machen, ist vergleichbar mit dem phänomenografischen Forschungsansatz, bei dem Menschen dazu angeregt werden, über das Selbstverständliche in der Kommunikation mit dem Interviewer nachzudenken. Der Interviewer weiß, wozu er die zu interviewende Person bringen will: über ein bestimmtes Phänomen oder eine bestimmte Frage zu sprechen und nachzudenken.

Die dargestellte Methode:
Die pädagogische Fachkraft ...

- hat ein Ziel,
- richtet die Aufmerksamkeit des Kindes auf ein Phänomen, für das es ein Verständnis entwickeln soll,
- entwickelt eine Vorstellung, mit welchem Inhaltsaspekt sie das Kind konfrontieren wird,
- bezieht sich auf die Alltagserfahrungen des Kindes,
- vergleicht ihre eigene Anschauung mit dem Gedanken des Kindes,
- problematisiert das Selbstverständliche,
- ermuntert das Kind, spezifische Aspekte ins Auge zu fassen und sich Gedanken zu machen.

Die Herausforderung, den Inhalt sichtbar zu machen

Das Verhältnis zwischen der Kinder- und der Erwachsenenwelt war immer ein kritischer Schnittpunkt im institutionellen Lernen der Kindertageseinrichtung und wird es auch immer sein. Woher weiß man, dass das Zusammenspiel „angemessen" ist oder die Theorien umsetzt, die die Einrichtung vertritt? Natürlich muss jedes einzelne Kind und auch die Gruppe in der Arbeit sichtbar sein. Selbstverständlich ist es auch wichtig, dass man sich respektvoll begegnet – die Kinder untereinander, aber auch die Kinder und die Erwachsenen. Das bedeutet, dass man die Kinder für kompetent hält und ihnen das Recht zugesteht, Einfluss auf ihr eigenes Lernen und ihr Leben zu nehmen. Eva Johansson und Ingrid Pramling Samuelsson (2001) haben beschrieben, wie unterschiedlich sich das Einnehmen einer Mahlzeit in einer Kleinkindgruppe darstellen kann, abhängig davon, wie die jeweilige pädagogische Fachkraft mit Fürsorge und Lernen umgeht. Je nachdem, ob die pädagogische Fachkraft einsieht, dass Fürsorge sowohl eine Handlung als auch eine Einstellung sein kann, oder das eben nicht einsieht, hat das Konsequenzen für den Lernprozess der Kinder. Das Gleiche kann man über das Lernen sagen: Es gibt einen Gegenstand und einen Akt, die zueinander in Beziehung stehen. Wie bereits erwähnt, stand bisher die Form (der Arbeitsstil oder das Verhalten den Kindern gegenüber) im Mittelpunkt. Das ist zwar natürlich noch immer so, geht aber nicht auf Kosten des Lerninhaltes, was wir für die große Herausforderung der Kindertageseinrichtung zu Beginn des neuen Jahrtausends halten. Lassen Sie uns ein konkretes Beispiel aus der Planung in der Praxis anschauen, eine Planung, die keineswegs ungewöhnlich ist.

Thema:
Wasser in unserer Umgebung

Teilthema:
Experiment
Säen, pflanzen
Den Bach, den Teich, das Meer erforschen

Ziele:
- Die natürliche Neugier der Kinder wecken und ihnen die Zeit lassen, die sie brauchen, um zu untersuchen, zu überlegen, auszuprobieren und zu staunen.
- Jedes Kind entsprechend seinem Entwicklungs- und Erkenntnisstand „abholen" und ihm so viele Erlebnisse und Erfahrungen wie möglich zu bieten.
- Die Ideen der Kinder aufgreifen und zum Inhalt machen.
- Die Umgebung der Kindertageseinrichtung kennen lernen.
- Den Erläuterungen der anderen zuhören und diese gemeinsam weiterentwickeln.

Wenn wir die oben genannten Ziele analysieren, können wir feststellen, dass es schwierig ist, bei den Kindern Neugier zu wecken, wenn sie nicht bereits im Kind angelegt ist. Jedes Kind auf seinem Niveau „abzuholen", ist eine Voraussetzung für die Arbeit. Den Kindern viele Erlebnisse zu verschaffen, ist nicht sehr schwer, da Kinder eigentlich immer etwas erleben oder erfahren, d. h. ihre Gefühle sind eng an ihre Gedanken gekoppelt. Die Ideen der Kinder aufzugreifen, ist etwas, das wir sehr empfehlen. Aber auf eine Weise, bei der Kinder etwas lernen, das bedeutet, in einer Form, mit der man arbeiten kann. Ebenso verhält es sich auch mit dem Zuhören und dem Weiterentwickeln der verschiedenen Erläuterungen. Das ist eine brauchbare Strategie für die Arbeit. Schließlich ist das Ziel, die Umgebung rund um die Kindertageseinrichtung kennen zu lernen, der einzige Lerngegenstand. Hier können die Kinder Wissen erwerben, auch wenn es sehr vage und allgemein formuliert ist. Natürlich kann man auch Ziele für die eigene Arbeit als Pädagogin formulieren, aber wenn die Planung auf gleicher Linie wie die Ziele des Bildungsplans sein soll, dann sollte die Planung dahin gehen, das Wissen der Kinder auf verschiedene Weise zu erweitern.

Hier kommt die informelle Struktur der Kindertageseinrichtung zum Tragen. Für die pädagogische Fachkraft gilt, „Ziele in Form von Lerngegenständen als Kompetenzen und/oder Werte" im Alltag und in der Umgebung zu sehen und nicht etwa als Schulfächer (Doverborg und Pramling Samuelsson, 1999 a). Es geht darum, der Welt der Kinder zu begegnen und gleichzeitig vorwärtszugehen. Eigentlich geht es im gesamten Lernprozess um das Gleiche wie in einem Interview – man muss wissen, welche Gedanken des Kindes man hervorrufen möchte (Inhalt und Richtung), man muss Kinder zum Denken, Grübeln und Handeln anregen und ihnen im Zusammenspiel viel Freiheit und Raum lassen.

Man kann sagen, dass das Dilemma, das Ference Marton und Shirley Booth (1997) behandeln, auch Probleme für die pädagogischen Fachkräfte birgt. Wie sollen sie sich selbst und ihr eigenes Verständnis sehen? Die Antwort liegt auf der Hand: Sie sollten sich ebenfalls auf dieses Entwicklungsprojekt einlassen, an dem sie mit den Kindern arbeiten, das bedeutet, einen parallelen Prozess einleiten (Mårdsjö, Manuskript; Rönnerman, 2001). Beim Betrachten des Bildungsplans für die Vorschuljahre stellen wir fest, dass man als pädagogische Fachkraft die Kinder an ihrem Alltag und ihrem Lernen teilhaben lassen soll. Auf die gleiche Weise sollen die Erwachsenen teilhaben an der Auslegung und Anwendung des Bildungsplans bei der Arbeit (Pramling Samuelsson, 2001 a). Und so sollte es auch mit anderen Inhalten geschehen, die die eigenen Vorstellungen und das eigene Verständnis für verschiedene Dinge problematisieren – und dies parallel zum Sinnstiftungsprozess der Kinder.

Das Unsichtbare sichtbar machen

Kleinkinder denken, dass Gegenstände auf den Boden fallen, nur weil sie schwer sind. Dies dachten vermutlich auch die Erwachsenen, bis Isaac Newton uns erklärt hat, dass das Fallen etwas mit den Eigenschaften des Gegenstandes und der Anziehungskraft der Erde (Gravitation) zu tun hat. Kinder denken manchmal, die Erde sei eine Scheibe, auch etwas, was die Menschen früher glaubten (Polakow, 1992).

Dinge, die die Kinder erfahren, wenn sie auf die Welt kommen, ja, sogar schon vorher, beeinflussen ihre Art und Weise zu sehen, zu erleben, zu begreifen oder zu verstehen. Marita Lindahl (1996) beschreibt, wie ein kleiner Junge, der erst seit ein paar Tagen die Kindertageseinrichtung besucht, sich auf den Stuhl am Esstisch setzt und bereit ist, den Vers von „Tick tack" aufzusagen. Aber an diesem Tag schlägt die Pädagogin einen neuen Reim vor, den alle anderen Kinder können. Der neue Junge bemerkt das gar nicht, sondern beginnt mit „Tick tack", dann hält er plötzlich inne und sieht unschlüssig aus. Schon nach ein paar Tagen mit dem gleichen Procedere am Esstisch hat er verstanden, dass dies der Ablauf ist, denn das ist die einzige Erfahrung, die er hat.

Bei jedem Lernen gibt es einen Inhalt und ein Objekt der Gedanken (lange bevor dies in den Bildungsplänen verankert wurde). Unabhängig davon, ob es sich bei diesen Inhalten um Werte, Fertigkeiten oder Kenntnisse handelt, plädieren wir hier für ein basales „Verständnis" oder eine Erfahrung, die etwas anderes ist als Fertigkeiten *(skills)* und Wissen – nämlich eine Art, seine Umwelt zu erleben. Es geht eher um eine Fähigkeit, die sich jedes Kind erobern muss, als um kognitive Strukturen oder Schemata, die an Intelligenz oder Alter anknüpfen. Die Erfahrungen der Kinder und ihre Art, die Umwelt wahrzunehmen, stellen sich bei unterschiedlichen Kindern unterschiedlich dar. Wenn Kinder Aufgaben auf unterschiedliche Weise lösen oder deutlich unterschiedliche Antworten geben, dann liegt das daran, dass sie die Aufgabe oder die Frage auf unterschiedliche Art verstanden haben (Marton, 1992). Gleichzeitig kann man empirisch belegen, dass bestimmte Arten, verschiedene Aspekte der Umwelt wahrzunehmen, in bestimmtem Alter häufiger auftreten. Das bedeutet, dass es hier natürlich eine Entwicklungssequenz gibt, die allerdings nicht gradlinig verläuft oder auf alle Kinder anwendbar ist. Wichtig in diesem Zusammenhang ist jedoch, das Verhalten des Kindes nicht als Ausdruck eines

„mentalen Apparates" im Kopf des Kindes oder als Frage zu verstehen, ob das Wissen im Kind transformiert oder implantiert wurde, sondern eher als eine Frage, wie sich die Umwelt dem Kind darstellt. In diesem Fall liegt das Interesse auf der Beziehung zwischen Kind und Umwelt (Pramling, 1989, 1994). Es geht also nicht darum, ob ein bestimmtes Kind ein bestimmtes Verständnis für etwas entwickelt, sondern dass Kinder ein bestimmtes Verständnis von etwas haben können, dass das jeweilige Kind aber entweder Zugang zu gerade diesem Verständnis hat oder aber auch nicht.

Die Unterschiede, die man bei Kindern im generellen Verstehen von Inhalten feststellen kann, können als Aspekte der Unterschiede angesehen werden, die man bei Kindern im Zusammenhang mit einer speziellen Aufgabe beobachten kann,. Wir können die Erfahrungen, die Kinder in unterschiedlicher Tiefe und in unterschiedlichen Verallgemeinerungsgraden mit der Realität gemacht haben, analysieren, d. h. man kann die Strukturen der Erfahrungen und sogar deren Komponenten herausarbeiten. Man kann die gleichen Beschreibungskategorien anwenden, um ein bestimmtes Phänomen in verschiedenen Kontexten als unterschiedliche Aufgaben zu charakterisieren. Die Variationen des Verstehens können generalisiert werden, auch wenn das Verständnis jedes einzelnen Kindes, ungeachtet der Aufgabe, nicht das gleiche ist.

Wir vertreten hier die Ansicht, dass sich die Lernaktivitäten an der Frage orientieren müssen, wofür das Kind Verständnis entwickeln soll, d. h. welche kritischen Charakteristika entscheidend für das Verständnis sind. Diese kritischen Charakteristika findet man nicht in einem bestimmten Bildungsbereich an sich, sondern eben in der Art und Weise, wie der Lernende begreift und Erfahrungen macht, oder wie Karsten Hundeide sagt: „im Sinn zwischen uns" (unveröffentlichtes Manuskript).

Heutzutage wird das Lernen als sozial und kulturell bedingt betrachtet (Säljö, 2000). Blickt man in frühere Lehrpläne für die Schule und auch in einige Richtlinien für Kindertageseinrichtungen, fällt auf, dass Zusammenarbeit und Gruppenarbeit früher nur bei den älteren Schulkindern vorgekommen sind. Kinder sollten diese Fähigkeiten entwickeln, damit sie in einer demokratischen Gesellschaft arbeiten können. Heute betonen sowohl die Kindertageseinrichtung als auch die Schule die Zusammenarbeit der Kinder – sowohl unter demokratischem Gesichtspunkt als auch als Voraussetzung für das Lernen an sich (Williams, Sheridan und Pramling Samuelsson, 2001). Carlgren und Marton (2000, S. 128) schreiben: „Allgemein betrachtet werden wir in eine Kultur, in eine Sprache hineingeboren und beim Lernen geht es darum, seine Anteilnahme an der sozial hoch angesehenen sprachlichen und kulturellen Gemeinschaft zu vergrößern."

Unsere Worte und unser Verhalten ruhen auf bestimmten unsichtbaren Grundlagen. Niemand erklärt einem einjährigen Kind, das in die Kindertageseinrichtung kommt, welche ethischen Regeln gelten. Gleichzeitig scheint es nicht lange zu dauern, bis es begriffen hat, dass die Dinge in der Kindertageseinrichtung allen gehören, auch wenn derjenige, der einen Gegenstand als Erster in die Hand nimmt, als Erster das Recht hat, darüber zu bestimmen (Johansson, 1999). Wenn man diese unsichtbare ethische Regel nicht begreift, tauchen Probleme auf.

Pramling (1983) hat gezeigt, wie die selbstverständliche Art der Kinder, ihr eigenes Lernen zu beurteilen, die Grundlage dafür bildet, was sie meinen zu lernen. Wenn man der Auffassung ist, das, was jemand lernt, sei eine Frage des Tuns, dann meint man, es sei das konkrete Handeln, dass man es lernt. Wenn einem hingegen bewusst ist, dass man sich Wissen von der Welt aneignen kann, dann können Kinder dieselbe Unterrichtssituation als eine Frage des Kennens oder Wissens verstehen. Schließlich können Kinder, denen auch bewusst ist, dass man seine Umwelt verstehen kann, den Unterricht so deuten, dass man durch ihn Sinn stiften oder Dinge von einer neuen Seite betrachten kann.

In einer Studie wurde sechsjährigen Kindern ein Märchen vorgelesen. Anschließend wurden sie gebeten, das Märchen noch einmal zu erzählen und die Frage zu beantworten, was sie aus der Geschichte lernen konnten. Die meisten Kinder bezogen sich mit ihrer Antwort auf die Form des Märchens und antworteten, dass sie lesen lernen könnten, das Märchen auswendig lernen könnten, oder erklärten, was ein Märchen ist (d. h. keine wahre Geschichte). Andere Kinder fokussierten den Inhalt des Märchens in Form von Fragmenten (etwas, das im Märchen vorkam) oder gaben ihr Verständnis des Inhaltes wieder, das heißt, einige Kinder deuteten die Botschaft des Märchens mit ihren eigenen Worten. Man kann sagen, dass dies die unterschiedlichen Weisen repräsentiert, wie diese Kinder über das Märchen und das Lernen dachten (Pramling, Asplund Carlsson und Klerfelt, 1993).

Wenn wir die Vorstellungen der Kinder darüber, *wie man Wissen erwirbt*, betrachten, stellen wir fest, dass die jüngeren Kinder glauben, man müsste etwas *tun*, z. B. ein Radio auseinanderbauen, um herauszufinden, wie es funktioniert. Auf einer nächsten Stufe meinen Kinder, dass sie Wissen durch Erfahrungen erwerben können. Der erste Schritt zu dem Bewusstsein, dass man Wissen durch seine Sinne erwerben kann, ist es, sich zum *Ursprung des Wissens* zu begeben. Bei einem Radiohändler beispielsweise kann man sehen, wie ein Radio funktioniert. Nach und nach verstehen Kinder, dass man etwas in Erfahrung bringen kann, indem man *jemanden fragt, der sich gerade mit dem beschäftigt, was man wissen möchte*. Will man z. B. etwas über Radioapparate erfahren, geht man zu einem Radiohändler und fragt ihn. Auf der nächsten Stufe fragt man jemanden, der etwas *weiß* (die Eltern, die Erzieherin). Das Wissen wird immer weniger personen- und aktivitätsbezogen, dafür allgemeiner und unpersönlich. Es gibt auch Kinder, die das Wissen mit dem *Denken selbst* in Verbindung bringen (Pramling, 1986 b). Die selbstverständlichen Auffassungen der Kinder darüber, was Wissen heißt, bewirken, dass sie diese Frage auf unterschiedliche Weise angehen.

Dagmar Neumann (1987) hat herausgefunden, dass die unterschiedlichen Arten des Verständnisses vom Zählen und von Anzahl die Voraussetzung für die Möglichkeit der Kinder ist, ein mathematisches Verständnis zu entwickeln. Gösta Dahlgren und Lars-Erik Olsson (1985) haben aufgedeckt, dass die Vorstellungen der Kinder über die Funktion des Lesens ihre Fähigkeit, lesen zu lernen, beeinflussen. Diese Beispiele könnten noch weiter fortgeführt werden. Wesentlich sind aber nicht die Beispiele an sich, sondern die Tatsache, dass Kinder bereits in der Kindertageseinrichtung in Worten und Handlungen agieren, die den selbstverständlichen Arten zu denken, zu verstehen, zu sehen oder zu begreifen, die sie entwickelt haben, entsprechen. Aber es ist nicht nur so, dass Kinder immer von ihrer selbstverständlichen Art zu denken ausgehen, sondern gleichzeitig ist es so, dass alles, wofür Kinder ein Verständnis entwickeln sollen, wiederum auf spezifischen unsichtbaren Grundlagen beruht.

Die Absicht der Entwicklungspädagogik ist es, gerade diese unsichtbaren Annahmen der Kinder über die Welt wahrzunehmen und sie sowohl sichtbar als auch transparent zu machen. Das bedeutet, dass der Gegenstand des Lernens nicht der Inhalt an sich ist, sondern das Sehen, Begreifen, Verstehen und Erfahren verschiedener Phänomene und Situationen auf unterschiedliche Art – genau dies ist die Quintessenz der Phänomenografie.

Der Gegenstand des Lernens
ist das Sehen, Begreifen, Verstehen und Erfahren von Phänomenen und Situationen auf unterschiedlichste Art.

Der Zugang zu einem Inhalt
muss sich an der Frage orientieren, **wofür** das Kind ein Verständnis entwickeln soll.

Voraussetzung für die Annäherung an das spezifische Verständnis des Kindes ist es, seine unsichtbaren Annahmen über die Welt sichtbar und transparent zu machen.

5. Das Erleben und die Erfahrungen der Kinder

Es gibt eine Reihe gemeinsamer grundlegender Annahmen in der Forschung, auf die sich die Theorie der Entwicklungspädagogik stützt. Eine solche Annahme ist, dass die Frühpädagogik, wie wir sie in diesem Buch beschreiben, immer von den Erfahrungen und dem Erleben des Kindes ausgeht – so wie diese als Sinninhalte im Bewusstsein des Kindes vorhanden sind. In allen Theorien über das Lernen von Kindern nehmen Erfahrungen einen zentralen Platz ein. Mit Erfahrungen meinen wir daher nicht nur die frühen Erlebnisse und die Interessen des Kindes. Wir verwenden den Begriff eher im Sinne der phänomenologischen „Erfahrung"[14]. Nach Ference Marton und Shirley Booth (1997) kann man Erfahrung als etwas beschreiben, das man sieht, begreift, unterscheidet oder versteht, so wie es im Bewusstsein des Kindes Form annimmt. Man erfährt Dinge mit dem ganzen Körper, insofern ist das Gefühl ein Aspekt der Erfahrung.

Bernard Spodek und Oliva Saracho (1999) legen in einem Artikel dar, wie Erfahrung als Phänomen in verschiedenen Theorien unterschiedliche Akzente zeigt. Aus einem entwicklungspädagogischen Blickwinkel sind sowohl Erfahrungen als auch das Reifestadium ausschlaggebend für die Möglichkeiten des Individuums, aus einer Lernsituation Nutzen zu ziehen. Im behavioristischen Ansatz kann die Motivation des Individuums von Erfahrungen beeinflusst werden. Bei der Bedeutung von Erfahrungen in der Psychoanalyse geht es darum, eine Identität aufzubauen und seine Gefühle auszudrücken. Unter konstruktivistischem Gesichtspunkt konstruiert das Individuum sein Wissen aus früheren Erfahrungen heraus. Diese Liste könnte noch endlos weitergeführt werden. Diese wenigen Beispiele sollen hier den Hintergrund oder Kontrast zu dem bilden, was wir unter Erfahrung verstehen. Selbstverständlich ist *Erfahrung als ein Ereignis* – etwas, das man erlebt – nah verwandt mit dem *Erleben als einer Bedeutung*, auch wenn diese Dimensionen weder austauschbar sind noch notwendigerweise in Beziehung zueinander stehen.

Shirley Brice Heath (1983) beschreibt in ihrer viel zitierten Studie über die kulturellen Unterschiede bei Erfahrungen und beim Erleben im gleichen geografischen Umfeld, wie verschiedene Gruppen im amerikanischen Süden mit „Text" und „Lesen" in der Familie umgehen. Sie berichtet von drei verschiedenen Verhaltensweisen. In der einen Gruppe wird Lesen und Schreiben

[14] *Hinweis der Übersetzerin: Die Autorinnen zitieren hier das deutsche Wort „Erfahrung" als zutreffenden Begriff für die schwedischen Bezeichnungen „erfarenheten" und „erfarande".*

für die eher praktischen alltäglichen Tätigkeiten genutzt. In der zweiten Gruppe stellt sie eine breitere Anwendung des Lesens und Schreibens fest. Auch wenn nicht gerade Belletristik zum Selbstzweck gelesen wird, so wird doch den Kindern ein Märchen als Gutenachtgeschichte erzählt und mit ihnen über den Inhalt gesprochen. In dieser zweiten Gruppe gibt es eine Art Einführung in die Kultur des Lesens, in der ersten Gruppe jedoch nicht. Die dritte Gruppe besteht aus Eltern, die ihre Aufmerksamkeit nach außen, zur Gesellschaft und zur Umwelt hin richten. Das erfordert, dass man viel liest und sich Informationen beschafft. Man glaubt an die Schule und die Möglichkeiten des Lesens und Schreibens. Man liest seinen Kindern viel vor und analysiert und interpretiert mit ihnen die Geschichten. Der Text wird zur Brücke zwischen Fantasie und Wirklichkeit. Auf diese Weise übertragen Eltern ihren Kindern ein soziales und kulturelles Kapital. Etwas, das sich fraglos auf das Lernen der Kinder in Kindertageseinrichtung und Schule auswirkt. Die Erfahrungen, die Kinder in ihren verschiedenen Familien machen, legen einen unterschiedlichen Grundstock für ihr weiteres Erleben von Lesen und Texten.

Uri Bronfenbrenner (1979) differenziert und verfeinert das Bild der Erfahrungen von Kindern, indem er vier verschiedene Ebenen beschreibt (von Mikro bis Makro), die Ausgangspunkt sind für die Kinder und deren weitere Möglichkeiten, sich zu entwickeln. Das heißt, dass sowohl die direkten als auch die indirekten Erfahrungen der Kinder Grundlagen für ihre Entwicklungschancen darstellen.

In den eher kognitiv ausgerichteten Theorien, wie sie z. B. von Piaget und Vygotsky vertreten werden, bilden die Erfahrungen des Kindes in Form von Handlung und Kommunikation die Grundlage für eine Stufe, von der aus sich das Kind zur nächsten, höheren Form des Denkens weiterentwickeln kann. Die Voraussetzungen für das Lernen sind jedoch in der Genetik und Biologie verankert. Besonders extrem wird dies in der Reifetheorie von Arnold Gesell und Frances Ilg (1961) formuliert, wonach die Biologie die eigentliche Grundlage bildet und die Erfahrungen an diese angepasst werden, oder anders gesagt: Die Kinder machen Erfahrungen auf dem Niveau, für das sie reif sind. Diese Ansicht ist in Tageseinrichtungen und Schulen noch immer weit verbreitet (Pramling Samuelsson und Mauritzson, 1997). Man kann sagen, dass alle Theorien über die Entwicklung und das Lernen des Kindes die Erfahrungsperspektive miteinbeziehen, entweder als primäre oder als sekundäre Größe. Wir können jedoch konstatieren, dass Erfahrungen zum größten Teil mit gesellschaftlichen und psychologischen Begriffen beschrieben werden. Wir wollen hier versuchen, Erfahrungen von einer pädagogischen Sichtweise aus zu beleuchten, auch wenn wir nicht der Meinung sind, dass sie von den genetischen Voraussetzungen, von Psychologie oder Gesellschaft losgelöst betrachtet werden können.

Lassen Sie uns als Ausgangspunkt die Beobachtung von Hjördis, 2,4 Jahre, und Frida, 1,7 Jahre alt, nehmen. Die Szene fand zu Hause statt.

> *Hjördis kommt in die Küche. Sie hält Frida, die widerwillig folgt, fest am Handgelenk. Man kann der Situation entnehmen, dass Hjördis den Ton angibt und Frida sich gegen ihren Willen fügt, da sie sowohl jünger als auch kleiner ist. Als ich Hjördis frage: „Was ist denn los?" bekomme ich zur Antwort: „Sie (Frida) fummelt an den Sachen herum!"*

Warum nimmt Hjördis gegenüber Frida die Rolle der Erzieherin ein? Einfach gesagt könnte man annehmen, dass die Erwachsenen und auch ihr großer Bruder Hjördis selber schon davon abgehalten haben, an Sachen „herumzufummeln", d. h. sie wiederholt nur das, was sie selbst erlebt hat. Aber diese Situation findet nicht bei Hjördis zu Hause statt, sondern in einer anderen Wohnung, und da befinden sich ganz andere Sachen als zu Hause bei Hjördis. Es ist außerdem so, dass Hjördis dort selbst gern an Sachen „herumfummelt" und sie hervorholt. Meistens erhält sie die Erlaubnis dazu, allerdings mit der Ermahnung, vorsichtig zu sein.

Die bisherigen Erfahrungen, die Hjördis gemacht hat, bewirken, dass sie Fridas „Herumfummeln" als etwas erlebt und erkennt, das man im Prinzip nicht tun sollte. Sie unterscheidet das „Herumfummeln" an Gegenständen, die nur zur Zierde dort stehen, von dem Hervorholen der erlaubten Spielsachen. Wenn sie selbst diese Gegenstände, die zur Dekoration gedacht sind, herumträgt, ist das für sie kein „Herumfummeln", sondern dann untersucht sie verschiedene Dinge. Außerdem versteht sich Hjördis in dieser Situation als Erzieherin von Frida, während sie sich in anderen Situationen als Frida ebenbürtig empfindet. Hjördis' frühere Erfahrungen haben bewirkt, dass sie gewisse kritische Charakteristika von Fridas Verhalten als verbotenes „Herumfummeln" definiert. Von außen erkennt sie die Situation und Fridas entsprechendes Verhalten und greift ein. Nach Marton und Booths (1997) Sprachgebrauch entsteht in Hjördis' Blickwinkel etwas, das relevant ist. Die Erfahrungen haben in ihrem Bewusstsein eine Relevanzstruktur hervorgerufen. Genau dazu kann die Pädagogik beitragen: bei Kindern *sinntragende Strukturen* zu entwickeln.

Durch seine Erfahrungen kann das Kind gewisse Phänomene wiedererkennen, d. h. sie haben eine Bedeutung für das Kind. Diese Struktur, die im Bewusstsein des Kindes angesiedelt ist, stellt die „natürliche" und selbstverständliche Art des Denkens dar. Ebenso kann man sagen, dass jedwede Lernsituation eine bestimmte Relevanzstruktur braucht, um auf eine spezifische Weise verstanden zu werden. Damit das Kind diesen spezifischen Inhalt erlernt, muss ein Verständnis für diese Struktur vorhanden sein. Insofern muss das Kind ein Gefühl für das Ziel und die Richtung entwickeln – in Relation zu den verschiedenen Aspekten einer Situation, die sich als mehr oder minder relevant erweisen (Marton und Booth, s. o.). Verhält es sich im Spiel vielleicht ebenso? Wenn Kinder ein Rollenspiel spielen sollen, verhandeln sie Rollen und Thema. Das Ganze muss für jedes Kind eine Relevanz haben, damit es als Mitspieler im „Drama" mitwirkt. Es muss sich als Teil dessen, was es spielen soll, erfahren, auch wenn es keine spezifische Erfahrung mit dem, was gerade gespielt werden soll, hat.

Ulla Mauritzson und Roger Säljö (2003) zeigen mithilfe empirischer Untersuchungen, wie Kinder sich mittels Kommunikation, die den Handlungsrahmen stellt, ins Spiel und aus dem Spiel bewegen. Kinder benutzen die Sprache, um die Voraussetzungen und Prämissen für ein Spiel zu schaffen, aber auch für die Fortführung und Veränderung des Spiels oder auch dafür, einzusehen, dass das Spiel, das man spielen wollte, nicht funktioniert hat, weil es an Erfahrung fehlte oder einer der Mitspieler diese Art des Erlebens nicht zuordnen konnte.

Erfahrung als Grundlage der Entwicklungspädagogik:

- Durch seine Erfahrungen kann das Kind Phänomene wiedererkennen, sie haben eine Bedeutung für das Kind.
- In seinem Bewusstsein ist eine Relevanzstruktur hervorgerufen.
- Erfahrungen für das Lernen nutzbar zu machen, heißt, dem gewählten Lerngegenstand eine ganz bestimmte Relevanzstruktur zu geben, damit er für das Kind auf seine spezifische Weise verständlich wird.

Das Unsichtbare erfahren

Ingrid Pramling (1988 a) begleitete vier Kindergruppen, die Unterricht in Ökologie hatten, in eine Ausstellung ins Naturhistorische Museum. Sie unterhielten sich unter dem Gesichtspunkt des Kreislaufs über lebendige und tote Vögel, Würmer und Kleingetier, Erde, Blätter und Bäume. Alle Gruppen zeigten sich interessiert und nahmen aktiv an der Diskussion mit der Gruppenleitung teil. Doch als die Kinder am Tag danach gefragt wurden, was sie im Naturhistorischen Museum erlebt hatten, wurde deutlich, dass die zwei Gruppen, die sich bereits zuvor mit dem Denken in Zusammenhängen und Kreisläufen beschäftigt hatten, auch verstanden hatten, worum es dabei ging. Die Mehrzahl der Kinder aus den anderen zwei Gruppen gaben auf die oben genannte Frage Beschreibungen verschiedener Dinge ab, die in keinem Zusammenhang zum Kreislauf standen und keinerlei roten Faden besaßen. Das heißt, dass die Kinder, die schon Erfahrungen mit anderen Kreisläufen gemacht und darüber nachgedacht hatten, auch diesen Kreislauf verstanden. Die Aufgabe war es, die Bedeutung eines Kreislaufes zu erfassen.

Ökologische Kreisläufe sind ein wunderbares Beispiel dafür, dass Kinder etwas nicht spontan verstehen, sondern dann, wenn ihnen jemand hilft, in Begriffen von Relationen zu denken oder das Unsichtbare sichtbar zu machen. Als in einer anderen Studie Kinder zu ökologischen Themen gefragt wurden, stellte sich heraus, das kein Fünf- oder Sechsjähriger, der eine Kindertageseinrichtung besucht hatte, in der man sich nicht damit beschäftigt hatte, einen Zusammenhang in der Natur kannte (Pramling, 1994).

Auch Studien zu anderen Themen zeigen, dass manche Aspekte des Lebens als relevant erscheinen, andere nicht. Viele Studien (Pramling 1986 a, 1986 b, 1988 a, 1988 b, 1994) belegen, dass Kinder, die über ihren eigenen Lernprozess nachgedacht haben, auch ein differenzierteres Verständnis für das Phänomen des Lernens an sich entwickelten. Natürlich verfügen alle Kinder über Erfahrungen, dass sie etwas gelernt haben, aber wenn man darüber eingehend nachgedacht hat und das Phänomen „Lernen" dadurch eine Bedeutung erhalten hat, erfährt man dies auf andere Art und Weise, denn dann wird das Unsichtbare plötzlich sichtbar.

Lassen Sie uns ein weiteres Beispiel anführen: Calle, fünfeinhalb Jahre alt, sagt:

> *„Ich kann aus 3 Teilen 24 machen." „Wie meinst du das?", frage ich ihn. Calle erzählt, wenn man 3 Teile hat und die teilt, dann werden daraus 6. Wenn man die wieder teilt, werden es 12, denn 6 und 6 ist 12. Und wenn man dann die 12 Teile teilt, werden es 24. „Aber woher weißt du das?", frage ich ihn. „Ich habe es ausprobiert", antwortet Calle. „12 und 12 gibt 24."*

Calle macht dieses Gedankenspiel, ohne Zugang zu konkretem Material zu haben. Der Grund dafür ist wahrscheinlich, dass Calle mehrere Jahre eine Kindertageseinrichtung besucht hat, in der jedes Kind fast jeden Tag einen halben Apfel bekommen hat. Die Kinder sollten dann überlegen, in wie viele Stücke ihr halber Apfel geschnitten werden soll. Die jüngsten Kinder sagen zwei oder drei, während manche Fünfjährigen bis zu 24 Teile hochrechnen. Wenn sie sagen, in wie viele Teile sie ihren Apfel geteilt haben möchten, wissen sie schon, welche Frage die pädagogische Fachkraft als Nächstes stellt: „Und wie soll ich das machen?" Die Kinder sind bei dieser Problemlösung wahnsinnig engagiert und interessiert, was auch dazu beiträgt, dass die Mathematik zum relevanten Wissen für ihren Alltag wird (Doverborg und Pramling Samuelsson, 1999 a).

Mit anderen Worten haben die Relevanzstrukturen zwei Seiten: die eine Seite liegt in der Erfahrung des Kindes, im Wiedererkennen und dem Umfang der Bedeutung, die andere Seite darin, dass das Phänomen, das das Kind gedanklich erfassen soll, eine gewisse Struktur aufweist, die es begreifen muss, um es zu verstehen.

Vilgot ist ein kleiner Junge, dessen Entwicklung wir ein paar Jahre lang verfolgt haben. Seine Erfahrungen spiegeln sich in der Art und Weise, in der er verschiedene Aspekte auf dem Weg zum Lesenlernen erfährt, wobei Bedeutung und Struktur einander voraussetzen.

> ***Schritt I** (1,2 Jahre): Vilgot findet zwischen seinen Spielsachen ein Buch. Er schlägt es auf, blättert die Seiten um und beginnt, darin „zu lesen" (Worte zu sagen).*

Auf diese Weise zeigt er, dass er zwei Dinge verbindet: Man spricht und blättert um. Das bedeuten für ihn Bücher. Er erfährt das Lesen eines Buches als ein Umblättern von Seiten und Sprechen.

> ***Schritt II** (1,10 Jahre): Eine Erwachsene fragt Vilgot, ob sie gemeinsam ein Buch lesen wollen. „Ja", ruft Vilgot glücklich und springt zum Bücherregal. Er sucht einen Roman für Erwachsene aus. Die Erwachsene setzt sich zusammen mit Vilgot auf den Boden, blättert die Seiten um und erzählt ein Märchen, das überhaupt nichts mit dem Buch zu tun hat. Vilgot lauscht, sieht ab und zu auf die Seiten, aber ist sehr zufrieden damit, der Geschichte zuzuhören.*

Jetzt verbindet Vilgot das Buch selbst mit dem Erzählen eines Märchens. Das bedeutet jetzt ein Buch für ihn!

> ***Schritt III** (2,2 Jahre): Vilgot will mit der Erwachsenen zusammen ein Buch lesen. Dieses Mal sucht er „Alfons Åberg" aus, eines seiner eigenen Bücher, und gibt es der Erwachsenen. Die Erwachsene hat ihre Brille nicht zur Hand und kann deshalb das Buch nicht lesen, sondern erzählt stattdessen das Märchen, wie sie es in Erinnerung hat. Ziemlich schnell sagt Vilgot: „Nein, Oma! Lies richtig, wie es da steht!"*

Vilgot hat jetzt verstanden, dass das Buch einen Text hat, einen Inhalt, der jedes Mal gelesen werden muss. Seine Erfahrungswelt hat seinen Blick auf das Lesen erweitert und ihm ist nun klar, dass es einen korrekten Text gibt, auch wenn er die Bedeutung des Wortes „Text" im Grunde noch nicht versteht.

> ***Schritt IV** (2,6 Jahre): Vilgot sucht ein altes Kinderbuch aus, das er der Erwachsenen gibt. Sie fragt: „Willst du, dass ich dir das Buch vorlese?" Vilgot blättert eine Weile in dem Buch hin und her, dann geht er mit dem Buch zurück zum Bücherregal und sagt: „Nein, da steht zu viel Text drin."*

Vilgot hat begriffen, dass man das schwarze Muster im Buch „Text" nennt und dass es langweilig ist, einer Geschichte mit zu viel Text zuzuhören. Selbstverständlich hat niemand Vilgot den Textbegriff erklärt, aber er muss das Wort im Zusammenhang damit, dass jemand ein Buch gelesen hat, gehört haben und nun wendet er den Begriff selbst an.

> ***Schritt V** (2,10 Jahre): Vilgot spielt mit kleinen Spielbuchstaben. Er bittet die Erwachsene, die Namen von allen Mitgliedern seiner Familie und von verschiedenen Tieren zu*

„schreiben". Obwohl er seinen eigenen Namen noch nicht selbst schreiben kann, ruft er begeistert: „Das ist ja Vilgot!" jedes Mal, wenn die Erwachsene einen Buchstaben auswählt, der in seinem Namen vorkommt.

Seine Aufmerksamkeit liegt nun auf den Buchstaben der geschriebenen Worte.

In den oben detailliert beschriebenen Beobachtungen über Vilgots Verhalten zeigt sich sowohl verbal als auch physisch, wie er Schritt für Schritt seine Art, sich Büchern und dem Lesen gegenüber zu verhalten, qualitativ entwickelt. Das bedeutet, dass er seine Umwelt während bestimmter Zeitspannen auf wechselnde Weise erlebt. Die Schritte zeigen Vilgots neue Unterscheidung eines Handlungsmusters in Bezug auf das Lesen und seine Kommentare in diesem Zusammenhang an, von der wir denken, dass sie darauf basiert, was Vilgot bei jedem Schritt, in gerade dieser Situation für wichtig und bedeutsam hält.

Wenn wir Vilgots Art des Erlebens betrachten, können wir behaupten, dass er zuerst die Bedeutung einer Botschaft als Ganzes geschaffen hat. Später, wenn seine Erfahrung erweitert wird, differenziert er Teile, wie Text und Buchstaben, die nun eine Bedeutung für ihn erhalten. Aber um eine Lesefertigkeit zu entwickeln, muss er selbst auch die Struktur erfahren und „den Code knacken" (SOU, 1997:108). Das wird geschehen, wenn er alle kritischen Aspekte des Lesens in seinem Bewusstsein gleichzeitig erfährt, d. h. wenn die zwei Dimensionen der Relevanzstrukturen ein Ganzes bilden.

Erfahrungen und ihr Erleben schaffen beim Kind Bewusstsein – oder anders gesagt, die Erfahrungen und was das Kind dabei tut, formen das, was später als Relevanz für das Kind gebildet wird und gilt. Man kann sich beispielsweise die Frage stellen, ob die Erfahrungen eines Kindes mit dem Computer dazu beigetragen haben, dass es die unendlichen Möglichkeiten des Computers sieht, sich Informationen zu beschaffen, oder ob seine Erfahrungen dazu führen, dass das Kind den Computer nur als eine Maschine ansieht, mit der man Spiele spielen kann. Gewiss spielt die pädagogische Qualität der Arbeit mit Kindern und die Informations- und Kommunikationstechnologie eine entscheidende Rolle für den Umgang des Kindes mit dem Computer (Sheridan und Pramling Samuelsson, Manuskript).

Die Art, wie Kinder die Welt erfahren

- Kinder erschließen zuerst die Bedeutung einer Botschaft als Ganzes.
- Nach und nach erschließen sie sich die Strukturen, die sich dann wieder zu einem neuen Ganzen verbinden.

In diesem Zusammenhang ist es wichtig, die Behauptung von Ingrid Carlgrens und Ference Martons zur Kenntnis zu nehmen, nämlich

„... jedes Können baut auf eine unsichtbare Grundlage auf, die bereits beherrscht wird. Nur dann, wenn ein Teil davon fehlt, entsteht ein Problem. Diese, in der Regel selbstverständlichen Komponenten (die in bestimmten Fällen nicht für selbstverständlich gehalten werden sollten) zu identifizieren, ist entscheidend, um dem Lernenden helfen zu können. Dabei kann man sich nur auf die eigene Erfahrung oder die von anderen, wie man das aktuelle oder ein vergleichbares Können entwickelt, stützen." (2000, S. 25)

Genau hier kommt das Fingerspitzengefühl der pädagogischen Fachkraft und die Fähigkeit, sich in das Kind hineinzuversetzen, zum Tragen: sehen zu können, wie sich die Erfahrungen des Kindes in seinen Worten und seinem Verhalten äußern. Aber auch die anderen Kinder können dazu beitragen, die Umwelt transparenter zu machen.

Man kann Vilgots Weg zu einem lesenden und schreibenden Menschen auch im Lichte von Heinz Werners Theorie sehen, deren wichtigster Gedanken darin besteht, eine Entwicklung als progressive Differenzierung und Integration von Denken zu betrachten, was eine höhere Flexibilität in den Denkprozessen des Kindes hervorbringt. Das ontogenetische Prinzip beinhaltet gemäß Werner eine weitergehende Differenzierung der Teile des symbolischen Verständnisses und gleichzeitig eine integrierende Systematisierung der symbolischen Formen (Werner, 1973; Barton und Franklin, 1978). Das Denken der Kinder geht also von einem Ganzen aus, in Vilgots Fall vom Text an sich, über die Unterscheidung in Worte und Buchstaben, um in der nächsten Phase die Einzelteile erneut zu einem Ganzen zusammenzusetzen.

Folglich ist die Welt in vieler Hinsicht *ein unbestimmbares Ganzes* (nicht zu unterteilendes Ganzes) für Kinder. Die Wirklichkeit ist ein Ganzes. Kinder unterscheiden die Situationen, die während des Tages entstehen, nicht voneinander. Mit anderen Worten, für sie existieren nicht „seriöse" Aktivitäten auf der einen Seite und das Spiel auf der anderen Seite als zwei Dimensionen der Wirklichkeit. Wenn wir den mentalen Zustand eines Analphabeten (illiterate) mit dem Denken des Kindes vergleichen, können wir laut Werner (s. o.) feststellen, dass diese beiden Dimensionen, „Arbeit" und Spiel, auch in der Welt des Analphabeten nah beieinander liegen. Ein anderer Aspekt des nicht teilbaren Ganzen ist, wie Kinder das Ganze auffassen, bevor sie es schaffen, die Einzelteile zu unterscheiden. Das impliziert, dass das Kind die Wirklichkeit in globalen Termen erfasst. Zum Beispiel bezieht sich Werner auf ein kleines Kind, das erzählen kann, was es auf einem Bild sieht, das aber seine Komponenten nicht unterscheiden kann. Nach Werner spiegelt dies eine organische holistische Form von Verständnis, bei der die einzelnen Teile vom Kontext oder dem Ganzen, zu dem sie gehören, abhängig sind. Hinter der Erweiterung der Differenzierung und der Integration stehen zwei Prozesse. Einmal die quantitativen Veränderungen, die gradweise oder abrupt ablaufen können. Zum anderen eine qualitative Veränderung, die von Natur aus nicht kontinuierlich verläuft.

Dispositionen oder Spuren

Die Relevanzstrukur soll nun mit dem, was Lilian Katz und Sylvia Chard (1989) Dispositionen nennen, verglichen werden. Sie sagen, dass, während Ziele in Form von theoretischen und traditionellen akademischen Kenntnissen oft kleine Einheiten von Wissen oder Fertigkeiten umfassen, die intellektuellen Ziele Gewohnheiten im Denken (dispositionerna – „habits of mind") beinhalten. Diese Gewohnheiten umfassen auch viele Möglichkeiten, Erfahrungen zu interpretieren (Katz, 1993). Das intellektuelle Wissen schließt Dispositionen ein, um Erfahrungen zu interpretieren, d. h. um festzustellen, wie das Kind gelernt hat, Erfahrungen zu machen. Dispositionen können das Theoretisieren, das Analysieren oder das Aufstellen von Hypothesen und Synthesen sein, die Fähigkeit, Vorhersagen zu machen und zu bewerten, etwas ausfindig zu machen, nach Anerkennung zu streben, Untersuchungen anzustellen, die Folgen von Handlungen zu verstehen, in der Problemlösung zielgerichtet zu arbeiten, kausale Beziehungen zu durchdenken, die Wünsche und Gefühle von anderen vorherzusagen und noch vieles mehr, was eher intellektuelle als akademische Ziele ausmacht. Katz und Chard meinen, dass die meisten intellektuellen Dispositionen angeboren sind, auch wenn ihre Stärke bei verschiedenen Kindern unterschiedlich ausgeprägt sein kann. Wie wir Lilian Katz und Diane McClellan (1997) verstehen, so sind sie der Ansicht, dass diese angeborenen Dispositionen in der Kindertageseinrichtung weiterentwickelt werden sollten, denn die traditionellen schulähnlichen Aktivitäten in einem zu frühen Alter wirken dem eher entgegen. Sie finden, dass es bei der Betrachtung des kindlichen Lernens fruchtbar wäre, zwischen dem Erwerb von Lesekompetenzen und dem Vorhandensein der Disposition, ein Leser zu werden, zu unterscheiden, d. h. zu unterscheiden zwischen dem Erlernen des Alphabets und dem Entwickeln eines Interesses und eines Sinns dafür, eine Person zu sein, die lesen und schreiben kann.

Das heißt nicht, dass Katz (1993) den Inhalt für nebensächlich erachtet, sondern im Gegenteil: ein für Kinder sinnvoller und reicher Inhalt in Projektform (Gegenstück zum Thema) ist eine Voraussetzung, um die intellektuellen Dispositionen des Kindes zu entwickeln.

Aus Katz' Blickwinkel ist Dispositionierung, oder wenn man so will, die Art, sich seiner Umwelt gegenüber zu verhalten, angeboren, und die pädagogische Aufgabe ist es, den Kindern die Art von Erfahrungen zu vermitteln, die die Entwicklung ihrer individuellen Ausstattung begünstigt. Auch wenn der Inhalt eine notwendige Voraussetzung für diese Entwicklung ist, so ist der Inhalt an sich doch nicht ausschlaggebend.

Wenn wir von einer Relevanzstruktur sprechen, sollte man ihre eine Seite, d. h. die Wiedererkennung und den Sinn, als gleichwertig mit Katz' Dispositionen betrachten können, auch wenn wir diese Art, sich seiner Umwelt gegenüber zu verhalten, als soziale Konstruktion ansehen, die eher durch die Erfahrungen der Kinder geprägt wurde, als dass sie angeboren ist. Die andere Seite der Relevanzstruktur, d. h. die Bedeutung von etwas zu begreifen und zu erfahren, unterscheidet sich markant von Katz' Dispositionen, indem es hier um einen Inhalt geht, den man beim Lernen begreifen und erfahren soll (darauf kommen wir in Teil III zurück).

Für eine vorschulpädagogische Theorie, wie wir sie hier entwickeln wollen, ist nicht die Erfahrung an sich zentral, sondern vielmehr, *wozu die Erfahrung beigetragen hat, dass ein Kind etwas erlebt, begreift, sieht oder erkennt*, also das, was das Kind gelernt hat. Welche Spuren haben die Erfahrungen des Kindes in seinem Bewusstsein hinterlassen und wie kann die Pädagogik der Kindertageseinrichtung dazu beitragen, dass sich die Kinder in eine Richtung entwickeln, wie sie den Zielen unserer Gesellschaft entspricht (Utbildningsdepartementet, 1998 a,1998 b)? Wenn die pädagogische Fachkraft ein Thema plant, reicht es nicht aus, wenn sie beispielsweise weiß, dass die Kinder ihrer Gruppe jede Woche mit ihren Eltern in einem Feinkostladen einkaufen, sondern sie müsste wissen, welche Spuren oder Arten des Denkens diese Erfahrungen hinterlassen haben, die für die Arbeit in der Kindertageseinrichtung bedeutsam sind (Doverborg und Pramling, 1988).

Was ist es nun genau, was die Kinder erfahren sollen oder für was sie eine Disposition haben sollten, d. h. was soll als relevant, interessant und sinnvoll erscheinen, als ein Teil des breit angelegten lebenslangen Lernens (Skolverket, 2000)? Im Großen und Ganzen sind wir uns mit Katz vielleicht doch einig, dass es um die Lust am Denken und am Lernen geht. Schon Nikolai Frederik Severin Grundtvig hat dies bereits vor 150 Jahren ausgesprochen. Bosse Bergstedt (1998, S. 207–208) beschreibt es folgendermaßen:

> *In einer der ersten Gespräche in Marielyst erzählt Grundtvig davon, wie sein kleiner Sohn Frederik, der damals $2^1/_2$ Jahre alt war, vor Kurzem gesagt hatte, dass er nicht lesen und*

nicht schreiben, aber denken könne. Das kam für Grundtvig recht unerwartet. Er hatte schon oft beobachtet, wie sein Sohn ein Buch in die Hand genommen und so getan hatte, als lese er, oder wie er dasaß, mit einem Stift kritzelte und so tat, als schreibe er. Doch dass der Sohn das Wort denken kannte und auch auf sich selbst anwandte, war ihm bisher nicht aufgefallen. Grundtvig antwortete: „... ja, du kannst denken und sprechen ..." und der Sohn antwortete: „... ja, sprechen kann ich auch ..."

Mit diesem kleinen Dialog wollte Grundtvig beschreiben, was der Grundstein einer Schule sein sollte, die er nun endlich ins Leben rufen konnte. Es sollte weder eine Lese-Schule noch eine Schreib-Schule, sondern vielmehr eine Denk-Schule werden, auf die bei lebendigen Menschen immer eine Sprech-Schule folgen würde. Grundtvig hatte gar nichts dagegen einzuwenden, dass die meisten Schüler, die die Schule verließen, die Worte des kleinen Frederik zitierten: Wir können nicht lesen, wir können nicht schreiben, aber wir können denken und reden können wir auch.

Wir kam es, dass Grundtvig diesem Ereignis so viel Gewicht beigemessen hat? Was hat er von dem kleinen Kind gelernt? Der erst $2^1/_2$ Jahre alte Frederik hatte gelernt, was zum Schwierigsten, das ein Mensch in seinem Leben lernt, gehört: Er hatte gelernt zu sprechen und zu denken. Wie ist es überhaupt möglich, sich diese schwierigen Künste anzueignen? Und wie geht es vor sich, dass wir es lernen, ohne dafür eine Schule mit ausgebildeten Lehrern besuchen zu müssen?

Wovon Grundtvig hier spricht, ist etwas, das viele, im Sinne der Ausbildung einer „Denkschule", nach ihm umgesetzt haben. Vielleicht eine Denkrichtung, in der Erfahrungen dazu beitragen, das Denken, Reflektieren und Deuten zu fördern, und dass man bestimmte spezifische Aspekte seiner Umwelt als vordergründiger erlebt als andere, d. h. bestimmte Inhaltsdimensionen in einer unendlich rauschenden Umwelt erkennt.

Kinder erhalten und schaffen sich eine Vielfalt von Erfahrungen und erleben sowohl zu Hause als auch in der Tageseinrichtung jeden Tag verschiedene Dinge. Manche Erfahrungen wiederholen sich täglich, auch wenn keine Erfahrung jemals genau dieselbe sein kann. John Bowden und Ference Marton (1998) diskutieren eben diese Wiederholung von Erfahrungen. Sie gehen davon aus, dass eine Erfahrung niemals eine direkte Wiederholung sein kann, denn jede Erfahrung wirkt sich irgendwie aus und bringt Veränderungen mit sich. Genau wie man nach Herakleitos[15] (1997) nie in die gleichen Fluten steigen kann, weil das Wasser ständig fließt, kann man auch eine Lernsituation niemals exakt wiederholen, weil die scheinbar gleichen Erfahrungen aus vorangegangenen Situationen bereits Spuren hinterlassen und somit schon eine Erfahrung ausgelöst haben. Bowden und Marton sind der Ansicht, dass diese Problematik klassisch für die „Übertragung" des Lernens von einer Situation auf eine andere ist. Die Autoren vertreten indessen die Ansicht, dass es sich hier nicht um ein Übertragungsproblem, sondern um ein Lernproblem handelt, weil jede Situation sowohl neu ist, sich aber gleichzeitig auch auf Erfahrungen stützt, die eine Art des Erlebens geprägt haben. Wie auch immer, Erfahrungen hinterlassen Spuren im Bewusstsein des Kindes. Manchmal ist es einfach, den Ursprung von der Art, wie ein Kind begreift und erlebt, herauszufinden. Andere Male tappt man mehr im Dunkeln. Lassen Sie uns ein paar Beispiele aus der Welt der Kinder anführen.

[15] *http://www.hedbergska.sundsvall.se/fs/herakl/pantarei.htm*

> *Großvater ringt und spielt mit seinen zwei Enkelkindern, fünf und sieben Jahre alt. Mit einem Mal sagt Großvater: „Als ich klein war, hat man Tarzan gespielt. Der war stark und konnte alle Probleme lösen." Beide Jungen halten in ihren Bewegungen inne, denken einen Moment nach, nehmen Anlauf und stürmen auf Großvater mit den Worten: „Und hier kommt Nisse von Manpower!"*[16]

Die Erfahrungen der Jungen entstammen nicht der Welt des Films wie beim Großvater, sondern einem anderen Medium – dem Radio! Der Hörer wird ständig von einem Nisse von Manpower, der einfach alles schafft, mit Werbung bombardiert. Daher haben die Jungen eine Art Heldenbild von ihm errichtet, vergleichbar dem Heldentyp, den Tarzan für ihren Großvater veranschaulichte.

Aber um die Gedankengänge der Kinder oder das, was für sie relevant erscheint, zu deuten und zu verstehen, muss man die Kultur der Kinder kennen und den Sinn aus der Perspektive eines Kindes erkennen. Der Besuch einer Kindertageseinrichtung in Japan machte dies einer unserer Autorinnen deutlich. Ein Junge dort war unter großer Mühe mit dem Versuch beschäftigt, die Röcke der weiblichen Besucherinnen nach und nach zu lüften. Noch unverständlicher stellte sich bei diesem Verhalten dar, dass wir nicht wahrnehmen konnten, dass die pädagogische Fachkraft darauf irgendwie reagierte. Ohne Zugang zu der Sprache, den kulturellen Werten und der Welt der Kinder war es unmöglich, das Verhalten dieses Jungen zu verstehen.

Was für Erfahrungen hat dieser Junge gemacht? Was hat er erlebt, das sein Verhalten aus seiner Sicht legitimiert? Unbegreiflich auch, dass die Pädagogin des Jungen zusieht, aber nicht eingreift, obwohl ihr kaum entgangen sein kann, dass die Besucher dies überhaupt nicht schätzten. Wenn man aus einer anderen Kultur stammt und als Bezugsrahmen nur die eigene schwedische Kultur hat, in der dieses Verhalten als kränkend betrachtet werden würde, erscheint das Ganze unerklärlich. Studien aus japanischen Kindertagesstätten zeigen uns jedoch, dass hier von einem „freien Kind" ausgegangen wird, das heißt, ein Kind darf sich hier frei bewegen und experimentieren. Wir in der westlichen Welt bezeichnen dies als das „natürliche Kind", das nicht gehemmt werden soll, sondern sich über Konventionen hinwegsetzen darf.[17]

Die Erfahrungen des Kindes basieren auf sozialen, emotionalen und intellektuellen Dimensionen, die im Erleben selbst miteinander verflochten sind und das, was für das Kind relevant erscheint, beeinflussen.

Das Erleben der Kinder vollzieht sich in ihrer Lebenswelt, in einer Welt, in der Natur, Gesellschaft, Kultur, Geschichte und Kind vereint sind. Das Kollektive und das Individuelle bilden eine Einheit, beeinflussen sich und werden voneinander beeinflusst, meint Eva Johansson (1999). Weiterhin sagt sie, dass die Lebenswelt, also das, was wir am eigenen Leib erlebt und erfahren haben, ständig in unseren Erfahrungen, in dem was wir sehen, tun oder erleben, präsent ist. Oder wie es Professor Aaron Klug, der 1982 den Nobelpreis erhielt, ausdrückt:

---

[16] *Manpower ist ein Personalvermittlungsunternehmen, das Dienstleistungen für fast alle Bereiche vermittelt, d. h. in der Werbung vermittelt es den Eindruck, alles zu können.*

[17] *Das erinnert uns an frühere Ideen in der Geschichte, die sogenannte „freie Erziehung" die z. B. in den Kindertageseinrichtungen der 1930er Jahre in Stockholm angewandt wurde, damals jedoch unter Einfluss der amerikanischen psychologischen Theorie.*

Man sieht nicht mit seinen Augen, man sieht mit all den Früchten seiner vorangegangenen Erfahrungen. Und die überträgt man auf alle Probleme.[18]

Die pädagogische Arbeit der Spurensuche

Nicht die Erfahrungen an sich sind zentral, sondern das, wozu die Erfahrungen beigetragen haben, welche **Spuren** sie hinterlassen haben, was das Kind dabei gelernt hat.

Die pädagogische Fachkraft muss herausfinden, welche Spuren oder Arten des Denkens die kindlichen Erfahrungen hinterlassen haben.

Um diese Spuren zu deuten oder zu verstehen, muss sie die Kultur der Kinder kennen und den Sinn eines Gedankens aus der Kinderperspektive erkennen.

Die Erfahrungen der Kinder basieren auf sozialen, emotionalen und intellektuellen Dimensionen, die das, was für das Kind relevant ist, beeinflussen.

Die Erfahrungen des Kindes als Ausgangspunkt für die pädagogische Praxis

Was heißt es dann für die Arbeit mit Kindern, wenn man von den Erfahrungen und dem Erleben des Kindes ausgeht? Carlgren und Marton (2000) behaupten, dass es beim Lernen gerade darum gehe, *etwas als etwas Spezielles zu erfahren*. Erfahrungen sammeln Kinder vom ersten Lebenstag an, ja möglicherweise schon vorher, aber sie müssen lernen, Mama als Mama zu erfahren, das Bett als etwas, in dem man schlafen kann, einen Löffel als etwas, mit dem man isst usw.

Ausgehend von ihren früheren Erfahrungen agieren und reagieren Kinder in der Kindertageseinrichtung vom ersten Tag an – und zwar auf die Art, wie dem Kind die Kindertageseinrichtung oder die Situationen dort erscheinen oder von ihm verstanden werden. Ob das Kind mit einer gewissen Situation zurechtkommt, wie zum Beispiel dem Einnehmen einer Mahlzeit, hängt davon ab, ob das Kind diese Situation so erlebt hat, wie es in dieser Kindertageseinrichtung üblich ist. „Der Unterschied, ob ein Kind etwas tun kann oder nicht, liegt in dem Unterschied begründet, ob ein Kind etwas sehen und auf eine bestimmte Art erfahren kann oder ob es das nicht kann." (Carlgren und Marton, s. o., S. 130) Versteht sich z. B. die fünfjährige Kajsa als jemanden, der an den Aktivitäten in der Kindertageseinrichtung Anteil hat, der Einfluss ausüben und verschiedene Dinge vorschlagen kann, oder hat sie gelernt, dass die Kindertageseinrichtung ein Ort ist, an dem Kinder zwar am Spiel teilnehmen können, aber die Erwachsenen alles andere bestimmen (Sheridan und Pramling Samuelsson, 2001)? Natürlich wird Kajsa auf unterschiedliche Weise reagieren, je nachdem welche Erfahrungen sie mit der Einrichtung, deren Möglichkeiten oder Grenzen gemacht hat. Man kann vielleicht sagen, dass sich das ganze Kind als Individuum, durch seine Erfahrungen und seine Art des Erlebens in seinem eigenen Tun ausdrückt. Geht man davon aus, muss das Erleben des Kindes auf unterschiedliche Art und Weise bestärkt und herausgefordert werden. Kinder können nur von ihrer Art des Erlebens ausgehen, die Frage ist, wie man als pädagogische Fachkraft lernen kann, nachzuempfinden, welche Perspektive die Kinder einnehmen und wie sie ihre Umwelt verstehen.

---

[18] *Anm. d. Übersetzers: Übersetzt aus der schwedischen Übersetzung.*

Gerade in diesem Zusammentreffen von Umwelt und Kind, zwischen Mensch und Ding, entwickelt sich die Interaktion und Kommunikation. In diesen Begegnungen übertragen Erwachsene und ältere Kinder Kultur und Werte und hier kann die Erfahrung der Kinder geformt und verändert werden. Die Bedeutung der Kommunikation für die Ausformung der kindlichen Erfahrungen ist nicht zu überschätzen (Säljö, 2000).

Dion Sommer (1997) weist auf vier Aspekte hin, die im Mittelpunkt stehen sollten, wenn die Entwicklung von Kindern aus deren Blickwinkel verfolgt werden will:

- Womit sich das Kind normalerweise und routinemäßig in seinem Alltag beschäftigt.
- Diese Aktivitäten und Handlungen in Form von Begriffen beschreiben.
- Das Zusammenspiel von Kindern mit anderen Kindern und Erwachsenen betrachten.
- Die Kompetenzen des Kindes vor dem Hintergrund der sozialen und kulturellen Funktionen, die sie für die Kinder haben, beurteilen.

Wie stellt sich das Erleben des Kindes dar, wenn man sie in ihrem Alltag beobachtet, und wie kann das, was sie sich vornehmen, in Form von Begriffen und Sinninhalten charakterisiert werden? Wie stellt sich das Erleben des Kindes im Zusammenspiel mit anderen dar, und nicht zuletzt, wie bewerten sie sich selbst und ihre Vorhaben? Fragen, die in der Arbeit mit Vorschulkindern alle wichtig sind.

Ein Verständnis für das Erleben der Kinder verlangt, darauf zu blicken, was im Mittelpunkt der Kinderwelt steht. Das, wofür sich Kinder interessieren und engagieren, sagt mehr über die Welt der Kinder und wie sie sie erleben aus, als alle Tests der Welt. Die Perspektive des Kindes liefert ein Bild von Erfahrungen und dem Erleben verschiedener Fragestellungen. Das Spiel der Kinder ist hier wesentlich, da Kinder in Spielsituationen sowohl Erfahrungen machen als auch gestalten. Im Spiel agieren sie mit Körper und Gegenständen und zeigen ihrer Umgebung auf diese Weise, wie sie verschiedene Dinge erleben. Darum ist es in der Frühpädagogik zentral für die pädagogische Fachkraft, dazu beizutragen, dass Kinder über die spezifischen Inhaltsdimensionen, mit denen nach den Vorstellungen der Gesellschaft die Kinder Erfahrungen machen sollen, kommunizieren und agieren können.

In der Tradition der Kindertageseinrichtung wurden große Erfolge erzielt, wenn es darum ging, den Kindern breit gefächerte Erfahrungen zugänglich zu machen, d. h. Kindern zu ermöglichen, etwas zu erleben und dabei zu sein. Man nahm gewissermaßen an, dass das, womit man das Kind agieren lässt oder dem es ausgesetzt ist, einen Lernprozess in Gang setzt – was es vermutlich sogar tut! Aber das Erleben, wie es sich bei jedem Kind darstellt, zum Mittelpunkt des Lernens von spezifischen Inhaltsdimensionen werden zu lassen, verlangt vom Erwachsenen, dass er weiß, was Kinder erleben, begreifen und verstehen sollen – und das verlangt mehr als Exponieren und Agieren.

Carlgren und Marton dazu (2000, S. 131–132):

> *Jede Situation bringt zahlreiche Aspekte mit sich, die man erkennen und fokussieren kann. Wenn wir all diese Aspekte erkennen und sie alle gleichzeitig beachten könnten, würde jede Situation von allen Menschen auf die gleiche Weise verstanden werden. Aber so ist es nicht. Wir nehmen die Dinge auf unterschiedliche Weise wahr. Wir können*

nur mit einer begrenzten Menge verschiedener Aspekte umgehen und verschiedene Menschen erkennen und fokussieren unterschiedliche Aspekte und unterschiedliche Beziehungen zwischen ihnen. Deshalb sehen wir die gleiche Situation mit unterschiedlichen Augen.

Wie Kinder verstehen, dass die Dinge in Beziehung zueinander stehen, ist eine Frage der Struktur ihrer Erfahrungen. Doch im Prozess des Erfahrens wird auch eine Bedeutung konstituiert. Wenn Erfahrung, Begreifen und Verstehen das Lernen ausmachen, dann reicht es nicht, die Kinder verschiedenen Phänomenen auszusetzen und zu hoffen, dass sie davon etwas lernen, sondern man muss systematisch mit ihnen arbeiten, damit sie das begreifen und das erfahren, was sie lernen sollen. Es reicht beispielsweise nicht, als pädagogische Fachkraft einfach zu sagen: „Wir zählen täglich die Kinder in der Gruppe, wir zählen, wenn wir den Tisch decken, wenn wir die Spielsachen aufräumen usw.", sondern die pädagogische Fachkraft muss sich darüber Gedanken machen, was es für die Kinder und die Altersgruppe, mit der man arbeitet, denn bedeutet, rechnen zu können. Welche Aspekte der Mathematik müssen Kinder erfahren, um zum interessierten „Rechner" zu werden? (Siehe auch Kapitel 11.)

Die Erfahrung als Grundlage der Pädagogik einzustufen, bedeutet, dass das Erleben sowohl Ausgangspunkt als auch Ziel ist. Die Perspektive der Kinder wird zum Schlüsselwort, weil es nach unserem Verständnis des Sinnschaffungsprozesses beim Kind erforderlich ist, zu *versuchen*, den Blickwinkel des Kindes einzunehmen (Bronfenbrenner, 1979).

Die Bedeutung der Perspektive

- Ein Verständnis für das Erleben der Kinder verlangt, auf das zu schauen, was für sie im Mittelpunkt steht, ihre Perspektive einnehmen zu können.
- Im Spiel zeigen Kinder, wie sie verschiedene Dinge erleben.

6. Unterscheidung, Variation und Lenkung

Die Welt der Begriffe aus den Bereichen der Tiere, der Pflanzen und der Menschen ist vielfältig. Ebenso gibt es eine Vielzahl von Kulturen und damit zahlreiche unterschiedliche Denk- und Verhaltensmuster. Vielfalt und Variation sind auch zentrale Themen der Spielforschung (Sutton-Smith, 1997). Trotz Variation und Vielfalt erscheint die Schule von außen betrachtet immer gleich, egal, wo in der Welt sie sich befindet, d. h. sie ist auf die Übertragung eines spezifischen Wissens und der Bearbeitung dessen ausgerichtet. Sogar in der Kindertageseinrichtung zeigen sich bestimmte Züge dieser Pädagogik, wenn auch die Variation hier traditionell gefördert wird. Variation bedeutet hier vor allem, dass ein Kind „mit allen Sinnen lernt" und dass man deshalb auf viele verschiedene Arten mit dem gleichen Inhalt arbeitet (Doverborg und Pramling, 1988).

Wenn man sich zum Beispiel im Kindergarten mit dem Thema „Schaf und Wolle" befasst, wird man das Leben des Schafes behandeln, sein Fell, wie die Schafwolle zu Garn gesponnen wird, das wiederum gefärbt und auf vielfältige Weise gewebt werden kann. Man besucht vielleicht Schafherden und beobachtet den ganzen Prozess von der Wolle bis zum Weben. Aber es werden auch Lieder gesungen, Dinge werden aus Papier ausgeschnitten, es wird gewebt und gezeichnet. All das ist notwendig, um das Thema von möglichst vielen Seiten zu beleuchten, die Variation hilft, um das Erleben mit allen Sinnen zu stimulieren, so wie es heute gefordert wird.

Zur Tradition der Kindertageseinrichtung gehört schon seit Fröbels Zeiten der Versuch, die Aufmerksamkeit und das Interesse der Kinder auf gewisse Aspekte oder Inhaltsbereiche zu lenken, für die die Kinder ein Bewusstsein entwickeln sollten. Traditionellerweise waren die Tätigkeiten in der Kindertageseinrichtung wesentlich vielfältiger als im Rahmen der Schule, auch wenn die Variation an Ausdrucksformen (wie Schreiben, Zeichnen, Malen, Bewegung usw.) später ihren Weg auch in die Entwicklung von Lese- und Schreibfertigkeiten genommen hat. Dass man in der Kindertageseinrichtung einen Inhalt variiert hat, liegt sicher sowohl am Bestreben, die Kinder alle Sinne einsetzen zu lassen, als auch daran, dass jüngere Kinder für weniger ausdauernd gehalten wurden und man es daher für notwendig hielt, für Abwechslung zu sorgen (Wigforss, 1946).

Variation als Methode in der pädagogischen Tradition

- Ein Thema von möglichst vielen Seiten zu beleuchten.
- Das Erleben mit allen Sinnen zu ermöglichen.
- Für Abwechslung sorgen.

Kinder lernen spontan?

Dass kleine Kinder durch Nachahmen lernen, ist gut dokumentiert (s. z. B. Piaget, 1962). Elisabeth Hanna und Andrew Meltzoff (1994) stellen gar die Behauptung auf, dass junge Kinder zudem lieber Gleichaltrige imitieren als Erwachsene. Aber die Nachahmung ist nicht nur ein Kopieren der Bewegungen von anderen Menschen, sondern auch eine Reflexion der Bedeutung der beobachteten Handlung (Hay, Stimson und Castle, 1991). Ein frühes Formen der Gedanken hat seine Grundlage in der Kompetenz des Kindes, etwas wiederzuerkennen und aufbauend auf seine eigenen Fähigkeiten und die Wünsche der anderen zu handeln. Imitation hat für Kinder eine Bedeutung, weil sie Verständnis für einen anderen bedeutet. Dale Hay, Carol Stimson und Jennifer Castle betrachten dies als Denkaktivität, die dazu beiträgt, dass das Kind beginnt, ein Verständnis für seine Umgebung zu formulieren. Aber die Kinder sind in diesem Prozess aktiv, d. h. sie treffen eine Wahl, indem sie Interaktionen und Beziehungen zu anderen herstellen. Sie benutzen das Modelllernen als ein kreatives Werkzeug, um einen Spielkameraden zu aktivieren.

Nach Jean Piaget (1962) ist Nachahmung eine der beiden komplementären Funktionen, die wesentlich für die menschliche Intelligenz sind. Er beschreibt ein Beispiel, bei dem er sein Gesicht nah an das Gesicht eines Kindes hält, weil er möchte, dass das Kind imitiert, wie er seine Augen öffnet und schließt. Er versucht das über mehrere Monate hinweg. Als das Kind elf Monate alt ist und ihn wie immer imitiert, indem es mit den Augen zwinkert, lächelt es eines Tages plötzlich und beginnt stattdessen, den Mund zu öffnen und zu schließen. Das Kind tut dies acht Mal. Piaget deutet dies als Irrtum, aber Marita Lindahl und Ingrid Pramling Samuelsson (2002) interpretieren es eher als einen Ausdruck des Kindes, die Handlung des Öffnens und Schließens zu variieren (Augen oder Mund). Wenn man davon ausgeht, dass mit der Erforschung seiner Umwelt auch eine Erweiterung des Variationsspielraumes des Kindes einhergeht, ist es nahe liegend, anzunehmen, dass das Kind, das Piaget beobachtet hat, die Erfahrung von Ähnlichkeit zwischen Mund und Augen gemacht hat, da diese die einzigen Sinnesorgane sind, mit denen man die gleiche Handlung – öffnen und schließen – ausführen kann.

Sowohl Chris Athey (1990) als auch Cathy Nutbrown (1994) haben Studien in Kindertageseinrichtungen durchgeführt, bei denen sie die spontanen Handlungen der Kinder unter die Lupe genommen haben. Diese haben sie in Kategorien von Mustern beschrieben. Sie belegen, wie Kinder ihre Aufmerksamkeit und ihr Interesse über einen bestimmten Zeitraum hinweg spezifischen Mustern zuwenden, beispielsweise runden Objekten (Bällen, runden flachen Sachen usw.), vertikalen Mustern (rauf und runter), geraden Linien (Gleichheiten in Länge, Höhe und Symmetrie) oder Dingen, in die man etwas hineinlegen oder aus denen man etwas herausholen kann oder die sich öffnen und schließen lassen. Nach Athey und Nutbrown sind dies die ersten Schritte des Kindes zu einem wissenschaftlichen Denken hin.

Weil das Kind sich für verschiedene Kategorien von Mustern interessiert und lernen will, diese zu beherrschen, ist seine Aufmerksamkeit dafür breit gefächert, d. h. es sucht spezifische Objekte oder Phänomene, die es verstehen oder beherrschen will, und trainiert dies durch Üben in verschiedenen Zusammenhängen und auf unterschiedliche Arten. *Das Phänomen, das es interessant findet, erscheint dem Kind als konstant, während es die Art und Weise, es in seinem Handeln zu gestalten, variiert*.

In der Psychologie erscheint der Variationsbegriff vor allem in der Relation zur Fähigkeit des Kindes, etwas zu generalisieren, d. h. die Variation wird als Voraussetzung dafür betrachtet, dass das Kind lernt zu verallgemeinern und Begriffe zu bilden (s. z. B. Baur und Dow, 1994; Amibile und Rovee-Collier, 1991). Daniel Stern (1991 a, 1991 b) etwa hat deutlich gemacht, dass Kinder schon sehr früh im Leben generalisieren, indem sie eine Variation erleben. Erfahrungen und die Art, wie man etwas erfährt, z. B. die Bedeutung eines Begriffes oder eines Phänomens etc. müssen variiert werden, damit das Verstehen konstituiert werden kann.

Wenn Kinder ihre Umwelt spontan erleben, treffen sie auf Variationen, z. B. dadurch, dass Erwachsene bewusst oder unbewusst in der Umgebung des Kindes agieren, sodass das Kind eine Variation erfährt. Jaan Valsiner (1989) entwickelte eine Theorie, die beinhaltet, dass sich Kinder dank der Variationen entwickeln und als Menschen wachsen. Er zeigt in einem komplizierten Schaubild, wie verschiedene Personen im nahen Umfeld eines Kindes dem Kind in Bezug auf die gleiche Frage oder Situation auf unterschiedliche Weise begegnen. Die Skala reicht von dem negativsten Ergebnis, bei dem das Kind für eine Handlung bestraft wird, zum positivsten Resultat, bei dem der Erwachsene das Kind ermuntert und in seinem Tun unterstützt. Aber nach Valsiner (s.o.) tritt diese Variation nicht nur bei unterschiedlichen Menschen auf, sondern sogar dieselbe Person reagiert in einer scheinbar gleichen Situation, die zu unterschiedlichen Zeitpunkten stattfindet und von vielen verschiedenen Faktoren abhängt, unterschiedlich auf das Kind. Er ist der Ansicht, dass Kinder durch Variationen unterschiedliche Wege ausprobieren und testen können.

Im Folgenden ein weiteres Beispiel dafür, wie Erwachsene Variation in die Welt der Kinder tragen:

> *Als Vilgot zwei Jahre alt ist, singt er mit Vorliebe verschiedene Kinderlieder. Damit hat er sowohl in der Kindertageseinrichtung als auch zu Hause Erfahrungen gesammelt. Wenn ihn ein Familienmitglied von der Kindertageseinrichtung abholt, wird häufig noch im Auto gesungen, um zu verhindern, dass er einschläft. Meist schlägt er vor, was gesungen werden soll. Eines Tages schlägt Vilgot vor, dass sie das Lied vom Fahrrad singen sollen. Über einen solchen Inhalt hat weder der Erwachsene noch Vilgot jemals zuvor ein Lied*

> *gesungen. Der Erwachsene denkt sich also ein Lied über ein Fahrrad aus. Vilgot strahlt und schlägt dann vor, etwas über Vilgot zu singen. So erfinden sie dann gemeinsam ein Lied über ihn.*

Vilgot zeigt mit seinem Verhalten in dem oben genannten Beispiel, dass er verstanden hat, was man mit Liedern machen kann, und dass man über alles Mögliche singen kann. Wir glauben, dass eben genau die vorher gemachte Erfahrung, Lieder zu variieren, d. h. verschiedene Lieder gesungen zu haben, ihm zu dieser Einsicht verholfen hat.

Nicht nur Erwachsene variieren die Erfahrungen der Kinder, Kinder tun dies spontan auch selbst. Lindahl (1996) hat in seinen Studien über das Lernen von Kleinkindern in der Vorschule belegt, wie Kinder sogar schon im Alter von einem Jahr ihre Untersuchungsstrategien ändern, wenn sie versuchen, verschiedenartige Probleme zu lösen. Auch Lindahl und Pramling Samuelsson (2002) haben sowohl das Verhalten eines einzelnen Kindes, das lernen wollte, wie man eine Schnur an einem Gegenstand befestigt, als auch das Verhalten einer Gruppe von Kleinkindern auf der Rutsche analysiert und aufgezeigt, dass die Variation ein Schlüsselfaktor beim Lernen ist.

Wataru (14 Monate), ein kleiner japanischer Junge, zeigt tagelang Interesse daran, die Kreiselbewegung zu beherrschen. Er hat erlebt, wie ein Erwachsener einen Plastikring rotieren ließ, probiert es nun selbst und einige Male ist es ihm sogar gelungen. An den folgenden Tagen, in denen wir ihn beobachten, sucht Wataru nach Ringen in anderen Größen und nach anderen runden Gegenständen (z. B. ein rundes Tablett), um es damit auch auszuprobieren. Mit anderen Worten: Er hat sich selbst eine Vorstellung davon gemacht, wie ein Gegenstand beschaffen sein muss und welche kritischen Eigenschaften er besitzen muss, damit diese Kreiselbewegung funktioniert. Nie überlässt er es dem Zufall und probiert andere Typen oder Formen aus, sondern variiert den Gegenstand innerhalb des Rahmens gewisser Grundeigenschaften. Die Handlung, also das Beherrschen der Kreiselbewegung, wird von ihm mithilfe der Variation der Gegenstände erreicht. Man kann vielleicht sagen, dass Wataru Variationen produziert und auf diese Weise die Kompetenz entwickelt, einen Gegenstand in Kreiselbewegung zu versetzen.

In einer Gruppe von Kleinkindern zwischen 15 und 30 Monaten sind die Kinder gerade damit beschäftigt, eine Rutsche in Beschlag zu nehmen. Das tun sie auf sehr unterschiedliche Arten, wobei es nicht den Anschein hat, als würde eine neue Art des Rutschens von den anderen automatisch nachgemacht werden. Es sieht eher danach aus, dass sich jeder bemüht, selber eine neue Art des Rutschens zu erfinden. Die Variation in der Art, wie man seinen Körper auf vielfältige Weise einsetzen kann, erscheint für die Kinder interessanter und als größere Herausforderung als die Imitation. Bei dieser Beobachtung kann man feststellen, dass das Objekt – das Rutschen – konstant bleibt, während die Handlung – die Art der Kinder, ihren Körper einzusetzen – variiert. Das heißt, dass Kinder in einer Gruppe eine Variation der Handlung produzieren, durch die das Rutschen als ein äußerst flexibles Phänomen erscheint. Im ersten Beispiel von Wataru ist es ein Kind, das eine Handlung ausführt, indem es ein Objekt variiert, während im zweiten Beispiel eine Gruppe Kinder dasselbe Objekt benutzt, um eine Handlung zu variieren. Im ersten Fall wird die Kreiselbewegung durch einen individuellen Variationsspielraum erlernt. Im anderen Fall wird das Rutschen durch einen kollektiven Variationsspielraum (Lindahl und Pramling Samuelsson, s. o.) erlernt.

Ference Marton (1999) berichtet von einer englischen Studie von Moxley, in der Kinder ihre motorischen Fähigkeiten trainieren, indem sie versuchen, ein Objekt mit einem Ball zu treffen.

Die eine Gruppe musste einseitig trainieren, also immer aus dem gleichen Winkel und mit gleichem Abstand zum Objekt, während die zweite Gruppe den Winkel variieren durfte (d. h. die Kinder dieser Gruppe durften vier unterschiedliche Winkel zum Objekt einnehmen), allerdings denselben Abstand beibehalten musste. Die Kinder, die mit Variationsmöglichkeiten trainieren durften, zeigten sich beim Werfen auf einen bestimmten Gegenstand aus einem neuen Winkel wesentlich geschickter als die anderen Kinder.

An diesem Beispiel können wir sehen, dass kritische Aspekte des Lernens zum Teil darin liegen, dass z. B. das Werfen eines Balles auf ein spezifisches Ziel vom Werfen allgemein unterschieden wird, zum anderen Teil gleichzeitig in Erinnerung zu haben, wie es war, den Ball aus bestimmten Winkeln zu werfen (die unterschiedlich sein können). Das Werfen konstituiert sich, indem man gewisse Faktoren variiert. Und es ist genau die Fähigkeit, alle unterschiedlichen Aspekte des Werfens gegeneinander „abzuwägen", die entscheidet, ob man erfolgreich ist oder nicht. Es ist ja offensichtlich, dass Kinder auch im Spiel variieren und auf verschiedene Arten probieren, Probleme zu lösen.

Variation als Voraussetzung für das Verstehen

- Durch Imitation formulieren Kinder Verständnis und stellen Beziehungen her.
- Durch Variation können Kinder unterschiedliche Wege ausprobieren.
- Durch Variation erschließen sich Kinder Bedeutungen.
- Durch Variation entwickeln Kinder die Fähigkeit zu generalisieren.

Wozu trägt die Variation bei?

Variation als Inhalt einer pädagogischen Tätigkeit muss unter dem Aspekt betrachtet werden, dass wir nicht wissen, was Kinder in der Zukunft können sollten. Nach Marton (1999) ist es gerade so, dass die Variation, die die Kinder erfahren sollten, umso größer sein sollte, je weniger wir darüber wissen. Variation ist nämlich nicht nur eine Voraussetzung für das Lernen, sondern vermittelt dem Kind zugleich verschiedene Blickwinkel und ein umfangreicheres Ganzes, was die Sichtweise des Kindes auf die Welt mit Sicherheit beeinflusst und zu größerer Flexibilität und Sensibilität gegenüber anderen beiträgt.

Aber die wichtigste Funktion der Variation liegt in den Unterscheidungsmöglichkeiten, die sie dem Kind bietet. Um etwas unterscheiden zu können, brauchen Kinder sowohl Variation als auch Konstanz. Wenn ein Kleinkind z. B. zum ersten Mal „Blume" sagt, hat es zwar das Wort gelernt, aber nicht den Begriff. Damit das Kind auch den Begriff „Blume" bildet, muss es erlebt haben, dass es eine Variation von Blumen gibt und dass es im Gegensatz dazu Dinge gibt, die nicht blühen. Es muss schon unterschieden haben, welche kritischen Charakteristika eine Blume ausmachen und welche nicht. Das geschieht nicht nur dadurch, dass das Kind eine Variation von Blumen erlebt, sondern auch durch seine Erfahrung, dass sich eine Blume von einem Baum, von Gras und anderen Pflanzen unterscheidet. Mit der Zeit wird das Kind vielleicht auch den Begriff „Rose" einordnen können, anhand der kritischen Charakteristika, die eine Rose im Vergleich zu anderen Blumen ausmachen. Auch wenn ein Kleinkind, lange bevor es den Begriff „Blume" kennt, eine bestimmte Blume wie z. B. eine Rose benennen kann, weiß es vielleicht doch noch nicht, was eine Rose im Unterschied zu anderen Blumen ausmacht.

Ebenso verhält es sich natürlich mit anderen Bedeutungsinhalten. Damit ein Kind eine Regel lernt, die in der Tagesstätte oder Schule als wichtig eingestuft wird, muss die Regel für das Kind eine persönliche Bedeutung erhalten. Das geschieht dadurch, dass die gleiche Regel in verschiedenen Situationen angewandt werden kann (Konstanz). Es muss für das Kind auch klar sein, dass die Regel verschiedene Bedeutungen haben kann (Variation). Schließlich muss die Regel kritische Merkmale besitzen, die sie von anderen Regeln deutlich unterscheidet.

Variation ist eine Quelle des Lernens, weil sie dem Kind die Voraussetzungen gibt

- zu unterscheiden,
- Vielfalt zu erfahren und
- neue Situationen kennen zu lernen.

John Bowden und Ference Marton (1998) diskutierten diese in der Psychologie „Übertragung" genannte Problematik, eine Erfahrung oder eine Fähigkeit in einer neuen Situation anwenden zu können. Sie vertreten die Ansicht, dass es keine zwei gleichen Situationen gibt und daher der Begriff „Übertragung" im Grunde überflüssig ist. Stattdessen läuft in jeder Situation ein Lernvorgang ab, das heißt die Fähigkeit, in jeder Situation zu interpretieren und zu agieren. Variationsreiche Bildung bereitet Kinder auf das Unbekannte – die Zukunft – vor, indem sie das anwenden, das sie kennen – nach unseren derzeitigen Kenntnissen.

Die Kindertageseinrichtung bietet einen Kontext, in dem die Variation bewusst gestaltet werden kann. Kleine Kinder haben sich noch nicht an die Denkweise der traditionellen Schulen angepasst, sondern drücken ihre Art zu denken ganz spontan aus. Wenn Kinder sich der Vielfalt, über einen Inhalt zu denken, bewusst werden sollen, setzt dies auch voraus, dass sie zu einer Gruppe gehören, die einen Inhalt teilt. Dass jedes Kind in seinem eigenen Tempo mit seinem eigenen Material arbeitet und selbst die Grenzen dieses Materials entdeckt, stellt nicht die gleiche Herausforderung an das Denken dar wie die gemeinsame Tätigkeit in einer Gruppe. Selbst wenn die Kinder individuelle Zeichnungen von einem Märchen anfertigen, das sie gerade gehört haben, sollten sie beim gegenseitigen Vergleichen und Problematisieren die Gelegenheit bekommen, darüber zu reflektieren, wie unterschiedlich sie diese Aufgabe gelöst haben. Ist es wirklich das gleiche Märchen, das sie gehört haben? Kann man es auf so unterschiedliche Weise darstellen? (Doverborg und Anstett, 2003).

Variation, Unterscheidung und Gleichzeitigkeit

Die einfachsten Aspekte einer Variation sind natürlich Kontraste und Gegensätze, wie sie sich am Beispiel eines Kleinkindes zeigen, wenn ein Erwachsener etwas unter einer Decke versteckt, um zu sehen, ob das Kind danach sucht. Begreift das Kind, dass es das Objekt noch gibt, dass es nun aber verschwunden ist oder verschwand es einfach und ist damit nicht mehr existent?

Ein Beispiel: Ein Kind zwischen ein und zwei Jahren zeigt eine Präferenz für Blau – alles, was es haben will, ist blau (Spielsachen, Tasse, Kleidung usw.). Auch wenn es noch nicht weiß, dass diese Farbe „Blau" genannt wird, hat es diese Farbe von anderen Farben unterschieden. Wenn alles um das Kind herum blau gewesen wäre, hätte es diese Farbe nicht unterscheiden können. Variation trägt also einfach dazu bei, dass es möglich wird, etwas von etwas anderem zu unterscheiden.

Neben *Variation und Unterscheidung* ist auch die *Gleichzeitigkeit* ein kritisches Merkmal beim Lernen (Marton und Pang, 1999). Die Gleichzeitigkeit bezieht sich auf die Erfahrungswelt des Kindes. Das bedeutet, dass es im Bewusstsein des Kindes gleichzeitig ein Bewusstsein entweder für Gleiches oder für Unterschiedliches in Bezug auf das gibt, womit seine Gedanken gerade beschäftigt sind. Ein kleines Kind, das unter Aufsicht eines Erwachsenen z. B. eine Weihnachtsfigur aus Porzellan tragen darf, begleitet von Hinweisen, vorsichtig zu sein, weil die Figur alt und wertvoll ist und kaputt gehen kann, ist sich natürlich gleichzeitig auch dessen bewusst, dass es andere Dinge gibt, mit denen man nicht so vorsichtig sein muss.

Bowden und Marton (1998, S. 24) meinen:

> *Die Art von Lernen, für die wir uns interessieren, ist jenes Lernen, das beinhaltet, dass der Lernende die Fähigkeit, Situationen oder Phänomene auf eine ganz bestimmte Art zu sehen oder zu erfahren, entwickeln soll. Für jede Situation oder jedes Phänomen ist es möglich, eine Reihe verschiedener Arten, in denen diese Situationen oder Phänomene erlebt werden können, zu identifizieren. Die Unterschiede zwischen verschiedenen Arten, ein spezielles Phänomen (oder eine Situation) zu sehen, können begrifflich als kritische Merkmale verstanden werden, die das Phänomen (oder die Situation), das/die erlebt wird, definiert. Für jedes Phänomen gibt es eine Anzahl kritischer Aspekte, die sowohl gleichzeitig unterschieden wie auch fokussiert werden können.*

Die Aufmerksamkeit des Kindes muss nun auf den Inhalt, für den das Kind ein Verständnis entwickeln soll, oder die Kompetenz, die das Kind zu beherrschen lernen soll, gerichtet werden.

Variation als pädagogische Tätigkeit ...

- gibt dem Kind die Voraussetzung zu unterscheiden, Vielfalt zu erfahren, Bedeutung zu geben und neue Situationen zu akzeptieren;
- gibt der pädagogischen Fachkraft die Möglichkeit, eine Richtung zu geben, indem sie die Aufmerksamkeit des Kindes auf den Inhalt lenkt, für den es Verständnis entwickeln soll.

Lenkung

Lassen Sie uns eine Situation in der Kindertageseinrichtung verfolgen, die uns Aufschluss gibt über den Begriff Lenkung, d. h. worauf die Aufmerksamkeit des Kindes gelenkt werden kann.

Eine Gruppe Kinder sitzt an einem Tisch und zeichnet und unterhält sich über Pilze. Eins der Kinder erzählt seinen Spielkameraden, dass es gefährlich ist, einen Fliegenpilz zu essen, weil er giftig ist. Die Pädagogin sieht hier eine Gelegenheit, das Verständnis der Kinder für Symbole zu entwickeln und ergreift die Gelegenheit. Sie fragt die Kinder, was man tun könnte, damit die anderen auch *erfahren*, dass es gefährlich ist, den Fliegenpilz zu essen. Eines der Kinder schlägt vor, man könnte es auf einen Zettel oder ein Schild schreiben. Da fragt die Pädagogin nach, ob denn alle Kinder diese wichtige Mitteilung verstehen würden, wenn es auf einem Schild geschrieben stände. Sie fragt auch, ob es noch eine andere Möglichkeit gäbe, diese Botschaft zu übermitteln, sodass sie *alle* verstehen könnten, auch die, die nicht lesen können.

Wie wir im Bild 2 (S. 72) sehen,zeichnet Hanna dann einen durchgekreuzten Fliegenpilz.Die Pädagogin setzt ihre Diskussion mit Hanna fort, weil sie erfahren will, was Hanna sich dabei gedacht hat, als sie dieses Symbol gemalt hat. Die Pädagogin sagt: „Jetzt hast du ein Symbol für den Fliegenpilz gemacht. Erzähl mal den anderen Kindern, was du beim Zeichnen überlegt hast." Sie bittet Hanna, während des Erzählens auch ihre Zeichnung zu zeigen. Hanna erklärt ihren Spielkameraden, dass man keinen Fliegenpilz essen darf.

Aber die Pädagogin stellt Hanna weitere Fragen: „Gibt es noch andere Möglichkeiten, herauszubekommen, ob Pilze giftig oder essbar sind?" Hanna zeichnet daraufhin jemanden, der ein Buch liest, weil sie weiß, dass es Bücher über Pilze gibt. „Aber gibt es nicht noch mehr Möglichkeiten?", fragt die Pädagogin erneut, die versucht, Hannas Aufmerksamkeit darauf zu lenken, wie man sich Wissen aneignen oder etwas erfahren kann.

Bild 2: Hannas Symbolisierung dafür, welche Pilze essbar und welche giftig sind.

Die Pädagogin fragt wieder, ob es noch mehr Arten gibt, essbare von giftigen Pilzen zu unterscheiden. Dieses Mal zeichnet Hanna zwei Pilze, ein Kind und Pfeile in Richtung der Pilze. Dann erklärt sie: „Wenn man gelernt hat, dass der Steinpilz und eine Suppe aus Steinpilzen lecker sind, dann sucht man nach diesen Steinpilzen und übersieht die Fliegenpilze!" Die fünfjährige Hanna formuliert hier, dass das Bewusstsein immer auf das ausgerichtet ist, was man sieht, erfährt und begreift und dass andere periphere Informationen nicht wesentlich sind (Pramling und Mårdsjö, 1994). Die Pädagogin lenkt Hannas Aufmerksamkeit und Hanna zeigt, dass sie verstanden oder erfahren hat, dass man seine Aufmerksamkeit auf etwas ganz Bestimmtes lenken kann.

In einer Welt, in der man sich für eine unendliche Anzahl Fragen oder Phänomene interessieren kann, ist es die Kindertageseinrichtung, wo Aufmerksamkeit auf der Grundlage des Könnens fokussiert werden sollte. Diese Grundlagen lassen sich nicht einfach definieren, wohl aber auf einem etwas abstrakteren Niveau, wenn man von Werten und Normen spricht, von Kompetenzen und Qualitäten sowie vom Verständnis für sich selbst und seine Umwelt (Utbildningsdepartementet, 1998 a). Diese drei Lernbereiche haben mit Sinnstiften zu tun. Aber das Sinnstiften kann sich sowohl in der Handlung als auch in den Worten eines Kindes ausdrücken. Die Rolle der pädagogischen Fachkraft ist es, die Aufmerksamkeit des Kindes auf die Aspekte zu lenken, die in der Kindergruppe, mit der man arbeitet, ausgedrückt werden. Wenn man sich z. B. ein Lernobjekt vornimmt, das an die Fähigkeit „Zusammenarbeit" anknüpft, kann man sicher eine Umgebung schaffen, in der Kinder auf unterschiedliche Weise zusammenarbeiten müssen. Das kann als Akt des Lernens angesehen werden, als eine Form des Lernens, aber als pädagogische Fachkraft kann man dies auch zur Idee oder zum Gegenstand des Lernens selbst machen, indem man die Aufmerksamkeit der Kinder entsprechend lenkt. Dann geht es darum, den Kindern zu helfen, dieses Phänomen zu erkennen und es mit Variationen auf unterschiedliche Weise zu erleben.

Auch beim Spiel kann man den Kindern die Voraussetzungen bieten, ihre Aufmerksamkeit auf verschiedene inhaltliche Aspekte zu richten. Das kann durch Erfahrungen geschehen, die die Kinder gesammelt haben, aber auch mithilfe der physischen Umgebung oder der Dinge, die Kinder im Spiel benutzen, und schließlich, und dies ist nicht weniger wichtig, durch die Unterstützung und die Herausforderungen, die die pädagogische Fachkraft in der Kommunikation und im Zusammenspiel liefern kann.

Lenkung

ist die zielgerichtete Hilfe und Unterstützung durch die pädagogische Fachkraft. Sie lenkt durch Variation die Aufmerksamkeit der Kinder auf spezifische Aspekte des Gegenstands oder auf den Akt des Lernens selbst.

7. Metakognition[19] und metakognitive Dialoge

In einer Metaanalyse[20] der Forschung über Instruktion kommt der Forscher zum Schluss, dass die *Metakognition der „Motor" beim Lernen ist* (Marzano, 1998). Die einbezogenen Studien beziehen sich insgesamt auf eine Million lernende Menschen. Chris Watkins u. a. (2001) sind in ihrem Forschungsüberblick über das Lernen der Ansicht, dass das „Metalernen" (ein Begriff, den sie lieber verwenden, weil er weiter gefasst ist) ebenfalls ein Zyklus im Lernprozess ist, durch den metakognitive Kenntnisse über das Lernen konstituiert werden, genau wie jedes andere Wissen, das auf der Grundlage von Fragmenten aus einer großen Variation an Erfahrungen zusammengefügt wurde. Sie schreiben (s. o., S. 7):

[19] *Der Begriff „Metakognition" beinhaltet das Wissen und die Kontrolle über das eigene kognitive System und die Auseinandersetzung mit den eigenen kognitiven Prinzipien (Gedanken, Einstellungen, Meinungen). Der Begriff wurde vor etwa 30 Jahren von John H. Flavell in die entwicklungspsychologische Forschung eingeführt.*

[20] *Die Vorsilbe „ meta-" wird hier verwendet, um eine Aktivität auf einem höheren Niveau als das vorherige zu bezeichnen. Eine Metaanalyse ist eine Analyse von zuvor gemachten Analysen, Metalernen bedeutet Lernen vom Lernen, Metatheorie ist die Theorie von den Theorien, Metakritik wird die Kritik der Kritiken genannt usw.*

> *Metalernen kann die Aufmerksamkeit auf Ziele, Strategien, Wirkungen, Gefühle und Zusammenhänge im Lernen richten, die jede für sich wichtige persönliche und soziale Dimensionen aufweisen. Die Fähigkeit zum Metalernen vermittelt die Qualität des Lernergebnisses und kann auch das beeinflussen, was zum Lernen gerechnet wird. Diejenigen, die gut im „Metalernen" sind, entdecken, dass das, was sie lernen (den Gegenstand des Lernens) und wie es gelehrt wird (der Akt des Lernprozesses), zwei unterschiedliche Aspekte des Lernens sind.*[21]

Wenn nun Metakognition für den Lernenden und für das Lernen so wichtig ist, was verstehen wir nun darunter?

Verschiedene Richtungen innerhalb der Metakognition

Vor mehr als drei Jahrzehnten stellte John Flavell einen neuen wissenschaftlichen Begriff vor, nämlich die „Metaerinnerung" (1970). Anstoß hierfür war ein Experiment, das er mit Kindern unterschiedlichen Alters durchführte. Ihre Aufgabe war es, sich an eine Reihe von Bildern zu erinnern. Sie wurden aufgefordert, die Bilder so lange zu betrachten, wie sie benötigten, um sich an sie erinnern zu können. Dabei zeigte sich, dass die jüngsten Kinder die Bilder am kürzesten betrachteten und sie konnten sie auch am schlechtesten wiedergeben. Dieses Ergebnis interpretierte Flavell als Beweis dafür, dass sich diese Kinder noch nicht bewusst waren, dass ihre eigene mentale Aktivität im Verhältnis zum Ergebnis steht, d. h. die Kinder hatten noch keine metakognitive Fähigkeit erworben, da sie nicht über ihr eigenes Denken reflektierten. Die Kinder wussten ganz einfach nicht, wie man es anstellt, sich an etwas zu erinnern und hatten auch keine Strategien entwickelt, um etwas besser in Erinnerung zu behalten.

Dieses Experiment war der Auftakt zur Entwicklung eines völlig neuen Forschungsfeldes, das gegen Ende des 20. Jahrhunderts noch enorm angestiegen ist, wenn es auch nur einen Bruchteil der gesamten Forschung über das Lernen ausmacht. Die metakognitive Forschung hat sich nicht nur in quantitativer Hinsicht ausgeweitet, sondern hat auch verschiedene Wege eingeschlagen. Das bedeutet, dass man von qualitativ unterschiedlichen Richtungen sprechen kann, ohne diese dabei als besser oder schlechter zu bewerten, sondern einfach als Vertreter verschiedener charakteristischer Merkmale. Nachdem man sich anfangs nur für die Metakognition innerhalb der Entwicklungspsychologie interessierte, beinhaltet sie heute auch pädagogische Aspekte und Ansätze.

Nach Ann Brown u. a. (1983) stellen sich viele Forscher Fragen wie: „Was ist Metakognition? Wird die Metakognition im Kinderleben erst spät entwickelt? Ist Metakognition bewusst?" usw. All diese Fragen beantwortet Brown, indem sie sagt: „Das hängt davon ab ...", d. h. wie man Metakognition definiert oder welche Art von Wissen oder Prozess bezweckt werden. Da Kognition und Lernen in verschiedenen Theorien unterschiedlich definiert werden, variiert natürlich auch der Begriff der Metakognition.

Das, was der metakognitiven Forschung gemeinsam ist, ist der Fokus auf den *„wie-Aspekten", d. h. wie man über kognitive Phänomene denkt.* Wenn man lernen soll, sich an etwas zu erinnern, kann man verschiedene Tricks oder Strategien entwickeln, die dabei helfen. Die Gedan-

---

[21] *Anm. d. deutschen Übersetzers: Übersetzt aus der schwedischen Übersetzung.*

ken sind nun auf das gerichtet, an das man sich erinnern will. Wenn man den Fokus ändert und sich stattdessen überlegt, wie man es anstellt zu versuchen, sich an etwas zu erinnern, ist man metakognitiv ausgerichtet. Die Betrachtung der „wie-Aspekte“, d. h. wie man etwas lernt, wie man sich erinnert, denkt usw. ist die Essenz der Metakognition. Die Lösung eines Problems, beispielsweise „Der Turm von Hanoi[22]“, ist ein kognitives Problem, wenn man jedoch reflektiert, wie man zu einer Lösung kommen kann, ist es ein metakognitives. Piaget benutzt hierfür den Terminus abstrakte Reflexion.

Die metakognitive Forschung betrachtet die „wie-Aspekte“, z. B.

- *wie* versteht man,
- *wie* erinnert man sich,
- *wie* kommt man zu einer Lösung.

Lev Vygotsky (1978) beschreibt zwei Phasen der Entwicklung des Wissenserwerbs bei Kindern. Für die erste ist charakteristisch, dass Wissen automatisch und unbewusst angesammelt wird. Die zweite Phase besteht aus einer gradweise zunehmenden Bewusstwerdung der aktiven Kontrolle über das eigene Wissen. Dieser Unterschied kennzeichnet hauptsächlich die Unterscheidung zwischen einem kognitiven und einem metakognitiven Aspekt der Vorstellungen. Der Unterschied zwischen Wissen und dem Verstehen, dass man nun über dieses Wissen verfügt (im Sinne von Bewusstsein und richtiger Anwendung), war besonders interessant für die Entwicklungspsychologen. John Flavell und Ann Brown sind zwei der führenden Wissenschaftler auf dem Gebiet der metakognitiven Forschung, daher beschreiben wir hier kurz ihre Standpunkte.

Flavell (1976) behauptet, dass sich der Begriff Metakognition auf das Wissen bezieht, das die eigenen kognitiven Prozesse und Prozeduren oder etwas anderes, das man damit in Verbindung bringt, betrifft, z. B. Information oder Daten. Wenn man z. B. mit Metakognition befasst ist (Metaerinnerung, Metalernen, Metaaufmerksamkeit, Metasprache u. a.) bemerkt man möglicherweise, dass man mehr Probleme damit hat, die Aufgabe A zu lösen als die Aufgabe B, oder man kommt auf die Idee, vielleicht zuerst Aufgabe C anzuschauen, bevor die Antwort endgültig ist. Oder man überlegt sich, zuerst jede Alternative einer Multiple-Choice-Aufgabe zu prüfen, bevor man sich für die richtige Antwort entscheidet. Oder man hat das Gefühl, es wäre besser, Aufgabe D noch aufzuschreiben, damit man sie nicht vergisst usw. Das sind nur einige der Aspekte, die Flavell als Beispiele für Metakognition heranzieht.

Flavell (1979) entwickelt in einem Artikel seine Ansicht der Metakognition. Das Modell, das er darin entwickelt, behandelt Phänomene in vier unterschiedlichen Kategorien, die er für wichtig hält, um metakognitive Aufgaben lösen zu können.

---

[22] *http://www.lhs.berkeley.edu/Java/Tower/towerhistory.html. Das Spiel, das man als logisch-mathematisch einstufen würde, besteht aus drei Pfosten und einer Reihe Holzplatten in verschiedenen Größen (die größte unten, die kleinste oben). Diese müssen so auf einen der anderen Pfosten umsortiert werden, dass die Größenordnungen erhalten bleiben. Man darf bei jedem Spielzug nur eine Platte bewegen und eine größere Platte darf nie über einer kleineren liegen.*

1. *Metakognitives Wissen* ist ein Teil des angesammelten Wissens der Kinder über sich selbst und andere, das dafür ausschlaggebend ist, wie die Kinder eine Vielfalt kognitiver Aufgaben und Probleme lösen und wie sie kognitive Aufgaben erleben und damit umgehen. Ein Beispiel wäre, dass ein Mädchen dabei entdeckt, dass sie im Gegensatz zu vielen ihrer Freunde besser in Mathematik als in Rechtschreibung ist.
2. *Metakognitive Erlebnisse* sind bewusste kognitive oder emotionale Erlebnisse, die zu allen intellektuellen Initiativen gehören oder ihnen folgen. Beispielsweise wenn man plötzlich bemerkt, dass man nicht verstanden hat, was der andere gesagt hat.
3. *Ziele oder Aufgaben,* die sich auf kognitive Handlungen beziehen.
4. *Handlungen oder Strategien*, die sich auf das Denken oder andere Handlungen beziehen, die darauf abzielen, ein Ziel zu erreichen oder eine Aufgabe zu lösen.

In Flavells weiterer Ausführung dessen, was er unter metakognitivem Wissen versteht, schreibt er, dass die Kategorien 3 und 4 (d. h. Aufgabe und Strategie) immer in metakognitives Wissen und Erlebnisse einfließen. Außerdem kommt eine Kategorie hinzu, die die *Person* betrifft, d. h. eine Kategorie, die alles umfasst, was man über seine eigene Person und die kognitiven Fähigkeiten von anderen denkt (was man später *theory of mind* nennen wird). Zu den Unterkategorien dieser Fähigkeit gehört z. B., was man über die Unterschiede innerhalb der Individuen denkt (intraindividuelle Unterschiede) oder die Unterschiede zwischen verschiedenen Individuen (interindividuelle Unterschiede) und das allgemeine, auf den Menschen bezogene Denken. Ein Beispiel für die intraindividuellen Unterschiede wäre, dass man entdeckt, dass man durch Hören besser lernt als durch Lesen. Ein Beispiel für interindividuelle Unterschiede wäre, wenn einer der eigenen Freunde einem sozialer und sensibler vorkommt als ein anderer oder dass verschiedene Individuen verschieden denken und reagieren. Ein Beispiel für das allgemeine, auf den Menschen bezogene Denken wäre, dass man lernen kann, dass es verschiedene Grade des Verstehens gibt (Aufmerksamkeit, Kommunikation, Problemlösung usw.). Die *Kategorie Aufgabe* bezieht sich auch darauf, welche Information während einer kognitiven Handlung zugänglich ist. Metakognitives Wissen über die Aufgabe beinhaltet Wissen über Anforderung und Ziel. Kinder werden möglicherweise entdecken, dass bestimmte kognitive Unternehmungen fordernder und schwieriger sind als andere. Sie entdecken beispielsweise, dass es leichter ist, den Kern einer Geschichte mit eigenen Worten nachzuerzählen, als sie wortgetreu wiederzugeben.

Metakognitives Wissen, z. B. über eine Aufgabe, beinhaltet das Wissen über die Anforderungen und über das Ziel der Aufgabe.

Die metakognitiven Erfahrungen beeinflussen das metakognitive Wissen ständig, indem es erweitert, verändert oder ausgetauscht wird. Flavell meint, dass man Verbindungen zwischen Zielen, Mitteln, metakognitiven Erlebnissen und dem Resultat der Aufgabe beobachten kann und, um mit Piaget zu sprechen, diese Informationen zu dem vorhandenen metakognitiven Wissen assimilieren und das Wissen bei der Observation anpassen kann. Flavell ist der Meinung, dass, obwohl metakognitives Wissen ohne metakognitive Erfahrungen verändert werden kann, diese Erfahrungen dennoch eine Hauptrolle bei der Entwicklung sowohl in der Kindheit als auch im Erwachsenenleben spielen. Weiterhin weist er darauf hin, dass metakognitive Erlebnisse Strategien aktivieren können, die entweder auf kognitive oder metakognitive Ziele hinauslaufen. Ein Beispiel für die erste These ist, wenn man erlebt (metakognitives Erlebnis), dass man ein Kapitel aus einem Buch, das man für die Prüfung am folgenden Tag braucht, noch nicht kann. Deshalb liest man es noch einmal (kognitive Strategie, um das aktuelle Ziel zu erreichen, nämlich das Wissen zu verbessern). Ein Beispiel für die zweite These ist, wenn man darüber nachdenkt (metakognitives Erlebnis), ob man das Kapitel ausreichend gut verstanden hat, um die Prüfung am nächsten Tag zu bestehen. Man versucht, es herauszufinden, indem man sich selbst Fragen zum Inhalt stellt und darauf achtet, wie gut man antworten kann (metakognitive Strategie, die auf das metakognitive Ziel abzielt, sein eigenes Wissen zu bewerten und dadurch ein anderes metakognitives Erlebnis zu generieren). Flavell meint, dass es kognitive Strategien gibt, damit man Fortschritte in kognitiven Prozessen macht, und dass es metakognitive Strategien gibt, um diese zu überwachen, vielleicht mit dem Ziel, sie zu verändern, zu verbessern oder zu verstärken.

Weiterhin vertritt Flavell die Ansicht, dass Metakognition ein interessantes und aufschlussreiches Forschungsgebiet in Hinblick auf die Entwicklung des Menschen ist. Wenn es beispielsweise um menschliches Denken geht (die Personenkategorie beim metakognitiven Wissen), kann es so sein, dass das Kind zuerst zwischen verstehen und nicht verstehen unterscheidet. Das Kind fühlt sich vielleicht erst verwirrt und kann das nicht deuten, doch langsam beginnt es, dieses Gefühl mit Situationen zu vergleichen, in denen es dieses Gefühl nicht hatte. Ein *gradweise mehr differenziertes kognitives Wissen entwickelt sich sozusagen mit steigendem Alter* (vgl. Werner, 1973). Zudem weist Flavell darauf hin, dass es wichtiger ist, die ganz frühen Kompetenzen zu entdecken, die die Grundsteine für das Aneignen von Wissen darstellen, als nur die metakognitiven Mängel und Unzulänglichkeiten des Kindes zu kategorisieren. Wir müssen auch versuchen, Erklärungen für die Entwicklung auf diesem Gebiet zu finden, statt sie zu beschreiben, aber zu den ausschlaggebenden Faktoren könne man noch nicht viel sagen, meint er.

Eine andere Wissenschaftlerin, die die Entwicklung der Metakognition beträchtlich vorangebracht hat, ist Ann Brown. Nach Brown bezieht sich die Metakognition unter anderem auf aktive Beobachtungen unter einem bestimmten Gesichtspunkt und folglich auf das Verändern der Lernprozesse in Bezug auf kognitive Objekte oder Daten, für die sie bedeutend sind, normalerweise in Form von konkreten Zielen oder Objekten. *Metakognitive Kompetenzen* sind solche, denen die ausführenden Funktionen in vielen Theorien vom menschlichen Gedächtnis und der mechanischen Intelligenz zugeschrieben werden: etwas vorhersagen, kontrollieren, unter einer bestimmten Fragestellung Beobachtungen machen, mit der Realität vergleichen, Lernversuche oder Problemlösungsversuche koordinieren und kontrollieren (Brown, 1978). Diese Komponenten sind laut Brown bei den Menschen herausragend, die in verschiedenen Lernsituationen effektiv denken.

Metakognitive Kompetenzen,

wie z. B. etwas

- vorhersagen können,
- kontrollieren können,
- unter bestimmten Fragestellungen betrachten können,

wirken sich positiv auf das Lernen aus.

Brown behauptet weiterhin, dass das Wissen, wann man etwas weiß und wann nicht, eine grundlegende Form des Selbstbewusstseins bildet. Das ist offensichtlich, wenn man zum Beispiel Texte liest. Instruktionen zu verstehen ist eine Form des Verstehens einer Mitteilung, doch zu wissen, *dass* man sie verstanden hat (oder auch nicht), ist ein Beispiel für das Metaverständnis. Beim Lesen ist das Verstehen des Textes ein Beispiel für Leseverständnis, zu verstehen hingegen, dass man es verstanden hat, ist Metaverständnis.

Brown (s. o.) weist darauf hin, dass schon William James auf das Phänomen des „Es-liegt-mir-auf-der-Zunge" aufmerksam gemacht hat, d. h. man erlebt, dass man sich an etwas, z. B. einen Namen, erinnern sollte, von dem man sicher weiß, dass man ihn kennt. Erst mit elf bis zwölf Jahren kann ein Kind zuverlässig sagen, was es weiß, aber auch, dass es gerade nicht darauf kommt und was es tatsächlich nicht weiß, sagt Brown. Das ist im Übrigen ein Problem, mit dem sich auch Henry Wellman (1977) beschäftigt hat, indem er Kinder beobachtet hat.

Es gibt laut Brown u. a. (1983) vier historisch erkennbare, aber offensichtlich zusammenhängende Probleme innerhalb der Psychologie, die zum metakognitiven Feld gehören.

1. *Die ständige Frage nach dem Status von verbalen Aussagen.* Können Menschen einen bewussten Zugang zu ihren eigenen kognitiven Prozessen haben? Können sie wahrheitsgemäß über diese Prozesse sprechen? Wie beeinflusst allein die Äußerung den entsprechenden Prozess?

2. Es gibt einen Aspekt der ausführenden Mechanismen im „information-processing"-Modell beim Menschen, der als *mechanische Intelligenz* betrachtet werden kann. Worin liegt die Ursache für die Regulierung des kognitiven Handelns des Menschen? Welches Wissen oder welche Form von Wissen muss eine ausführende Funktion besitzen? Existiert ein „Homunculus", der die Prozesse außerhalb der Repräsentation im Gehirn in Gang setzt? Wie wird mit Problemen des Bewusstseins, der Absicht und des Ziels in solchen Prozessen umgegangen?

3. Wie funktioniert die *Selbstregulierung des Kindes bei begriffenem Wiedererkennen in Bezug auf Lernen und Entwicklung*? Dies war schon immer ein wichtiger Punkt in der Piaget'schen Entwicklungspsychologie und hat in seiner späteren Forschung eine entscheidende Rolle gespielt.

4. Wichtig ist weiterhin die Übertragung von anderen Personen, die das Verhalten des Kindes bei der Selbstregulierung reglementieren – dies ist zentral in den Entwicklungstheorien von Vygotskys.

Wenn Brown u. a. (1983) die Wurzeln der Metakognition beschreiben, ist offensichtlich, dass Aspekte der Kognition ausgewählt wurden, die zeigen, dass Kognition für Brown u. a. etwas ist, das im Kind in Form verschiedener Funktionen und Strukturen verankert ist. Wenn sie davon sprechen, inwieweit man auf das vertrauen kann, was das Kind als Ausdruck für dessen Kognition (oder auch nicht) äußert, deuten sie ebenfalls an, dass es ihrer Meinung nach etwas gibt, das Kinder ausdrücken können, wenn sie es wollen. Wenn es diese Funktionen und Strukturen im Kopf der Kinder nicht gibt, sind sie der Ansicht, dass man sie schaffen kann, weil sie von Erwachsenen übertragen werden können. Das, was so gesehen „im Kind da ist", würde somit einen sozialen Ursprung haben.

Man kann zur amerikanischen Forschung über die Metakognition zusammenfassend sagen, dass sie überwiegend Schulkinder zur Kenntnis nimmt. Auch wenn Flavell Untersuchungen mit Vorschulkindern gemacht hat, behandeln doch die meisten Untersuchungen im metakognitiven Feld ältere Vorschulkinder und Schulkinder.

Das auffällig Gemeinsame der Studien, die auf Flavells Ansatz basieren, ist, dass man das bewusste *Wissen* der Kinder über ihre eigene Kognition studiert hat. Wissen wird hier in *entwicklungspsychologischen* Termini interpretiert, in Form allgemeiner Reifestadien, die Kinder erreicht hätten oder nicht, d. h. es wurde interpretiert, ob und wann Kinder ein metakognitives Wissen entwickelt haben oder nicht. Es gibt sozusagen eine „richtige Antwort", und das ist die Logik der Erwachsenen. Oft bezieht man sich auf Piagets allgemeine Studien als Interpretationsrahmen, was beinhaltet, dass das Ergebnis sowohl *inhalts- als auch situationsungebunden* ist. Grundlage dieser Studien ist, dass die Metakognition operationalisiert ist von der Vorstellung, dass ein Kind sich auf einem gewissen Niveau befindet oder von einer gewissen Struktur aus denkt, die es auf die ihm gestellten Aufgaben anwendet. Praktisch alle Studien dieser Richtung betreffen ältere Vorschulkinder oder jüngere Schulkinder. Außerdem sind die Studien zumeist als *Experiment* angesetzt, bei denen die Kinder an etwas teilnehmen, über das sie hinterher befragt werden. Das Interview testet die *Hypothese*, die man zuvor aufgestellt hat. Nach Flavell liegt es am *fehlenden* kognitiven Wissen, dass kleinere Kinder Probleme, die metakognitive Aspekte haben, nicht lösen können. Dieser Ansatz in der Metakognition verfolgt ein rein entwicklungspsychologisches Interesse, wohingegen pädagogische Implikationen fast nie zur Diskussion stehen. In einigen wenigen Studien hat man Kinder aufgefordert, bestimmte Dinge zu tun, um die gestellte Aufgabe zu lösen, aber das hat nur zufällige Verbesserungen zur Folge gehabt, ohne Übertragung auf andere Situationen. Man könnte das so interpretieren, dass die *pädagogischen Implikationen* wären, dass man Kindern *nichts beibringen sollte, für das sie noch nicht reif sind.*

Die Gemeinsamkeiten der Studien, die auf Browns Ansatz basieren, wären, dass sie die metakognitiven *Kompetenzen* der Kinder, *Strategien* anzuwenden und ihre eigene Kognition zu *kontrollieren*, untersuchen. Das Ergebnis wird in Form von „information-processing"-Theorien gedeutet, die auf der Vorstellung basieren, dass es ein zentrales ausführendes System im Gehirn gibt, das die Funktion hat, die Richtung der Problemlösung zu überwachen und anzuzeigen (Brown und Reeve, 1985). „Etwas" bringt den Stein ins Rollen und dann folgen Kettenreaktionen. Bei begabten Schülern sind diese „Handlungen" entwickelt, während sie bei den weniger begabten Schülern fehlen. Diese metakognitiven Fertigkeiten sind nach Brown allgemein, d. h. *unabhängig von Inhalten oder Zusammenhängen*. Brown schreibt zwar in späteren Forschungsberichten, dass diese Fertigkeiten *zu einem gewissen Grad* inhaltsspezifisch sind, und führt als Beispiel die metakognitiven Unterschiede an, die es zwischen dem Rechnen-Können und Schreiben-Können gibt. Gleichzeitig steht fest, dass sie die Meinung vertritt, dass es generelle Strategien dafür gibt, wie man von einem Text ausgehend lernt usw. In praktisch keiner Studie werden Vorschulkinder berücksichtigt, Forschungsobjekt sind hauptsächlich *Schulkinder* und in bestimmten Fällen auch Jugendliche bis hinauf ins Gymnasialalter. Die Studien wurden in einem *pädagogischen Zusammenhang* durchgeführt, d. h. sie waren Teil der Arbeit in der Schule, wenn auch Kinder manchmal aus der gewohnten Umgebung herausgenommen wurden. Ausgangspunkt war, dass Kinder etwas aus *Texten* lernen sollten. Daraus ergibt sich selbstverständlich, dass man nicht mit Kleinkindern arbeiten kann, weil diese noch nicht lesen können. Viele der Studien *üben* mit Kindern verschiedene metakognitive Strategien. Weiterhin bauen sie auf einer *Hypothese* auf und die Interviews haben allzu oft Umfragecharakter. Weil viele der Studien belegen, dass Kinder bessere Testergebnisse erzielen, wenn sie üben, heißt die *pädagogische Implikation, metakognitive Fertigkeiten* zu unterrichten, sodass das Kind weiß, wie es sich in Lernsituationen verhalten soll. Gleichzeitig führt ein *Mangel* an metakognitiven Fertigkeiten dazu, dass Kinder Aufgaben nicht lösen können, die metakognitive Komponenten enthalten. Kinder können metakognitve Fertigkeiten anwenden, ohne sich dessen bewusst zu sein (s. a. Pramling, 1986 c).

Wie Kinder die Gedanken der anderen verstehen

Die Forschung über die „theory of mind" – auch ToM oder Bewusstseinstheorie[23] genannt –, kann als ein Zweig der metakognitiven Forschung gesehen werden, vor allem wenn es um jüngere Kinder geht. Vereinfacht könnte man sagen, die „theory of mind" behandelt die Fragestellung, wie Kleinkinder die Fähigkeit entwickeln, sich in andere hineinzuversetzen. Wir befinden uns also im Grenzbereich zur sozialen Kognition. Astington (1998, S. 46) sagt:

> *Die eigenen Theorien über das Bewusstsein liegen bei den Kindern hinter ihrem Verständnis für menschliches Handeln, wie die Interaktion unserer Gedanken, Wünsche, Gefühle oder Pläne. Wir erklären, was wir getan haben oder was wir tun werden, wir erzählen uns, was wir wollen, was wir glauben, worauf wir hoffen, was wir beabsichtigen usw. Außerdem versuchen wir, das Handeln anderer Personen zu interpretieren, indem wir über ihre Gedanken und Wünsche nachdenken.*[24]

Eine Theorie über das eigene Denken zu entwickeln, verschafft Kindern Zugang zu zwei unterschiedlichen Gebieten, meinen Douglas Frye und Chris Moore (1991). Zuallererst, und das ist das Auffälligste, gibt sie Kindern ein starkes soziales Werkzeug in die Hand, nämlich zu erklären, vorherzusehen und das Verhalten von anderen zu beeinflussen. Zum Zweiten trägt die Entwicklung einer Theorie über das eigene Denken zu einer instrumentellen Entwicklung bestimmter Formen von Schlussfolgerungen bei, die verschiedene Schritte in der kognitiven Entwicklung abbilden können. Janet Astington und Alison Gopnik (1988) zeigen, dass Kinder, wenn sie ein Verständnis dafür entwickeln, dass andere Menschen Dinge glauben, die falsch sind, gleichzeitig auch beginnen einzusehen, dass sie selbst früher Dinge geglaubt haben, die sich als falsch erwiesen haben.

Janet Astington (1994, S. 160–190) ist auch der Ansicht, dass das Kind mit dem Entdecken der Perspektive und des Bewusstseins von anderen die Möglichkeit erhält, verschiedene Aspekte des sozialen menschlichen Lebens zu verstehen, wie Überraschungen, Heimlichkeiten, Witze, Tricks, Fehler, Lügen usw. Etwas, das das Vermögen bedingt, die zwei Dimensionen von Handlung und Bewusstsein zu integrieren.

Janet Astington (1998) behauptet auch, dass die heutige Forschung zeigt, dass Kinder, die darüber reden, was sie und andere denken, es mit dem Lernen in der Schule leichter haben. Sie meint sogar, dass verschiedene Studien belegen, dass Kinder aus großen Familien (mit vielen

---

[23] *ToM (auch intuitive Alltagspsychologie) beschreibt die Fähigkeit, die eigene geistige Beschaffenheit und die eines anderen Menschen zu begreifen und im eigenen kognitiven System zu repräsentieren; konkret: das Bewusstsein dafür zu haben, dass andere Menschen wissen, wünschen oder fühlen. Als Kernkonzepte der ToM werden Wünsche und Überzeugungen verstanden. Sie ermöglichen es, ein Verhalten vorauszusagen.*

[24] *Anm. d. Übersetzers: Übersetzt aus der schwedischen Übersetzung.*

Bezugspersonen) die Fähigkeit, andere zu verstehen, früher entwickeln als Kinder aus Kleinfamilien. Da müsste man annehmen, dass die Kindertageseinrichtung eine gute Umgebung wäre, um diese Eigenschaften zu entwickeln, doch dafür gibt es bislang keine Belege. Dass Kinder jedoch die Fähigkeit, sich in andere hineinzuversetzen, in der Interaktion und Kommunikation mit anderen entwickeln, ist zahlreich belegt.

Das erste, mittlerweile klassische Experiment in der „theory of mind" handelt von Maxi, der an der Nase herumgeführt wurde und in seiner Bonbondose statt Bonbons einen Stift fand. Danach sollte er selbst jemanden austricksen und eine Angabe darüber machen, was der andere wohl glauben würde, was in der Dose sei (Wimmer und Perner, 1983). Dabei wurde festgestellt, dass die Fähigkeit zu einem Perspektivenwechsel mit dem Alter zusammenhängt, d. h. die gleiche Schlussfolgerung, die Flavell gezogen hatte, als es um das Metagedächtnis ging. Henry Wellman, David Cross und Julianne Watson (2001) haben eine Metaanalyse von 178 verschiedenen Studien zur „false-belief"-Problematik[25] (richtig-falsch) bei Vorschulkindern gemacht. Sie sprechen vom Bewusstsein der Kinder über die Wünsche, Gefühle, Absichten oder Erfahrungen der anderen als „Volkspsychologie", d. h. Kinder werden zu psychologischen Wesen, die mit anderen und sich selbst zusammenarbeiten können. Dieses Bewusstsein beleuchtet zwei wichtige Züge der Alltagspsychologie, nämlich *Kohärenz und Mentalismus*. Was in der Metaanalyse fokussiert wurde, ist vor allem die Frage, zu welchem Zeitpunkt (sprich Reifestadium) Kinder in der Lage sind, „false-belief"-Tests zu lösen. Sie schreiben (s. o., S. 655):

> *Es stellt sich heraus, dass Leistungen im „false-belief"-Test konsequent einem Entwicklungsmuster folgen, unabhängig von verschiedenen kulturellen Umgebungen und verschiedenen Aufgaben: Vorschulkinder bewegten sich generell mit zunehmendem Alter von Leistungen, die zufällig zustande kamen zu Leistungen, die mehr als Zufall waren. Diese Ergebnisse sind mit den Annahmen einer frühzeitigen Kompetenz unvereinbar, die meinen, dass die entwicklungsmäßigen Unterschiede an der Ausgestaltung der Aufgaben liegen, und die daher bei einfacheren Aufgaben nicht wieder auftauchen. Das Ergebnis bestätigt eher die theoretischen Annahmen, die behaupten, dass Verständnis für das Denken und damit Verständnis für das Bewusstsein genuine begriffliche Veränderungen während der Vorschuljahre aufweisen.*

Die Autoren stellen fest, dass sich die Fähigkeiten der Kinder auf diesem Gebiet im Alter von drei bis fünf Jahren ausbilden, auch wenn sie Kritik an der Art der Experimente üben, da sie mehr das Testen einer Hypothese sind als der Versuch, eine Kommunikation auf der Ebene des Kindes einzugehen.

Man kann sagen, dass die meisten ToM-Studien den gleichen Ansatz verfolgen wie Flavell bei der Metakognition, aber die Zielgruppe sind jüngere Kinder.

Ausgehend von einem neuen Blickwinkel auf das Lernen der Kinder und der enormen Bedeutung der Kommunikation für ihr Verstehen haben unter anderen Ulla Mauritzson und Roger Säljö (2001) vergleichbare Experimente durchgeführt. Darin zeigen sie, wie das Verständnis

[25] *„false-belief"-Aufgaben sind ein Untersuchungsparadigma der ToM. Dieser liegt zugrunde, dass Kinder ab einem bestimmten Entwicklungsstand in der Lage sind zu erkennen, dass andere Menschen Überzeugungen haben, von denen das Kind weiß, dass diese falsch sind.*

des Kindes in Relation und in Situationen hergestellt werden kann, in denen Kinder auf ihre Art teilhaben können, auch jüngere Kinder, auch wenn nicht alle Kinder an einer gemeinsamen Kommunikation, die zur Problemlösung führt, teilhaben können.

Die Aufgabe, die Mauritzson und Säljö den Kindern stellen, hatte die Form eines Witzes. Ein Erwachsener erzählte den Kindern, dass sie zusammen eine pädagogische Fachkraft hineinlegen wollten. Sie sollten einen Liter Milch vom Getränkewagen nehmen, die Milch auskippen und dafür Saft hineinfüllen und die Tüte anschließend an ihren Platz zurückstellen. Die Kinder sollten überlegen, was die pädagogische Fachkraft wohl glauben würde, was sich in der Milchtüte befand. Ein Teil der Kinder sagte „Saft" und dachte nicht daran, dass die pädagogische Fachkraft beim Aushecken des Witzes nicht anwesend war, während andere antworteten, dass die pädagogische Fachkraft Milch erwarten und davon überrascht werden würde, dass es Saft sei. Die Kinder waren mehr auf das Gespräch mit dem Erwachsenen fixiert und darauf, es ihm recht zu machen, als das Problem zu lösen, das sie gar nicht recht als Problem sahen. Ansonsten war dies ein genuiner Versuch, die Kinder mit einem Problem zu konfrontieren, das Teil ihres Alltags war, aber auf die Initiative eines Erwachsenen entstanden ist.

Nach Janet Astington (2000) ist es die Sprache, die es uns erlaubt, den Kontrast zwischen dem Bewusstsein (mind) und der Welt gedanklich zu erfassen. Auch wenn er nicht in Begrifflichkeiten des Bewusstseins gefasst sei, gäbe es doch nach wie vor einen Kontrast zwischen Linguistik und konzeptueller (perceptual) Repräsentation, meint sie. Astington ist der Ansicht, dass *sowohl Sprache als auch Metasprache in der Entwicklung der „theory of mind" im Kind angelegt sind*. Sprache ist biologisch universell und ermöglicht ein Verständnis für das, was als „false-belief" (richtig-falsch) gilt, im Gegensatz zu Beweisen, die das sichtbare Feld vorbringt. Metasprache gibt Kindern unserer Kultur die Möglichkeit, eine explizite Unterscheidung zwischen Richtig und Falsch zu treffen.

ToM-Untersuchungen belegen:

- Junge Kinder sind in der Lage, die Perspektive und das Bewusstsein des anderen zu erkennen, wenn sie sich in Relationen und Situationen befinden, in denen sie auf eigene Weise teilhaben können.
- Der Schlüssel ist die Sprache.
- Metasprache ermöglicht ihnen, „richtig" und „falsch" zu unterscheiden.

Erfahrung als Metakognition

Wie betrachten wir nun die Metakognition mit dem Ausgangspunkt einer elementarpädagogischen Perspektive und der empirischen Studien, die aus dieser Perspektive durchgeführt worden sind? Wir sind der Ansicht, dass die unterschiedliche Weise der Menschen, über Dinge zu denken, ein Ausdruck für unterschiedliche metakognitive Niveaus sein kann, auch wenn diese Niveaus, als Kategorien beschrieben, nicht stabile individuelle Eigenschaften repräsentieren, sondern die Arten des Erlebens, d. h. welche Art welches Individuums sich auf sich selbst in bestimmten Situationen bezieht. Ference Marton und Lennart Svensson (1978, S. 20) sagen, dass:

> *Auffassungen meist für das Implizite stehen, das nicht ausgesprochen werden muss oder kann, weil es nie Gegenstand einer Reflexion war. Das Erfahren (oder die Auffassungen)*

wird deshalb zum Bezugsrahmen, in dem wir unser Wissen oder die Grundlage, auf der wir unsere Schlüsse ziehen, sammeln.

Metakognition ist aus diesem Blickwinkel keine Frage nach dem Wissen des Kindes über seine Kognition oder das Verständnis des Kindes für Lernstrategien, sondern, wie *das Kind seinen Lerngegenstand erlebt*. Das Kind verfügt nicht über abgelagertes Wissen im Kopf, das es hervorholen kann, oder über fertige Strukturen, die es als Raster über die Wirklichkeit legt, sondern die Wirklichkeit (Phänomene, Situationen usw.) wird unterschiedlich aufgefasst. Ausgehend von unserem Ansatz heißt das, wenn das Wissen des Kindes über seine Erinnerung, über die Diskrepanz zwischen dem Sichtbaren und der faktischen Wirklichkeit oder seine Fähigkeit zu dezentrieren getestet wird, ist es aus Sicht des Kindes nicht der Erinnerungsbegriff usw. des Erwachsenen, der abgefragt wird, sondern es geht um unterschiedliche Arten, Erinnerung zu erfahren, wie sie aus der Kinderperspektive aussehen. Verschiedene Lerngegenstände haben für Kinder eine andere Bedeutung als für Erwachsene. Es ist also nicht das Problem der Erwachsenen, über das sich das Kind Gedanken macht, sondern es ist ein anderes Problem, nämlich dieses, wie es sich aus der Kinderperspektive darstellt.

Wir erinnern uns an das Piaget'sche Experiment, bei dem ein Kind zwei Gläser erhält, in denen gleich viel Wasser eingefüllt ist. Das Kind akzeptiert, dass in den Gläsern gleich viel Wasser ist. Danach füllt der Versuchsleiter oder das Kind selbst das Wasser in ein Glas mit einer anderen Form um und wird nun vor die Frage gestellt, ob es noch immer gleich viel Wasser ist oder ob eines der Gläser nun mehr Wasser enthält. Das Kind antwortet vielleicht, dass sich in dem Glas, in dem der Wasserpegel höher ist oder die Fläche größer, mehr Wasser befindet. Nach Piaget und anderen Wissenschaftlern, die davon ausgehen, dass im Denken generelle Strukturen entwickelt werden, beruht die „falsche Antwort"des Kindes darauf, dass das Kind ganz einfach von den Strukturen ausgeht, über die es schon verfügt. Aber wie wir die Sache sehen, antwortet das Kind nicht auf das Problem, das der Erwachsene begreift, sondern auf etwas, das einen ganz anderen Inhalt hat, wie z. B. in welchem Glas das Wasser am höchsten steht, welches die größte Fläche hat etc. Kinder deuten das, was sie sehen, so um, dass es aus ihrer Perspektive einen Sinn ergibt. Ulla Mauritzson (2003) meint, dass ein Grund für das Scheitern der Kinder bei den experimentellen Situationen darin liegt, dass sie mit dieser Kommunikation, die Tests mit sich bringen, keine Erfahrung haben, weil sie völlig anders ist als die alltägliche Kommunikation.

Ein weiterer Aspekt kann der sein, dass Kinder Fragen oder Experimentsituationen *auf unterschiedliche Weise* auslegen. Karsten Hundeide (1989) hat in mehreren verschiedenen Typen des Piaget'schen Konservationsexperimentes gezeigt, dass Kinder auf eine andere Frage antworten als auf die, an die der Versuchsleiter gedacht hat. Kinder antworten entsprechend ihres Begreifens. Das hat Hundeide (1977) zum einen dadurch bewiesen, dass er Kinder, nachdem sie eine Antwort abgegeben haben, direkt befragt hat, *wonach* er sie eigentlich gefragt habe. Zum anderen hat er sich während des Experimentes ans Telefon rufen lassen, und während er weg war, ist die Gruppenleiterin der Kinder hineingekommen und hat die Kinder ganz nebenbei gefragt, was sie gerade tun (Hundeide, 1989).

Man kann gewisse Ähnlichkeiten zwischen einer relationellen Perspektive auf die Metakognition (bei der das Denken ein Ausdruck für die Beziehung zwischen Kind und Umwelt ist) und der Kommunikationsforschung sehen, die behauptet, dass es während der Kommunikation zwischen Menschen immer metakognitive Aspekte gibt, in der Art, dass es selbstverständliche

Grundannahmen gibt, auf denen die Kommunikation basiert (Robinson und Robinson, 1983). Man kann sagen, dass die Parteien in einem Gespräch die Situation auf unterschiedliche Weise erleben und davon ausgehend kommunizieren. Pädagogische Aktivitäten sowie Dialoge sind Kommunikationssituationen. Kinder verfügen über eine ganz selbstverständliche Art des Erlebens, d. h. über Annahmen über die Welt, von denen ausgehend sie agieren. Kinder müssen *sich natürlich nicht über ihre Art, etwas zu erleben, oder ihre Art, über etwas zu denken, bewusst sein*, doch sie verleihen dem in ihren Aussagen Ausdruck. Es wird jedoch gefordert, dass man als Erwachsener versuchen sollte, den Sinn, den Kinder mit ihrer Art ausdrücken, zu verstehen und nicht zu untersuchen, inwieweit die Welt der Kinder mit der der Erwachsenen übereinstimmt (s. a. *Pedagogisk Forskning i Sverige*/Pädagogische Forschung in Schweden, 2003).

Metakognition ist die Frage danach, wie Kinder einen Lerngegenstand erleben.

- Verschiedene Lerngegenstände haben für Kinder andere Bedeutungen als für Erwachsene.
- Kinder legen Fragen auf unterschiedliche Weise aus.

Wie Kinder ihr eigenes Lernen in den Begriffen „Gegenstand" und „Prozess" (in früheren Arbeiten als *was*- und *wie*-Aspekte bezeichnet) erleben, ist in unterschiedlichen Kategorien beschrieben worden. Man kann sich fragen, in welcher Form diese Kategorien ein Ausdruck von Metakognition sind.

Wir sind der Ansicht, dass die Art und Weise der Kinder, wie sie zum Verstehen kommen, auf metakognitiven Annahmen ruht, die das Kind sich selbst oder seiner Umwelt gegenüber ausdrückt. Kinder sagen ja nicht, dass sie gelernt haben, etwas zu tun, zu wissen oder zu verstehen, sie geben stattdessen ein Beispiel für den Inhalt (z. B. einen Purzelbaum machen, Rad fahren, weben usw.) als Antwort auf die Aufforderung: „Sag doch mal, was du gelernt hast (in der Kindertageseinrichtung, zu Hause, in der Nachbarschaft usw.). Und dann: „Fällt dir noch etwas ein?" Inhalte, über die sie sprechen, haben etwas Charakteristisches gemeinsam, z. B. dass sie manuelle Fertigkeiten oder Aktivitäten beschreiben, d. h. das Kind *tut* etwas. Kinder sagen ja auch nicht, sie haben gelernt etwas zu wissen, sondern sie geben Beispiele für „Fakten", Wissen *über* etwas (z. B. wie weit es nach Stockholm ist, dass ein bestimmtes Tier im Dschungel lebt und bestimmte Nahrung frisst, usw.). Der Inhalt, den sie angeben, kann dadurch charakterisiert werden, dass er auf der Annahme basiert, dass Lernen seine Bedeutung darin hat, dass man etwas *weiß*. Schließlich sagen Kinder auch nicht, dass sie gelernt haben, etwas zu verstehen, aber sie führen Beispiele für Dinge an, die sie gelernt haben, die man als *Einsicht oder veränderte Bedeutung* bezeichnen könnte (z. B. dass man erst dann verstanden hat, was es heißt, einen kleinen Bruder zu bekommen, wenn man ihn gesehen hat – „ich habe begriffen, dass er nicht mit mir spielen kann").

Das Metakognitive besteht mit anderen Worten darin, das „Unterschwellige" zu charakterisieren, d. h. das Denken über etwas, das steuert, was sie sagen. Der metakognitive Aspekt wird von den Wissenschaftlern auf die gleiche Weise wie bei Brown (1985) interpretiert, die charakterisiert, welche Strategien aus Sicht des Kindes zu den metakognitiven gerechnet werden können. Flavell (1979) hingegen deutet es so, dass Kinder ihre Metakognition noch nicht entwickelt haben, wenn sie nicht bewusst ihrem Wissen Ausdruck geben können. Flavell und Brown betrachten die Metakognition unter dem Aspekt, dass man sie besitzt oder nicht. Brown meint, man könne sie bewusst entwickeln, während wir es so sehen, dass es eine Form von Metakognition als Erfahrung gibt, die immer vorhanden ist und die sich qualitativ bei den

Kindern unterscheiden kann, doch man kann darauf Einfluss nehmen. Es dreht sich also um ein metakognitives Niveau, das unbewusst sein kann, es oft sogar ist, aber das in der Kommunikation dem Kind bewusst sein kann.

Der Akt des Verstehens

Die Art und Weise, wie das Kind zum Verstehen kommt, beruht auf metakognitiven Annahmen, die das Kind sich selbst gegenüber oder andern gegenüber ausdrückt.

Metakognitive Dialoge

Wir haben in diesem Kapitel mit dem Ausgangspunkt in der entwicklungspsychologischen Forschung den Begriff „Metakognition" eingeführt und diskutiert, auch wenn es vielleicht korrekter wäre, den Begriff „Metalernen", also Lernen über das Lernen, anzuwenden, was Watkins u. a. (2001) tun. Nach ihrer Auffassung geht es beim Lernen über das Lernen um:

- das Lernen im Gegensatz zur Leistung als einen Prozess zu fokussieren,
- umfangreiche Vorstellungen vom Lernen und umfassende Variationen bei den Strategien zu fördern,
- die Entwicklung des Metalernens, um das eigene Lernen zu verfolgen und zu kontrollieren.

Sie diskutieren ebenso, wie pädagogische Umgebungen dazu erziehen können, und führen Beispiele aus metakognitiven Dialogen aus unseren Studien an (Pramling, 1983, 1988 b, 1990). In diesen Dialogen werden Kinder aufgefordert, über das, *was sie tun und warum sie bestimmte Dinge tun*, nachzudenken, etwas, das normalerweise für selbstverständlich gehalten wird, zum Beispiel:

„Wie kommt es, dass wir gestern x gemacht haben?"

„Habt ihr etwas erfahren, das ihr vorher nicht gewusst habt?"

„Wie hast du/habt ihr das herausbekommen?"

„Kannst du/könnt ihr bis morgen noch mehr darüber in Erfahrung bringen?"

„Wie würdet ihr vorgehen, um das, was ihr darüber gelernt habt, anderen Kindern beizubringen?"

Wenn pädagogische Fachkräfte auf diese Art und Weise arbeiten, wird die pädagogische Tätigkeit hervorgehoben, indem das Lernen zum Objekt der Aufmerksamkeit und das Gelernte zu einem Objekt der Kommunikation wird.

Dabei wird die selbstverständliche Sichtweise der Kinder auf verschiedene Phänomene in ihrer Umwelt durch die Kommunikation unter Kindern und zwischen Kindern und pädagogischen Fachkräften hervorgehoben. Das Unsichtbare wird sichtbar!

Metakognitive Dialoge behandeln dann nicht die „mentalen Stadien" von Kindern (über die Entwicklungspsychologen mitunter reden) oder das soziale Verständnis, die beide Kernstücke der „theories of mind" sind (siehe z. B. Frye und Moore, 1991). In den metakognitiven Dialogen spielen die Fähigkeiten der Kinder, sich in andere hineinzuversetzen und Sinn zu stiften, eine Rolle, aber wie Kindern dies gelingt, ist eine Konsequenz der Beziehung, der Kommunikation und des Engagements, das der Erwachsene in den Kindern zu wecken in der Lage ist. Aber metakognitive Dialoge sind keine allgemeinen Dialoge, sondern *die pädagogische Fachkraft hat eine Absicht, die Kinder zum Denken, Reflektieren und Kommunizieren ihrer Gedanken zu bringen*. Wenn Kinder dann in verschiedener Weise ihre Gedanken über den Gegenstand des Lernens kommunizieren, hat die pädagogische Fachkraft die Gelegenheit, die Variation der Denkarten, die es in der Gruppe gibt, zu betrachten und dann den Fokus auf den Akt des Lernens zu richten – festzustellen, wie die Kinder darüber denken.

Das Ziel hinter den metakognitiven Dialogen ist zum Teil, bei den Kindern die Voraussetzungen zu schaffen, ihr eigenes Lernen zu betrachten, aber auch die Voraussetzungen für eine Reflexion herzustellen. Der Gegenstand und der Akt des Lernens werden hier gleichermaßen wichtig.

Das, was man mit metakognitiven Dialogen erreichen will, ähnelt dem, was Ellen Langer (1989) „mindfulness" nennt, und das übersetzt werden kann mit „sich bewusst sein, auf etwas aufmerksam werden". Sie meint, der Grund, dies bei Kindern zu entwickeln, sei: 1. dass sie lernen, neue Kategorien zu bilden (eine Art, Dinge miteinander in Beziehung zu setzen), 2. offen zu sein für neue Information, 3. sich mehr als einer Perspektive bewusst zu sein. Langer meint, dass das Spiel eine Quelle der „mindfulness" sei, hier könnten Kinder sie entwickeln. Sie sagt, Kinder benehmen sich beim Spielen wie kreative Schriftsteller, sie schaffen ihre eigene Welt oder wiedererschaffen Dinge in der Spielwelt auf eine neue Art, mit der das Kind zufrieden ist.

Weiterhin vertritt Langer die Auffassung (s. o.), dass es eine Kreativität in der Unsicherheit gibt, eben dann, wenn die Antworten nicht auf der Hand liegen oder nicht eindeutig sind. Überraschungen und das Spiel mit Perspektiven sind wichtige Komponenten beim Entwickeln von „mindfulness". Sie meint, der Grund dafür, dass Kinder mit Lese- und Rechtschreibschwäche oft kreativ sind, ist, dass sie die Buchstaben und das Lesen anders verstehen als die anderen. Darum vertrauen sie nicht auf sich selbst, wenn es darum geht, Informationen anzunehmen. Sie haben nicht die Sicherheit, dass sie es richtig machen. Das Lernen wird dadurch bedingter und schafft ein Potenzial für größere Kreativität. Langers Essenz ist, dass dann, wenn man lernt, nach festen Abläufen und bekannten Kategorien vorzugehen, dies zu „mindlessness" (Denklosigkeit) führe, während das Ausdenken neuer Kategorien, Regeln und das Sehen neuer Perspektiven zu „mindfulness" führe. Es ist ganz einfach schwer, über das bisher als selbstverständlich Angenommene zu reflektieren. Doch damit nicht genug, Langer meint auch, dass unsere Gedanken den Kontext herstellen, der wiederum unsere Gefühle bestimmt. Unsere Art, denken zu lernen, hat folglich Konsequenzen für das Leben, das die Kinder leben werden.

Sie sagt (s. o. S. 152): „Die Denklosigkeit heißt, die geschäftsmäßigen Lösungen von gestern auf die Probleme von heute anzuwenden, während Gedankenfülle bedeutet, sich den heutigen Problemen anzupassen, um die Schwierigkeiten von morgen zu vermeiden."[26]

[26] *Anm. d. Übersetzers: Übersetzt aus der schwedischen Übersetzung.*

Vielleicht werden gerade hier in den metakognitiven Dialogen die Grundlagen dafür gelegt, dass man ein reflektierender kreativer Mensch mit einem kritischen Verhalten seiner Umwelt gegenüber wird.

Metakognitive Dialoge ...

- können Kinder zum Denken, Reflektieren und Kommunizieren ihrer Gedanken bringen;
- erlauben der pädagogischen Fachkraft, die Variationen des Denkens unterschiedlicher Kinder zu betrachten, bevor sie sich auf den Akt des Lernens konzentrieren;
- machen dem einzelnen Kind sein Lernen bewusst und stellen Voraussetzungen für Reflexionen her.

8. Beim Lernen verändert sich die Welt

Sozialisation, Entwicklung und Lernen sind allesamt Begriffe, die mit der Veränderung des Menschen zu tun haben. Als die theoretischen Modelle für diese Begriffe anfangs entwickelt wurden, basierten sie auf einem dualistischen Denken, das entsprechend der Tradition von innerer (genetisch) oder äußerer (Milieu) Determinierung der Veränderung ausging. Als Alternative zu diesen Sichtweisen lancierte Jaan Valsiner (1989) den Begriff „bounded indeterminacy" (begrenzte Unbestimmtheit). Das bedeutet, dass die Umgebung des Kindes als organisiert oder qualitativ strukturiert angesehen wird und somit auf verschiedene Art und Weise begrenzt. Das Kind agiert in Bezug zu diesen Begrenzungen. Entweder kann das Kind die Begrenzungen seiner Umgebung akzeptieren oder es versucht mit seiner Aktion, die Begrenzungen zu verändern. Abhängig von den Umständen können diese Unternehmungen gelingen oder auch nicht. Ungeachtet der Tatsache, ob es dem Kind gelingt oder nicht, unter Anstrengung die Rahmen zu verändern, so hat dies eine Bedeutung für seine Entwicklung. Das Kind entwickelt sich, indem es die meiste Zeit die Grenzen anerkennt, aber dennoch verschiedene Aspekte dieser Begrenzungen herausfordert, was bedeutet, dass die Strukturen, die die Grenzen ausmachen, das Handeln und Nachdenken des Kindes sowohl lotsen als auch herausfordern.

Die Kultur als Rahmen

Bei einer nicht-dualistischen theoretischen Sichtweise wird nicht zwischen der Sozialisation, die die Kinder auf verschiedenen Gesellschaftsebenen beeinflusst, d. h. zwischen äußerer Einflussnahme, die wir zumeist Lernen genannt haben, und dem inneren Wachsen des Kindes, das wir Entwicklung benannt haben, unterschieden, sondern Lernen und Entwicklung sind hier das Gleiche. Stattdessen gibt jede Kultur oder Umgebung (in Form von menschlichen Werten, Normen und Wissen sowie vom physikalischen Rahmen) jene Struktur vor, bestehend aus Begrenzungen, mit der das Kind zusammenspielt. Jedes Kind interagiert mit seiner Persönlichkeit und seinen Erfahrungen mit Dingen und Menschen in der Umwelt. Kinder sind auch aktiv dabei, ihre eigene Kindheit mitzugestalten (James, Jenks und Prout, 1998). Jaan Valsiner (1995, S. 9.) meint:

> *Kulturen werden „Texte", die von aktiven Personen (eher als von passiven Lehrern der Kultur) im Verstehensprozess, bei dem im Alltäglichen Sinn gestiftet wird, gedeutet*

> *werden können. Diese Ereignisse sind soziale Gelegenheiten, womit der Verstehensprozess von Personen eine Bedeutung im Gestaltungsprozess mit sich bringt.*

Michael Cole (1988) ist der Ansicht, dass die Kultur auf diese Weise ein „vermittelndes" Werkzeug in der Beziehung der Kinder zueinander und im Selbstbild des Kindes wird.

Valsiner (1995) weist darauf hin, dass die heutige Forschung, die die Bezeichnung Entwicklungspsychologie trägt, damit beschäftigt ist, verschiedene Altersstufen (oder Ausbildungsniveaus) in Kindergruppen zu vergleichen, die die Überlegenheit der einen Gruppe über die andere offenlegt. Aber einem Erklärungsversuch, wie sich die verschiedenen Fähigkeiten der Kinder entwickeln, wurde im Grunde nur wenig Aufmerksamkeit geschenkt.

> *Entwicklungspsychologie (im engeren Sinn) hat zum Ziel, Gesetze und Bedingungen für die Übertragung psychologischer Formen in ihre unbekannten Stadien hinein aufzudecken. So ist der Kern wissenschaftlicher Entwicklung die Übertragung in die Form unbekannter Stadien, wo das Bewahren der vorhergehenden Form, in Übereinstimmung mit dem Auftauchen von neuen Informationen, vor allem die Grundlage für die spätere stellt. Entwicklungspsychologie fokussiert somit die Frage nach der Konstruktion neuer Informationen in der Ontologie, indem man sich eher auf die holistischen (die Strukturen) als auf die anatomischen (quantitativ akkumulierten) Phänomene konzentriert (Valsiner, 1995, S. 13).*

Man kann Piaget auf zwei Arten lesen, meint Jaan Valsiner (1990). Entweder als Entwicklungstheorie, bei der die Stadien, d. h. die Ergebnisse von Entwicklung, hervorgehoben werden, oder als Gleichgewichtstheorie, d. h. die Frage, was die Entwicklung vorantreibt. In letzterem Fall geht es also um einen Adaptionsprozess, wie das Kind die Erfahrung in etablierte Denkstrukturen assimiliert, während die Akkommodation, das heißt die Anpassung an das veränderte Verhalten in der Denkstruktur, dazu beiträgt, dass das Kind erfährt, versteht und etwas Neues sieht.

Es vollzieht sich eine qualitative Änderung in der Art des Kindes, Dinge zu erfahren. Manchmal sind das deutliche Sprünge, dann wieder nur kleine gradweise Entdeckungen und dies immer in Relation zu den vorangegangenen Bildern und Denkweisen des Kindes.

Als Vilgot, zweieinhalb Jahre alt, einen Videofilm über „Tierkinder" anschaut, der mit einem Punkt beginnt, welcher dann zum Erdklumpen anwächst, sitzt er ganz konzentriert da und kommentiert diese Stelle jedes Mal gleich. „Jetzt kommt die große Kugel." (Pause) „Was ist das?" Vilgots Erfahrungen mit runden Gegenständen und sein Interesse dafür hatte sich lange Zeit auf kleine Glasmurmeln beschränkt. Als er nun im Fernsehen diesen Punkt sieht, der so sehr anwächst, dass er den Bildschirm füllt, begreift er ihn in Relation zu seinen Glasmurmeln. Er sieht die Ähnlichkeit, das heißt, dass beide rund sind, obwohl der Bildschirm zweidimensional ist. Aber durch seine Frage „Was ist das?" gibt er zu verstehen, dass er auch ahnt, dass es sich hier um etwas anderes handelt – den Erdglobus, dessen Bedeutung er noch nicht kennt, aber sehr schnell zu benennen lernt.

Mitunter gehen bei Erwachsenen und Kindern die Meinungen darüber auseinander, wann ein Kind etwas lernt. Joakim (fünf Jahre) bindet seine Schuhe und Tante Gunilla sagt begeistert: „Wie gut du das machst, jetzt hast du gelernt, deine Schuhe zu binden!" Da schaltet sich

Joakims Mutter ins Gespräch ein und sagt: „Das hast du letzte Woche gelernt, als wir es zusammen geübt haben." „Nein", sagt Joakim, „da habe ich es noch nicht gelernt, sondern gestern, als ich mit Papa im Geschäft war, denn da habe ich es allein gekonnt." Was wir an dieser kleinen Episode ablesen können, ist, dass die Erwachsene glaubt, dass das Kind es lernt, wenn sie es zeigt und sie gemeinsam üben. Aber aus Joakims Perspektive lernt er etwas, wenn er einen qualitativen Unterschied feststellen kann – nämlich als er es alleine schafft, seine Schuhe zu binden.

Lernen und Wissensbildung sind und bleiben ein subjektiver Akt bei jedem einzelnen Kind, auch wenn man an einer Gruppe von Kindern, die eine bestimmte Erfahrung gemacht hat, kollektive Veränderungen feststellen kann. In *Kunnandets grunder/Grundlagen des Könnens* beschreibt Ingrid Pramling (1994) viele Beispiele dafür, wie weite Teile verschiedener Kindergruppen ein Verständnis für ihr eigenes Lernen, für diverse Aspekte der vom Menschen geschaffenen Welt, für die Natur, für Lesen und Schreiben wie auch für Mathematik (vgl. Pramling Samuelsson und Mårdsjö, 1997) entwickeln. Oft geht es darum, dass sie Zusammenhänge erkennen oder ein komplexeres und in gewisser Hinsicht avanciertes Verständnis entwickeln. Die Studie, die beschrieben wird, ist die Wiederholung einer früheren ähnlichen Studie mit vergleichbaren Ergebnissen, d. h. die meisten Kinder entwickeln ein Verständnis für verschiedene Aspekte ihrer Umwelt, indem sie an einer speziellen pädagogischen Tätigkeit teilnehmen. Was im Bewusstsein des Kindes erscheint und wie das verändert wird, hat sicherlich direkte Verbindung zu den Erfahrungen, die das Kind macht. Diese Erfahrungen, die das Kind macht, hängen oftmals mit den Vorstellungen und Erwartungen der Erwachsenen zusammen und damit auch mit den Begrenzungen, die sie Kindern setzen.

Marita Lindahl (2002) hat ein paar Monate lang zwei japanische Kleinkindgruppen beobachtet und ihr Augenmerk auf den Lernprozess der Kinder gerichtet. In der einen Gruppe erfuhren die Kinder Anleitung und detaillierte Steuerung, wurden bei Tätigkeiten unterbrochen und begrenzt, während in der anderen die Kinder ein organisiertes Umfeld erlebten, Unterstützung für einzelne Initiativen sowie Herausforderungen und Erweiterungen, die sich sowohl im physischen Bereich ausdrücken als auch im menschlichen Handeln. Man kann Lindahls Beschreibungen dieser beiden Kindertageseinrichtungen vielleicht so deuten, dass man in der ersten das Potenzial oder Können des Kindes nicht sah, während man in der zweiten auf die Kompetenz der Kinder vertraute (Pramling Samuelsson, 2000 b). Auch wenn Lindahl nicht beschrieben hat, welchen Einfluss dies auf die Kinder hatte, so kann man mit guten Gründen annehmen, dass sich die Einstellungen der Kinder sich selbst und ihrer Umwelt gegenüber bei beiden Gruppen unterschiedlich darstellen werden. Die Erfahrungen haben dazu beigetragen, dass die Umwelt auf unterschiedliche Weise erscheint und dass sich die Kinder unterschiedlich auf sie beziehen.

Sehen, wie die Welt sich weitet

Lassen Sie uns zu einem konkreten Beispiel für das Lernen als Veränderung oder Expansion von Erfahrung zurückkehren. Im Projekt „Das Verständnis der Kinder für ihre Umwelt entwickeln" (Pramling, 1994) wurden den Kindern verschiedene Fragen über die Natur gestellt. Unter anderem wurden sie aufgefordert: „Erzähl uns mal, was du über die Natur weißt!" Gefolgt von der Frage: „Hast du noch mehr über die Natur zu erzählen?" Das, was die Kinder über die Natur erzählen, ist ein Ausdruck verschiedener Denkarten, d. h. verschiedene Dinge erscheinen in ihrem Bewusstsein, wenn sie beginnen über die Natur nachzudenken.

Das Bewusstsein des Kindes wird darauf gelenkt, *was es in der Natur alles gibt, auf Tiere, Naturschutz und Erholung oder Ökologie*, d. h. verschiedene Inhalte kommen zum Vorschein.

Was es in der Natur alles gibt
Wenn Kinder aufgefordert werden, von der Natur zu erzählen, entscheiden sich manche Kinder dafür, verschiedene Tiere und Pflanzen, die sie kennen, aufzuzählen und zu benennen. Tiere spielen in den Aufzählungen der Kinder jedoch eine größere Rolle als Pflanzen.

Ingrid: Ich weiß, dass es in der Natur Eichhörnchen gibt, man kann Feuer machen, es gibt Dachse. Dann gibt es noch Füchse und so und Kaninchen und Hasen.

Anna: Dinge wachsen da, ... Büsche und Bäume.

Mikael: Ich weiß, dass es Katzen und Hunde gibt.

Michelle: Vögel, Bäume, Schlangen, Ratten und Kaninchen.

Über Tiere
Kinder erzählen, wie Tiere sind, was sie tun, oder berichten von anderen Beziehungen, bei denen es um Tiere geht. Dies beinhaltet, dass das Kind beschreibt, wie sich etwas darstellt oder im Verhältnis zu etwas anderem steht. In Einzelfällen geht es um Pflanzen anstelle von Tieren.

Michelle: Ich weiß, wie eine Schlange aussieht, ich weiß, wie ein Pferd aussieht. Ich weiß, wie Elefanten aussehen. Ich weiß, wie ein Lama aussieht. Ich weiß, wie eine Giraffe aussieht.

Elisabet: Fische leben im Wasser ... nicht im Haus, wenn, dann in einem Aquarium.

Thomas: Dass Tiere fressen, wann sie wollen, und sie werden nichts mehr fressen, wenn sie satt sind, und sie fressen auch nichts, wenn sie sehr krank sind.

Naturschutz und Erholung
Was Kinder zur Natur zu sagen haben, ist, dass man Angst um sie haben muss und man vor allem keinen Müll einfach wegschmeißen und die Natur zerstören darf. Manchmal stellen sie das nur fest, während sie in anderen Fällen noch erklären, warum man das nicht darf. Es gibt auch Kinder, die die Natur so darstellen, dass man dorthin geht, weil man es dort schön findet und Spaß hat.

Stina: Man darf nicht die Blumen vom Beet abzupfen, nicht die Bäume fällen, nicht die Büsche abreißen.

Christian: Da darf kein Glas und Abfall sein. Man darf nichts wegschmeißen.

Interviewer: Erzähl noch mehr über die Natur!

Anette: Wie Natur? Dass man keine Tiere totmachen darf. Dass man Tiere nicht einfach nimmt und in eine Dose tut. Man kann Löcher in den Deckel machen, damit das Tier Luft kriegt, dann kann man es nach Hause mitnehmen.

Christine: ... dass man keine Blumen pflücken darf, die unter Naturschutz stehen, kein Papier wegschmeißen darf.

Jason: Natur ist da, wo man hingehen kann, wenn man Urlaub hat und so.

Ökologie

Auffassungen, die unter der Rubrik „Ökologie" eingeordnet sind, geben in gewisser Hinsicht wieder, dass Kinder verstehen, dass in der Natur ein Prozess abläuft, z. B. dass Pflanzen sterben und verrotten und in einer neuen Form weiterleben. Dabei kann es sich auch wie im unten stehenden Beispiel um eine Beziehung und Abhängigkeit zwischen Mensch und Natur handeln.

Emmelie: Gras und das, wovon wir leben.

Emma: Das, wovon wir leben, ist der letzte Regenwald und den darf man nicht abholzen, dann bekommen wir keinen Sauerstoff mehr ... und dann sterben wir.

(Pramling, 1994, S. 113–115)

Sicherlich wissen die Kinder viel mehr über die Natur, als das, was wir hier glücklicherweise beschreiben konnten. Gleichwohl kann man sagen, dass es in dieser Einrichtung mit weit über 100 Kindern diese Aspekte sind, die mehr oder weniger fragmentarisch oder aufs Ganze ausgerichtet sind. Es geht darum, Dinge aus der Natur aufzuzählen, zu werten (was man da tun kann oder darf) oder Gedanken über unser Überleben zu äußern (nachhaltige Entwicklung). Wir sagen nicht, dass die Kinder, die ökologische Beispiele angeführt haben, ein Verständnis auf dem Niveau der pädagogischen Fachkraft haben, dennoch sprechen sie über manche Dinge lieber als über andere, das heißt, etwas beherrscht beim Erzählen ihr Bewusstsein, das relevanter erscheint als etwas anderes.

Den gleichen Kindern wurden noch viele andere Fragen zur Natur gestellt, die man qualitativ unterschiedlich beantworten konnte. Als diese Umfrage zum ersten Mal vorgenommen wurde, war es nur ein Kind, das einen ökologischen Blickwinkel äußerte. Nach einem Jahr in einer Vorschuleinrichtung, die entwicklungspädagogisch arbeitet, wie wir es hier beschreiben, äußerten etwa 20 Prozent der Kinder Aspekte in Richtung einer ökologischen Denkweise. Das bedeutet, ihre Welt hat sich erweitert und sie erfassen in der Natur nun andere Dinge als vorher – ihre Art, die Umwelt zu erleben, hat sich verändert!

Zwei Jahre später sieht ein Teil der Kinder, die an der Studie teilgenommen haben, in der Schule einen Film über den Wasserkreislauf. In der Klasse befinden sich sowohl Kinder, die beim o. g. Projekt dabei waren, als auch solche, die nicht teilgenommen haben. Der Unterschied zwischen dem Verständnis der beiden Gruppen ist offensichtlich.

Elisabet drückt aus, wie sie es versteht:

Elisabet: ... dass das immer so weitergeht, immer die alte gleiche Reise, das ganze Leben lang.

Interviewer: Erinnert sich das Wasser, was es machen muss? Glaubst du, die Reise ist langweilig?

Elisabet: Ja, ... rundherum, rundherum ... den Stein kenne ich schon.

Interviewer: Ja, vielleicht kennt es den Stein schon, aber wie kommt das?

Elisabet: Es ist ja immer die gleiche Tour. Und dann weiß das Wasser ... da war ein Wald neben diesem Stein und der ist da auch, da sind ein paar Bäume und so.

Kleine Fragmente unterwegs

Manchmal ist man als pädagogische Fachkraft wirklich beeindruckt vom Verständnis und von den Einsichten der Kinder, aber manchmal wundert man sich auch, da muss man innehalten und nachdenken und sich klar machen, dass man nie die ganze Welt des Kindes zu sehen bekommt, sondern nur ein kleines Fragment. Als Hjördis, vier Jahre alt, sagt: „Mamas tragen Kleider und Lippenstift", dann ist das natürlich nicht ihr ganzes Weltbild von Müttern, sondern ein kleines Fragment, das gerade in einem spezifischen Zusammenhang aufgerufen wird (Pramling Samuelsson, 2001 b).

Manchmal ist die veränderte Denkweise, die neue Art des Sprechens oder Verhaltens markant und offensichtlich, dann wieder fällt sie uns kaum auf. Aber Fragmente, die das Kind begriffen hat, können nach und nach zu fortgeschritteneren Veränderungen beitragen, das Verstehen wird komplexer und nuancierter. Für das Kind ist dies vielleicht ein wichtiger Schritt auf dem Weg zu einem tieferen Verständnis, dass ihm etwas Neues aufgefallen ist und das Kind es benennen kann, auch wenn der Sprung nicht in jeder einzelnen Situation dramatisch auffällt. Wie wir Pädagogen die qualitativen Veränderungen wahrnehmen, hat ja wesentlich damit zu tun, inwieweit wir als Erwachsene die Welt der Kinder sehen und uns von ihr faszinieren lassen.

Hinter diesem Kapitel steht der Gedanke, dass Lernen in erster Linie nicht als Veränderung des Individuums gesehen wird, dass das Kind kompetenter wird, sondern dass dem Kind die Umwelt qualitativ anders erscheint, wenn es etwas gelernt hat, etwas, das sicher als ein Aspekt zum Entwickeln einer Kompetenz betrachtet werden kann. Das hat zur Folge, dass sich die Aufmerksamkeit in der Entwicklungspädagogik nicht so sehr auf das Kind und sein Lernen richtet – d. h. den Akt oder den Prozess des Lernens –, sondern vielmehr auf verschiedene Phänomene in der Umwelt, die die Kinder erleben – den Gegenstand des Lernens. Auch wenn der Akt den Gegenstand konstituiert, ein Akt, der genauso viel mit Spiel wie mit Lernen zu tun hat.

Die Entwicklungspädagogik richtet den Fokus auf den Gegenstand des Lernens, der gleichzeitig Spielen und Lernen ist und der durch den Akt des Lernens konstituiert ist.

Die **Grundannahmen** sind:

- Lernen und Entwicklung sind das Gleiche.
- Lernen und Wissensbildung sind ein subjektiver Akt bei jedem Kind.
- Was im Bewusstsein des Kindes erscheint und wie es sich verändert, hat mit den Erfahrungen des Kindes zu tun.
- Lernen ist die Veränderung oder die Expansion von Erfahrung.
- Nicht das Kind verändert sich, sondern sein Bewusstsein für die Umwelt ist qualitativ anders, wenn es etwas gelernt hat.

Teil III: Die Theorie der Entwicklungspädagogik entsteht auf einer empirischen Grundlage

9. Das Bewusstsein des Kindes über sein eigenes Lernen

In den Kapiteln 4 und 8 haben wir die Grundlagen des phänomenografischen Forschungsansatzes für die Entwicklungspädagogik sowie eine Reihe von Begriffen (Erfahrung, Variation, Lenkung und qualitative Veränderung) diskutiert, die aus der Phänomenografie stammen und die heutzutage Aspekte sowohl der Theorie, die wir hier entwickeln, ausmachen als auch der Variationstheorie, die Ference Marton und Shirley Booth (1997) vertreten. Wir werden nun in den Kapiteln 9 bis 15 einen Teil der Forschungs- und Entwicklungsprojekte, die in Kindertageseinrichtungen mit dem Fokus auf Akt und Gegenstand des Lernens durchgeführt worden sind, näher betrachten. Doch zuerst möchten wir noch etwas Grundsätzliches zu diesen Studien sagen. Unsere eigenen Studien wie auch die der anderen sind alle in *enger Zusammenarbeit mit dem jeweiligen Gruppenleiter oder der Gruppenleiterin entwickelt worden*. Wir Wissenschaftler hatten bestimmte Absichten und eine Richtung, in die wir gehen wollten, wonach die Umsetzung in enger Kooperation mit der pädagogischen Fachkraft erfolgte. Auf die gleiche Weise könnte die pädagogische Fachkraft in Hinblick auf den Bildungsplan und ihre eigenen Ziele verfahren. Es gab also ein dynamisches Zusammenspiel zwischen Kindern, Pädagogen und Wissenschaftlern in den Forschungsprojekten, die durchgeführt wurden. Nun ist es unsere Aufgabe, eine zusammenfassende Analyse zu erstellen und die Quintessenz herauszuarbeiten.

All die verschiedenen Studien, die wir im nächsten Kapitel referieren werden, sind an anderer Stelle vollständig publiziert worden. Wir werden verschiedene Lernobjekte in den Mittelpunkt stellen. Das bedeutet, dass unterschiedliche Objekte anhand verschiedener Inhalte illustriert werden und zwar in der Form, in der die Kinder ein Verständnis dafür entwickelt haben. Der Akt des Lernens wird am Ende von Teil III diskutiert, auch wenn er notwendigerweise einen nicht trennbaren Teil der Arbeit der pädagogischen Fachkraft und der Kinder mit dem Gegenstand ausmacht. Innerhalb jedes Themengebietes, das wir beschreiben, führen wir zudem einige Beispiele der Ergebnisse an, wie Kinder den aktuellen Gegenstand verstehen, und zwar sowohl bei den Kindern, die an der entwicklungspädagogischen Tätigkeit teilgenommen haben[27], als auch bei denen aus den Referenzgruppen. Referenzgruppen werden mit der Maßgabe ausgewählt, dass sie in Qualität und sozioökonomischem Hintergrund mit den Gruppen, mit denen wir entwicklungspädagogisch gearbeitet haben, vergleichbar sind.

Das *Lernen als Gegenstand* für das Sinnstiften der Kinder war ein Aspekt sämtlicher Studien, weshalb wir hier auch beschreiben, wie Kinder über ihr eigenes Lernen dachten, bevor es zum Gegenstand pädagogischer Aktivitäten in der Kindertageseinrichtung wurde. Das Ergebnis wird ausführlich in der Abhandlung *The child's conception of learning* (Pramling, 1983) beschrieben.

---

[27] *Diese Gruppen werden mitunter als Entwicklungsgruppen bezeichnet.*

Hier wird dargestellt, wie die Kinder ihr eigenes Lernen auffassen: *was* sie ihrer Ansicht nach lernen und *wie* sie es meinen zu lernen. Die qualitativ unterschiedlichen Arten darüber zu denken, wie sie in der Empirie zutage treten, werden dann in Beziehung zum Alter der Kinder gesetzt. Das Ergebnis kann als Spiegel der Entwicklung der Gedanken des lernenden Kindes über einen Gegenstand betrachtet werden, ausgehend von verschiedenen spezifischen Beispielen, die das Kind selbst anführt, was mit Jean Piagets früheren Studien (1962, 1970) verglichen werden kann. An Ingrid Pramlings Studie nahmen 276 Kinder zwischen 2,9 und 8,8 Jahren (ca. 25 pro Altersgruppe) teil. Ihnen wurde eine Reihe von Fragen über das Lernen gestellt. Zuerst sollten sie Beispiele für etwas, das sie gelernt haben, angeben (in der Kindertageseinrichtung, im Hort, zu Hause, in der Gemeinde, beim Fernsehen, beim Lesen eines Buches usw.). Danach stellte der Interviewer die Frage „Aber wie hast du das gelernt?". Das „was und wie" des Lernens, wie es die Kinder selbst sehen, wurden auf diese Weise miteinander verknüpft.[28]

Wie wir der Tabelle 1 entnehmen können, gibt es eine deutliche Alterstendenz. Die Dreijährigen tun sich recht schwer, über das zu reden, was sie gelernt haben (69 % antworteten gar nicht), aber immerhin fast ein Drittel tut es. Fast alle Vierjährigen können Vorschläge machen, was sie lernen. Die Anzahl der Kinder, die Kenntnisse mit „etwas wissen" in Verbindung bringen, ist relativ begrenzt und nur ein Viertel der Kinder, die schon ein ganzes Jahr die Schule besuchen, tun dies. Noch weniger haben gesagt, dass Lernen Verstehen heißt (8 % der Achtjährigen). Dieselben Kinder können mehrere unterschiedliche Denkweisen darüber, was sie lernen, äußern; es kann auch darum gehen, dass die Kinder das Lernen mit dem Besserwerden im Tun, Wissen oder Verstehen von etwas verknüpfen.

Lernen als			**Alter**			
Können	**3**	**4**	**5**	**6**	**7**	**8**
Tun	31	92	100	100	100	100
Wissen	–	4	11	15	11	28
Verstehen	–	–	–	–	–	8

Tabelle 1: Wie Kinder verstehen, was sie lernen. Antworten in Prozent

Es sind mit anderen Worten relativ wenige Kinder im Vorschulalter, die ausdrücken, dass sie eine Vorstellung davon haben, dass man Wissen über die Welt erwerben kann. Keiner bezeichnet das Lernen als eine Art, etwas zu verstehen. In Relation zu jeder Kategorie des Sinnstiftens darüber, was Kinder glauben, das sie lernen, tritt ein System hervor, das zeigt, wie Kinder dieses Lernen erleben. Wir können in Abbildung 1 unten sehen, wie dies in Relation zum Lernen aussieht. (Zu einer detaillierten Bedeutungsbeschreibung, wie Kinder lernen, siehe Pramling, 1986, S. 66–72.)

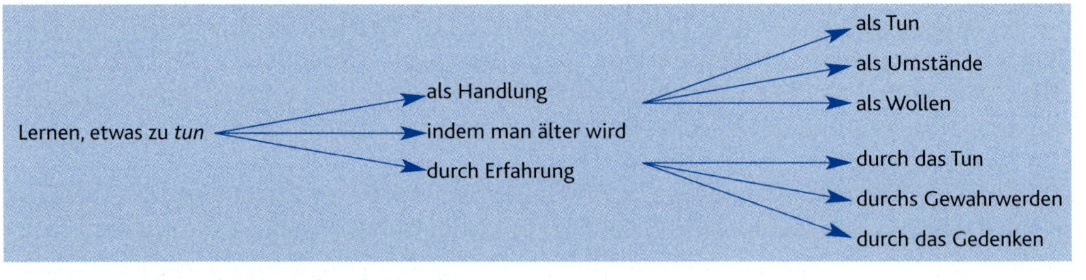

Abbildung 1: Wie Kinder begreifen, dass sie lernen, etwas zu tun.

[28] *Wir haben bereits im Kapitel 4 kurz über die Bedeutungen, die in den Antworten der Kinder über ihr Lernen zum Vorschein kamen, referiert.*

Kinder glauben also, dass sie lernen, etwas zu tun, indem sie eben das tun (Handlung), aber auch dadurch, dass sie älter werden oder Erfahrung gewinnen. Die Handlung, die dazu führt, dass man lernt, etwas zu tun, wird von den Kindern als „einfach tun" ausgedrückt, d. h. lernen und tun wird als gleich angesehen. Die Erfahrung wiederum kann darauf basieren, dass das Kind etwas tut, sieht oder denkt, um etwas zu lernen. Die Einsicht, dass Erfahrung das Lernen beeinflusst, ist ein wichtiger Schritt des Kindes für das Verständnis seines eigenen Lernprozesses.

Wir haben schon im vorangegangenen Kapitel 4 eine Beschreibung darüber angeführt, wie Kinder erfahren, dass sie sich Können in Form von Wissen (Information) aneignen. Die Fragen, über die die Kinder nachdachten, waren: „Was würdest du tun, um herauszufinden, wie ein Radio (alternativ Telefon) funktioniert?", „Wie kann es sein, dass ein Boot schwimmen kann, obwohl es so schwer ist?", „Welches Essen würdest du für deine Fische kaufen?" oder „Wie weit ist es von hier bis zum Mond?" Die Kinder dachten auch über eigene Ideen, was sie wissen wollten, nach.

Unten (Tabelle 2) können wir sehen, wie häufig Kinder verschiedene Vorstellungen äußern, wenn es darum geht, wie man vorgehen kann: indem man selbst etwas tut (z. B. den Fernseher auseinanderschrauben), indem man jemanden fragt, der das tut, über das man etwas wissen will (z. B. einen Fernsehtechniker oder andere Experten fragen), Erwachsene fragen, die es wissen (Mama usw.) und schließlich über die Medien (Bücher oder Fernsehprogramme). Die Kinder durften mehrere Antworten angeben.

Kenntnisse erwerben	Alter 3	4	5	6	7	8
Durchs Tun	–	24	44	67	57	52
Durch Informationen einer Expertin/einem Experten	–	–	7	33	50	60
Durch Antworten von jemanden der es weiß (irgendwer)	–	4	33	52	68	76
Durch Medien (Bücher oder TV)	–	11	15	33	39	76

Tabelle 2: Wie Kinder erfahren, dass man lernt, etwas zu wissen. Antworten in Prozent

Wir stellen fest, wie wichtig das Handeln in Bezug zu den Vorstellungen der Kinder ist, wie sie sich Kenntnisse über etwas aneignen können. Diese Vorstellung nimmt jedoch ab dem Alter von sechs Jahren langsam ab. Dafür steigt im gleichen Alter deutlich die Frequenz in Hinblick auf die Vorstellung, dass man jemanden, der etwas Bestimmtes tut oder weiß, fragen könnte. Die Antworten der Kinder deuten an, dass die Älteren lieber Menschen in ihrer Umgebung fragen als die Experten, obwohl es noch eine verbreitete Vorstellung ist, sich an jemanden zu wenden, von dem das Wissen kommt (an den Experten). Und ein Experte ist nach Meinung der Kinder jemand, der Handlungen ausführt, die in Bezug zu dem, was man wissen will, stehen. Dass man Wissen aus Büchern oder dem Fernsehen erhalten kann, ist eine Ansicht, die deutlich stärker ins Bewusstsein der Kinder rückt, wenn sie ein Jahr die Schule besucht haben. Insgesamt kann man sagen, dass Kinder in weiten Teilen Wissen mit Personen und Handlungen verknüpfen und auch im Vorschulalter Information noch nicht von einer spezifischen Quelle trennen.

Wenn Kinder mitteilen, dass sie etwas von den Medien erfahren können, dann verfügen sie in gewisser Hinsicht über eine allgemeinere Sichtweise, ihr Lernen zu erleben, aber das ist nicht die ganze Wahrheit. Obwohl die Kinder ihre Auffassungen dargelegt haben, die wir hier kategorisiert haben, ist der Referenzrahmen der Kinder doch eher eng. Kinder beziehen Fragen oft auf ein bestimmtes Fernsehprogramm, das sie gesehen haben, oder auf ein konkretes Buch, das sie gelesen haben. Das bedeutet, dass dasselbe Kind, das auf die Frage nach der Entfernung zum Mond geantwortet hat (man kann das aus einem Fernsehprogramm erfahren, weil es so eine Sendung gesehen hat), in Bezug auf eine andere Frage genauso gut antworten kann, dass man etwas selbst erleben muss, um diese Kenntnisse zu erwerben.

Als ein Teil der Abhandlung wurden auch zwei Beobachtungsstudien über Themenarbeit in der Kindertageseinrichtung gemacht. Dabei kam die Absicht und Umsetzung der pädagogischen Fachkraft in Bezug auf das Thema zum Tragen wie auch das Verständnis der Kinder dafür. Die Themen waren „Farbe und Form" und „Verkehr". Man kann sagen, dass es in beiden Gruppen die Ambition der pädagogischen Fachkraft war, die Kenntnisse der Kinder über den Unterrichtsgegenstand zu erweitern. Die Strategie, die sie vorrangig anwendeten, war, die Themen mit konkreten Tätigkeiten zu erfahren, gemäß der Tradition der Kindertageseinrichtung. Beispiele für solch eine Strategie können sein, die Kinder Verkehrsschilder basteln zu lassen, einen Spaziergang in der näheren Umgebung zu machen, Lieder über den Verkehr zu singen und mit Autos auf einem Kunststoffteppich zu fahren, auf dem Straßen, Häuser usw. aufgemalt sind. Die pädagogischen Fachkräfte haben also eine Menge konkreter Aktivitäten vorgesehen, die die Kinder durchführen können, alles unter dem Gesichtspunkt, dass sie darüber nachdenken. Weil Kinder konkret denken, nimmt man an, dass man so auch vorgehen sollte – konkret handeln. Die pädagogischen Fachkräfte gehen also davon aus, dass konkrete Aktivitäten zu Wissen und Kenntnissen über die Welt führen. Die Kinder hingegen lernten nicht sehr viel über das, was sich die pädagogischen Fachkräfte vorgestellt hatten. Das Lernen erscheint dem Kind in Begriffen von Handlung, als etwas, das zu tun ist, aber nicht das, was die pädagogischen Fachkräfte denken, nämlich sich Wissen aneignen und es verstehen. Dennoch deutet sich eine Unterscheidung zwischen verschiedenen Kindern an, wie sie zuvor bereits bei Erwachsenen beschrieben worden ist, die einen Text lesen (Marton und Säljö, 1976), das heißt, jenes, worauf Kinder ihre Aufmerksamkeit richten, kann als Außen- oder als Tiefenverständnis betrachtet werden. Hier ist der Text der Erwachsenen vergleichbar mit der pädagogischen Situation als solcher für das Kind. Von außen betrachtet hat das Kind mit seiner „Hier-und-jetzt-Perspektive" Zugriff auf das Lernen, nämlich das Tun, während es auf einer tieferen Ebene das Lernen durch die Situation erfasst, d. h. es lernt etwas über die Wirklichkeit aus der Situation heraus, es erfährt und versteht etwas (Pramling, 1986 a), ebenso wie die Erwachsenen etwas über die Wirklichkeit vom Text lernten. Man kann annehmen, dass, wenn Kinder die Erfahrung machen, dass sie etwas lernen, indem sie es tun, es dann diese Aktivitäten sind, die ihnen als Lernen erscheinen. Doch wenn Kinder eine Vorstellung davon entwickelt haben, dass Lernen auch bedeutet, etwas zu wissen oder zu verstehen, dann erfahren sie diese Dimensionen im Handeln der pädagogischen Fachkräfte – oder jenseits dessen, was man tut.

In dieser Studie wird deutlich, dass Erwachsene und Kinder unterschiedliche Dinge als gegeben voraussetzen, weshalb auch unterschiedliche Denkfiguren in ihrem Bewusstsein entstehen. Pädagogen wissen, dass Kinder konkret denken, aber worüber sie oft nicht nachdenken, ist, dass Wissen und Verstehen meist nicht konkret, sondern fast immer abstrakt sind – etwas, das man sich klarmachen muss, damit ein Sinn entstehen kann. Folglich müssen Kinder stattdessen (oder auch) damit konfrontiert werden, nachzudenken und zu überlegen, wenn sie Sinn schaffen sollen.

Diese erste Studie hat uns gezeigt, dass:

- es eine Beziehung gibt zwischen dem, wie ein Kind sein eigenes Lernen erlebt, und dem, was es benennt, das es lernt,
- pädagogische Fachkräfte Absichten verfolgen und Annahmen zugrunde legen, die Kinder nicht begreifen,
- der überwältigende handlungsorientierte Unterricht der pädagogischen Fachkräfte eher die Art der Kinder, ihre Umwelt zu verstehen, zementiert als entwickelt.

So begann unsere Forschung über Kinder und führte zur Entwicklung der Theorie, die wir hier zu skizzieren versuchen. Die große Herausforderung mit dem Gedanken an kommende Studien war, eine Antwort auf die Frage zu finden: Wie können wir in der Kindertageseinrichtung zu einer Praxis finden, die den Kindern bessere Möglichkeiten schafft, sich zu entwickeln und verschiedene Aspekte ihrer Umwelt zu verstehen?

Die Studie wurde vor mehr als zwanzig Jahren durchgeführt und war damals durch die Kinderperspektive, die sie einnahm, einzigartig. Denn Forschungsziel war es, die Meinung, die die Kinder selbst über Gegenstand und Akt des Lernens formulierten, zu beschreiben, die wir derzeit als „*Was*- und *Wie*-Aspekt" des Lernens bezeichnen. Das Sinnverständnis der Kinder wurde sichtbar gemacht, doch den Referenzrahmen bildeten Theorien von Jean Piaget und Heinz Werner, die beide die Entwicklung der Kinder in hierarchischen Schritten beschrieben, etwas, das auch in diese Studie einfloss, indem die Art der Kinder, sich auszudrücken (in unterschiedlichen Kategorien beschrieben), in Bezug zu ihrem Alter gesetzt wurde. Darin wird deutlich, wie die Art der Kinder, zu denken und Meinungen zu bilden, größer und umfangreicher wird, und zwar in der Form, dass Kinder Zugang zu mehr Denkweisen erlangen, während gleichzeitig bestimmte Denkweisen verschwinden und andere hinzukommen.

10. Lernen als Gegenstand

Der wichtigste Faktor, um Denkinhalte, wie das Lernen zum Beispiel, für Kinder sichtbar zu machen, ist, sie dazu zu bringen, genau darüber nachzudenken. Das nennen wir metakognitive Gespräche, die als Hilfestellung fungieren, um den Kindern bestimmte Phänomene bewusst zu machen, die sonst unsichtbar wären und als selbstverständlich vorausgesetzt würden. Aber sie fungieren auch als Hilfe, die Aufmerksamkeit von dem, was die Kinder tun und sehen, auf das zu lenken, *was sie denken, das sie tun und sehen* (s. Kapitel 7). Hier gewinnt die Instruktion oder Anleitung an Bedeutung, dadurch dass sie den Kindern die Möglichkeit verschafft, über das eher Unsichtbare nachzudenken, wie zum Beispiel darüber, warum sie irgendwo zu Besuch waren, warum man verschiedene Dinge tut, wie sie vorgehen können, um sich an etwas zu erinnern, das für sie wichtig ist, was sie tun können, um etwas herauszubekommen, woher man wissen kann, dass ... usw.

John Briggs (1985) nennt diese Art, mit Kindern zu arbeiten metakognitiv, weil man den Inhalt zum Gesprächsthema macht. Metakognitiv heißt so viel wie: Der Gegenstand (des Inhaltes) steht im Mittelpunkt. Für die Kinder wird das Lernen dann zur Reflexion darüber, wie sie einen bestimmten Inhalt aus einem anderen Blickwinkel lernen. Es geht mit anderen Worten um die Unterscheidung zwischen dem, dass man etwas lernt, und dem, sich bewusst sein, dass und wie man etwas lernt. Gerade indem man die Kinder dazu bringt, die Perspektive zu wechseln, erlangen sie das entsprechende Bewusstsein, stellt Briggs fest (Kapitel 7).

Drei verschiedene Ebenen zum Gegenstand erheben

In dem Projekt „Metalernen in der Kindertageseinrichtung" (Pramling, 1988 a) arbeitete man daran, zu versuchen, das Denken der Kinder auf drei unterschiedlichen Ebenen von Generalisierungen zu entwickeln, d. h. Ebenen, die sich vom ganz konkreten und situationsabhängigen zum eher abstrakten und generellen Wissen bewegen, wobei das Konkrete immer der Ausgangspunkt ist. Ebene 1 ist der *Gegenstand* des Lernens an sich und erscheint in dem *Inhalt*, mit dem man arbeitet. Auf Ebene 2 strebt man zusätzlich an, den Kindern gewisse generelle Strukturen vor Augen zu führen. Auf diesem *strukturellen Niveau* kann man erkennen, dass sich in verschiedenen Inhalten gewisse Grundstrukturen wiederfinden. Das ist eine Ebene, die nicht so generell ist wie die, auf der das Kind sein eigenes Lernen erfassen soll, aber sie ist allgemeiner gehalten als Ebene 1. Die Ebene 3 beinhaltet, dass man die Art und Weise des Kindes, *über sein eigenes Lernen nachzudenken*, entwickeln will, was nun das allgemeinste Niveau im Lernen ausmacht, d. h. die metakognitive Ebene.

Die Arbeit an diesem Projekt war durch eine dem Labor ähnliche Arbeitsweise charakterisiert. Die pädagogische Fachkraft schuf viele Gelegenheiten und Situationen, von denen ausgehend die Kinder ihre Überlegungen anstellen konnten und bei denen das Spiel ganz selbstverständlich in den Inhalt, den man behandelte, mit einfloss. Die Inhalte bei den Gesprächen mit der gesamten Gruppe wechselten. Manchmal wurde eine Diskussion geführt, die an das Thema, das gerade im Mittelpunkt stand, anknüpfte. Dann wiederum unternahm man bestimmte Aktivitäten, zum Beispiel mit Zahlen oder Buchstaben. Wieder andere Male verbrachten sie die Zeit damit, jemandem, der gefehlt hatte, zu erklären, womit sie die ganze Zeit beschäftigt gewesen waren, oder sie griffen etwas auf, das die Kinder besonders beschäftigte.

Sowohl bei den Gesprächskreisen als auch bei den unterschiedlichen Aktivitäten gab es meist ein klares Ziel. Die pädagogische Fachkraft wollte die Kinder dazu bringen, über ein bestimmtes Thema nachzudenken, das zum Teil ihr eigenes Lernen betraf und zum Teil die Struktur in Form von Zusammenhängen zwischen verschiedenen Dingen, Zusammenhänge, die mitunter auch als Kreislauf verstanden werden konnten. Die Struktur in Form von Zusammenhängen konnte auch mit Ursache-Wirkung, Ganzes-Teil usw. beschrieben werden. Manchmal fand die Interaktion mit der pädagogischen Fachkraft nur in Form von informellen Diskussionen statt, aber meist waren es konkrete Aufgaben, an denen die Kinder arbeiteten und über die sie miteinander kommunizierten. Manche Aktivitäten erstreckten sich über einen langen Zeitraum. Vieles dokumentierten die Kinder in ihren Büchern, die sie ihre „Nachschlagebücher" nannten. Den Kindern wurden viele Fragen gestellt, die auf ihre Erfahrungswelt abzielten. Von außen betrachtet gestaltete sich die Arbeit jedoch wie in den meisten anderen Tageseinrichtungen.

Aber lassen Sie uns einige Ergebnisse des Themas „Regen und Wasser" und die Art und Weise, wie es in der Praxis umgesetzt wurde, genauer betrachten. Jeweils vier Kinder sitzen in einem Raum mit einer pädagogischen Fachkraft. Jedes Kind bekommt ein Blatt Papier, das es in der Mitte falten soll. Alle bekommen die Aufgabe, auf die eine Seite ein Bild zu malen, das *schönes* Wetter zeigt, während sie auf die andere Seite *schlechtes* Wetter malen sollten. Als sie fertig waren, durften sie ihre Zeichnungen miteinander vergleichen und entdeckten dabei mithilfe der Fragen der pädagogischen Fachkraft, dass schönes und schlechtes Wetter relativ ist, d. h., dass es eine Frage der Perspektive ist. Für eine Mama ist es zum Beispiel schlechtes Wetter, wenn sie den kleinen Bruder im Kinderwagen durch den Schneesturm schieben muss (das hat ein Kind gezeichnet). Andere Kinder wieder finden, dass ein Schneesturm schönes Wetter sei, weil man ja Iglus bauen und rodeln kann. Ein Kind formuliert, dass die Blume sich freut, wenn es regnet, während ein Erwachsener vielleicht sauer ist, weil ihn ein Auto mit Pfützenwasser bespritzt. Das Lernziel, das die pädagogische Fachkraft bei den Kindern entwickeln will, ist das Verständnis, dass es kein schönes oder schlechtes Wetter an sich gibt, sondern dass es immer abhängig von jemandem oder etwas ist, und das wird für die Kinder offensichtlich, wenn sie die Zeichnungen der anderen sehen und in einen Dialog darüber eintreten. Die Kinder reflektieren zum Teil über das Phänomen „gutes und schlechtes Wetter" und teilweise darüber, wie unterschiedlich die Kinder in der Gruppe darüber denken, was sich in ihren Bildern ausdrückt. Das ist eine Idee für eine metakognitive Art des Arbeitens mit Kindern. Ein Beispiel dafür, wie das *Lernen an sich* in dieser Situation zum pädagogischen Gegenstand werden kann, wäre, die Kinder zu fragen: „Wenn ihr nun herausfinden wollt, was sich die anderen (Mama, Taxifahrer, Schulkind usw.) unter gutem und schlechtem Wetter vorstellen, wie würdet ihr das machen?" Wie man das Wetter illustriert, könnte ein Beispiel für einen anderen Unterrichtsgegenstand sein, nämlich „Symbole".

Man könnte Symbole z. B. derart thematisieren, indem die pädagogische Fachkraft die Kinder darauf aufmerksam macht, dass *Zeichen* etwas sind, was Menschen erfinden, um die Kommunikation zu erleichtern. Kinder erhalten die Aufgabe, Zeichen für „Hochdruck" und „Tiefdruck" (nachdem sie darüber gesprochen haben), für kalte Luft, warme Luft, Gewitter, Sturm und Sonnenschein zu erfinden. Die Kinder werden aufgefordert, selbst Zeichen zu entwerfen, die sie passend finden, um jemand anderem etwas über bestimmte Wettertypen zu vermitteln. Wenn das alle getan haben, stellt die pädagogische Fachkraft alle gemalten Zeichen in eine Reihe, schlägt dann in einem Buch die Zeichen von John Pohlmans auf und vergleicht die Zeichen der Kinder mit den Zeichen in dem Buch. Sie betrachtet auch die Unterschiede und Gemeinsamkeiten der Bedeutungen. Es gibt viele Überlegungen dazu, wie man Zeichen gestaltet – fast alle Kinder haben in bestimmten Fällen die gleichen Zeichen gemalt und ganz verschiedene in anderen – und wie es kommt, dass manche der Zeichen der Kinder deutlicher (leichter zu verstehen) sind als auf Pohlmans Wetterkarte.

Dies ist ein Lerninhalt, der zum Thema „Regen und Wasser" gehört, doch beim Lerngegenstand geht es hier um ein grundlegendes Symbolverständnis, also um eine sehr spezifische Ebene. Aber hierzu werden Fragen gestellt und die pädagogische Fachkraft versucht, die Kinder dafür zu interessieren, über die Dimension des Lernens nachzudenken, d. h. auf eine sehr generelle Ebene zu gelangen. Beispielsweise kann man so vorgehen: Man bringt die Kinder dazu, darüber nachzudenken, wer denn eigentlich festlegt, wie bestimmte Zeichen aussehen sollen, oder warum Pohlmans Zeichen genauso aussehen, wie sie aussehen. Was würde passieren, wenn wir alle unsere eigenen Zeichen erfinden würden?

Wie wir in diesen zwei Beispielen über Wetter und Zeichen gesehen haben, dürfen die Kinder sich zuerst etwas selbst überlegen und *sich eine Vorstellung machen*. Im nächsten Schritt werden die Auffassungen der Kinder untereinander verglichen, d. h. die *Variation* der Denkweisen wird zugänglich gemacht. Dieser Wechsel zwischen der kognitiven und der metakognitiven Ebene ist ein Ansatz, der die meisten Inhalte in der Entwicklungspädagogik durchströmt und als metakognitiver Unterricht der betreffenden Inhalte bezeichnet werden kann.

Die pädagogische Fachkraft zeigt eine Variation von spezifischen Inhalten – die Wettersymbole. Hier ist die Vorstellung von Symbolen der Gegenstand der Reflexion. In bestimmten Situationen wird die Bedeutung konstant gehalten, während die Kinder die Variation vornehmen, d. h. sie entwerfen unterschiedliche Symbole für die gleiche Sache. Auf diese Art lösen sich das Symbol und sein Inhalt auf. Als den Kindern das klar wird, erkennen sie die Symbole als Konventionen, d. h. als ungeschriebene, jedoch allgemein akzeptierte soziale Regeln. Die Unterscheidung zwischen Worten und dem, was sie bezeichnen, ist eine wichtige Einsicht, wenn man auf dem Weg zu einer lesenden und schreibenden Person ist.

Bei einer anderen Gelegenheit wurde Kindern die Aufgabe gestellt, zu versuchen, herauszufinden, wie Schneeflocken aussehen, und sie dann zu zeichnen. Danach verglichen sie die Zeichnungen miteinander und redeten darüber, dass alle Schneesterne sechs Zacken haben, aber dass trotzdem alle mit ihren Mustern unterschiedlich aussehen, genau wie die Menschen auch. „Wenn ihr euch daran erinnert, worüber wir im Herbst gesprochen haben, woher der Regen kommt, was glaubt ihr dann, woran es liegen kann, dass im Winter Schnee fällt?" Ein Kind antwortet: „Die Wassertröpfchen klumpen dann zusammen und werden Eiskristalle." Ein anderes Kind sagt: „Ja, das ist der gleiche Kreislauf wie beim Regen." Sie betrachten gemeinsam den Kreislauf von Regen und Wasser, den sie bei einem früheren Anlass gezeichnet haben – das Bild hängt an der Wand. Jetzt richtet sich die Aufmerksamkeit auf die *Struktur* in Form eines Zusammenhangs (Kreislauf). „Wie kommt es eigentlich, dass es regnet oder schneit?" Diese Aufgabe sollen sie in kleinen Gruppen lösen. Die unterschiedlichen Lösungen werden diskutiert und verglichen. „Wollen wir uns mal anschauen, was für unterschiedliche Lösungen, warum es Regen oder Schnee gibt, ihr euch ausgedacht habt?", fragt die pädagogische Fachkraft. Die Aufmerksamkeit liegt nun auf dem metakognitiven Niveau: wie verstehen die Kinder Zusammenhänge, die hier die Strukturen bilden?

Die Fortsetzung folgt bei einer weiteren Gelegenheit, als die pädagogische Fachkraft fragt: „Habt ihr mal darüber nachgedacht, wie das Wasser in euer Haus kommt?" Ein Kind sagt: „Durch die Rohre." „Zuerst kommt es in die Kläranlage", sagt ein anderes Kind. Die pädagogische Fachkraft fragt weiter: „Von wo kommt es denn in die Kläranlage?" „Ich glaube, vom Meer." „Die Rohre sind unter der Erde." Pädagogische Fachkraft: „Warum sind sie eingegraben?" „Damit wir nicht über sie stolpern und damit sie nicht kaputt gehen." Die Pädagogin fragt, ob sie sich daran erinnern, dass sie im letzen Jahr ein Loch in der Wasserleitung hatten und deshalb niemand im ganzen Viertel Wasser hatte. Darüber sprechen sie eine Weile. Die pädagogische Fachkraft fragt, wozu man Wasser benutzt, und die Kinder führen Beispiele an: man wäscht, spült ab, trinkt, drückt die Toilettenspülung, verdünnt Saft usw. Die pädagogische Fachkraft macht die Kinder darauf aufmerksam, dass das ganz verschiedene Dinge sind, die ihnen eingefallen sind, und fragt weiter: „Wohin geht dann das Wasser?" „Ins Meer", sagt ein Kind. „Verschwindet das einfach so im Meer?", „Macht man vorher noch etwas mit dem Wasser?" „Man macht es sauber", sagt ein Mädchen. „Ja, das muss man, weil es giftig ist", sagt ein anderes Kind. Die pädagogische Fachkraft: „Was würde sonst passieren?" Die Diskussion setzt sich fort: dass Fische sterben und dass Fabriken ihr Abwasser nicht immer säubern. Während die Kinder darüber sprechen, wie die Reinigung vor sich geht, zeichnet die pädagogische Fachkraft etwas an der Tafel: Der Kreislauf wird deutlich. Die Aufmerksamkeit ist nun zuerst auf die Vorstellungen der Kinder über das Wasser gerichtet, dann wieder auf die Struktur des Kreislaufs. Der Dialog ist in der Praxis natürlich wesentlich breiter gefächert. *Hier wird vor allem illustriert, wie die pädagogische Fachkraft die Kinder bewusst auf einen gewissen Gedankengegenstand hinlenkt.*

Viele Tage vergehen, bis sie ein Bild von einer Stadt erstellen, mit ihrer ganzen „Unterwelt" (Wasserleitungen und Abwasser). In gleichmäßigen Abständen macht die pädagogische Fachkraft den immer wieder gleichen Weg des Wassers zum Thema und bringt die Kinder zum Nachdenken, so wie sie vorher auch „Regen und Wasser" behandelt hat. Sie machen auch verschiedene Experimente mit Wasserdampf, um den Kreislauf zu illustrieren und Situationen zu schaffen, über die man nachdenken kann. Im Zusammenhang mit diesen Experimenten sollen die Kinder darüber nachdenken, warum sie das tun und ob sie noch irgendetwas anderes ausprobieren könnten, um mehr über Regen und Wasser zu erfahren. Auf diese Art und Weise wird wieder der *Aspekt des Lernens zum Gegenstand* der Gedanken der Kinder.

Eine weitere Aufgabe ist es, etwas zu „erfinden", also ein Spielzeug, das es noch nicht gibt. Jeweils vier Kinder sitzen mit einer pädagogischen Fachkraft an einem Tisch. Die Kinder haben Papier und Kreide und werden aufgefordert, das aufzumalen, was ihnen einfällt. „Wie stellt man es an, etwas zu erfinden?", fragt die pädagogische Fachkraft. Ein Junge sagt: „Man kann an etwas denken, das man selbst gern haben würde, und es erfinden." Einige in der Gruppe überlegen und melden sich eifrig zu Wort, während andere schweigend dasitzen und verkniffen über ihrer Aufgabe brüten. Schließlich stellt die pädagogische Fachkraft alle Zeichnungen zusammen und sie besprechen gemeinsam, was die Kinder erfunden haben, was sie gedacht haben, als sie ihr „Ding" entwickelt haben, ob sie noch etwas anderes erfinden wollen und wenn ja, was. Hier erscheint das Lernen als eine Frage des Erfindens.

Die Kinder sollen sich erst etwas vorstellen und die Variationen wahrnehmen. Doch hier wird auch die dritte Ebene deutlich, nämlich wie sich ihre Aufmerksamkeit auf sie selbst richtet und auf *ihre Gedanken über das Denken* (Lernen).

Zusammenfassend kann man die Struktur der Arbeit über das Thema „Regen und Wasser" auf folgende Weise illustrieren:

- Kinder äußern ihre Überlegungen und Vorstellungen über Regen und Wasser (Inhalt, es werden spezifische Denkobjekte fokussiert) in Kombination mit Experimenten. Die pädagogische Fachkraft hilft, die Variation der Denkweisen zu erfassen (in Wort oder Bild).
- Die Aufmerksamkeit der Kinder wird auf die Struktur in Form eines Kreislaufs und auf ihre Überlegungen darüber gerichtet.
- Die Aufmerksamkeit der Kinder wird gerichtet auf das, *was ist*, *wie* und *warum* sie Experimente durchführen, reden oder etwas zeichnen, und darauf, ob es noch andere Möglichkeiten gibt, darüber etwas zu lernen (auszudenken, in Erfahrung zu bringen, zu machen, herauszubekommen usw.), das heißt, die Aufmerksamkeit der Kinder wird auf ihr eigenes Lernen gerichtet.

Auf allen drei Ebenen wechseln die Kinder mit Unterstützung der pädagogischen Fachkraft die Perspektive, indem sie darüber reflektieren, was sie über spezifische Gegenstände des Denkens in Bezug auf Inhalt, Struktur und Lernen denken. Der gleiche Schritt erfolgt dann in Relation zur Wasserversorgung und zum Abwassersystem einer Stadt. Man kann sagen, dass hier der gleiche konkrete Inhalt auf drei verschiedenen Ebenen von Generalisierung behandelt wird, damit gewisse Gegenstände des Denkens deutlich werden. Auf jedem Niveau arbeitet man gleichfalls metakognitiv.

Die pädagogischen Fachkräfte haben im abstrakten Bereich angefangen, das heißt mit den Gedanken und Vorstellungen der Kinder über spezifische Lerngegenstände, die die Aufmerksamkeit der Kinder wiederum darauf lenken, wofür die pädagogische Fachkraft ein Verständnis entwickeln möchte. Auf verschiedenartige Weise haben sie verschiedene Denkweisen, die die Kinder im Kopf hatten, genutzt und dies ist auf verschiedenen Ebenen der Verallgemeinerung abgelaufen (Pramling, 1988 a, 1988 b).

Auch wenn hier nur einzelne Beispiele beschrieben worden sind (ein Spielzeug erfinden), bei denen nur das Lernen zum Gegenstand wird, so ist es doch gängige Praxis in der Kindertageseinrichtung, dass das Lernen selbst ein Aspekt anderer Lerngegenstände ist, wie wir es bei dem Thema „Regen und Wasser" gesehen haben.

Das Verständnis der Kinder für das Lernen

Das Ergebnis des Projektes „Metalernen in der Kindertageseinrichtung" (Pramling, 1988 a) zeigt auf, dass die Kinder in den Gruppen, die nach dem entwicklungspädagogischen Ansatz gearbeitet haben, die Fähigkeit, verschiedene Dinge zu verstehen, auf höherem, abstrakteren Niveau entwickelten als die Kinder in den zwei anderen Tagesstätten. Wie wir der Abbildung 2 entnehmen können, ist die Veränderung in den entwicklungspädagogischen Einrichtungen (A und B) offensichtlich im Vergleich zu den Referenzgruppen (C und D). Im Bild sind Gruppe A und B auf der einen Seite und Gruppe C und D auf der anderen zusammengefasst.

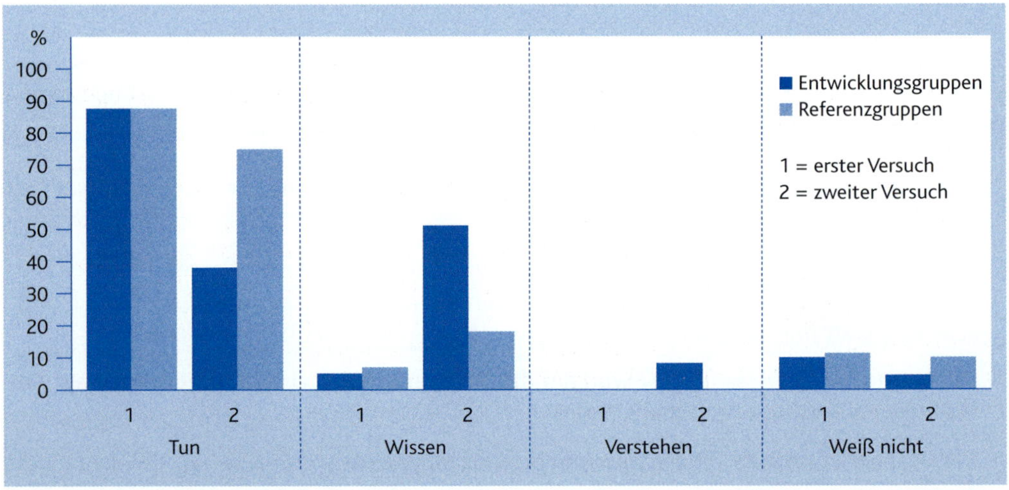

Abbildung 2: Grafische Darstellung der Veränderungen in den entwicklungspädagogischen Kindergruppen und in den Referenzgruppen.

Die Daten, die hier als Grundlage dienen, wurden jeweils beim Eintritt und kurz vor Ende der Zeit in der Kindertageseinrichtung erhoben. Die Kinder wurden zu ihrem eigenen Lernen befragt. Am Anfang brachten alle Kinder Lernen mit „Tun" in Verbindung. Eine größere Gruppe Kinder aus der Entwicklungsgruppe äußerte bei einer anderen Gelegenheit, dass Lernen auch Wissen heißen könne, und einige meinten, lernen heiße verstehen. Die meisten Kinder aus der Referenzgruppe erfuhren Lernen nach wie vor als Tun. Zudem nahmen alle Kinder an drei Projekten teil. Eines davon fand im Naturhistorischen Museum statt. Nach diesem Ausflug wurden die Kinder befragt, warum sie am Tag zuvor das Museum besichtigt hatten.

Hier sehen wir deutliche qualitative Unterschiede in den Auffassungen der Kinder. Gewisse Kinder haben durchschaut, dass sie im Museum waren, um etwas zu lernen, was bedeutet, dass sie die Absicht dahinter erkannten. Dies haben wir entsprechend beschrieben und hierarchisiert. Andere Kinder hingegen sprechen davon, dass sie Tiere anschauen sollten (ein Kind formulierte „etwas über Tiere hören"). Diese Kinder zogen nie eine Verbindung zu sich selbst und ihrem eigenen Lernen, sondern sie „taten" einfach etwas. Ein paar wenige Kinder sagten, dass sie das gemacht hätten, weil es Spaß mache, d. h. sie taten es nicht einfach so, sondern aus einem bestimmten Grund.

	Kindertageseinrichtung			
	A	B	C	D
Lernen	19	13	5	7
Tiere anschauen (hören)	–	5	10	5
Spaß	–	1	–	1
Weiß nicht	–	2	3	4
Anzahl Kinder	19	21	18	17

Tabelle 3: Der Grund für den Besuch im Naturhistorischen Museum

Wir können an Tabelle 3 ablesen, dass alle Kinder der A-Gruppe anscheinend verstanden haben, dass sie ins Museum gingen, um etwas zu lernen. In der B-Gruppe hat das gut die Hälfte der Kinder durchschaut, aber kaum ein Drittel der C-Gruppe und etwas mehr als ein Drittel der D-Gruppe. Ein Kind aus einer der entwicklungspädagogischen Gruppen gab als Antwort auf die Frage, warum sie das Naturhistorische Museum besucht haben: „Das haben wir gemacht, damit sie (die Forscherin, unser Kommentar) uns interviewen und feststellen konnte, ob wir etwas gelernt haben."

Kinder, die in ihrer Kindertageseinrichtung an einer entwicklungspädagogischen Tätigkeit teilgenommen haben, entwickeln sich anders als die Kinder in den Referenzgruppen, da sie Gedanken und Ideen rund um ihr Lernen auf einem sehr abstrakten und generellen Niveau entwickeln, d. h. das unsichtbare Verstehen der Welt um sie herum ist für mehrere Kinder sichtbar geworden. Der Trend ist derselbe, d. h. Kinder erweitern ihre Reflexion über das eigene Lernen, indem viele Kinder die Erfahrung machen, dass sie nicht nur lernen, etwas zu tun, sondern auch etwas zu wissen und in gewissem Maße zu verstehen.

Eine andere Art festzustellen, wie Kinder lernen zu verstehen, was sie gelernt haben, können wir an der Antwort von Elisabeth, 6 Jahre, ablesen. Auf die Aufforderung der pädagogischen Fachkraft „Schreib doch mal auf, was du in der Kindertageseinrichtung gelernt hast" schreibt sie:

„Hallo!
Letztes Jahr haben wir angefangen, über FRÜHER[29] zu reden. Aber jetzt haben wir es uns anders überlegt und reden darüber, wie die NATUR uns braucht und wir die NATUR. Ganz, ganz am Anfang haben wir über Dinosaurier gesprochen und WIE die Erde entstanden ist. Alles gehört zusammen!
UND WENN SIE NICHT GESTORBEN SIND, DANN LEBEN SIE NOCH HEUTE.
MM"

[29] *Anm. d. Übers.: Im Schwedischen werden alle Wörter kleingeschrieben. Elisabeth hat bei den Schlüsselbegriffen jeweils den ersten Buchstaben großgeschrieben. Im Deutschen haben wir dies durch die komplette Großschreibung des ganzen Wortes gekennzeichnet.*

Elisabeths Brief lautete exakt so, nur dass sie „alles" mit einem „l" geschrieben hat. Sie schreibt große und kleine Buchstaben, genau wie hier. Sie schreibt MM als ihre Unterschrift, d. h. sie bezeichnet es selbst als ihren heimlichen Namen. Das Interessante ist, dass sie bestimmte Schlüsselbegriffe, die den Inhalt der Tätigkeit bezeichnen, mit großen Buchstaben versieht. Auf eine Frage der pädagogischen Fachkraft danach sagt sie, „es ging doch um die Natur und wie es früher war". Elisabeth drückt zudem in ihrem Text aus, dass es in der Arbeit darum ging, *Zusammenhänge* zwischen verschiedenen Teilen der Inhalte herzustellen und festzustellen, dass verschiedene Dinge zueinander *in Beziehung stehen*, was sie so ausdrückt: „Alles gehört zusammen." Dieses Verständnis erlangt sicherlich nicht die Mehrzahl der Kinder dieser Altersgruppe. Aber Elisabeth hat offensichtlich entdeckt, dass es eine übergreifende Botschaft in all den Aktivitäten gibt, die sie zusammen im vergangenen Jahr unternommen haben. Lernen als Gegenstand ist zum Vorschein gekommen!

11. Mathematik als Lerngegenstand

Mathematik ist, wie wir schon gesehen haben, ein Aspekt der Inhalte in der Kindertageseinrichtung, die schon von Anfang an berücksichtigt wurden, d. h. sie hat tiefe Wurzeln in der Tradition des Kindergartens. Für die Kinder waren gewisse mathematische Begriffe von Anfang an entweder an das Bauen geknüpft (Leeb Lundberg, 1972) oder an Haushaltsgegenstände, bei denen man verschiedene Maße und Mengen benötigte, zum Beispiel beim Backen. Auch wenn die grundlegenden mathematischen Begriffe heute dieselben sind, ist die Arbeitsweise mit ihnen in Bezug auf die Lernprozesse der Kinder anders.

Eine Menge verschiedener entwicklungspädagogischer Projekte wurde von Elisabeth Doverborg durchgeführt. Sie untersuchte das grundlegende Verständnis für verschiedene Aspekte der Mathematik (s. Doverborg und Pramling Samuelsson, 1999 a, 1999 b, 1999 c, 2000 b, 2001). Das Alter der Kinder, die in den unterschiedlichen Studien beteiligt waren, variierte von zwei bis acht Jahren, von denen wir einige jahrelang beobachtet haben, andere nur über kurze Zeiträume hinweg.

Der Gegenstand des Lernens hat sich in Doverborgs verschiedenen Studien also in einem Feld bewegt, das für das mathematische Verständnis als grundlegend angesehen werden kann. In Doverborgs Studien ging es auch um verschiedene mathematische Prinzipien, wie z. B. Reihen oder Sortieren oder Dinge der Größe nach ordnen. Im Bereich der Auffassung von Zahlen war die Gleichung „Teil + Teil = Ganzes" ein zentrales Thema. Problemlösung ist ein anderer Gegenstand, mit dem gearbeitet wurde. Ein wichtiges Objekt war *die Funktion des Zählens*, das heißt bei den Kindern ein Verständnis für Zählen und Rechnen zu entwickeln und zwar als etwas, das einen Sinn und eine Bedeutung für Kinder in ihrem Alltag in der Kindertageseinrichtung hat. Dass es ihnen Spaß gemacht hat, kann man einigen Stellungnahmen der Kinder entnehmen: „Wenn einem langweilig ist, kann man einfach zählen, dann hat man mehr Spaß." Die pädagogischen Fachkräfte haben die Kinder zum Beispiel von Zeit zu Zeit gefragt: „Wie rechnet man? Kann man auf mehrere Arten rechnen? Warum müssen wir das Rechnen lernen? Was passiert, wenn man nicht rechnen kann, wenn man einkaufen geht?" Außerdem wurden sie vor Probleme gestellt, die sie lösen sollten, und im Anschluss daran sollten die Kinder überlegen, warum es gut ist, Probleme lösen zu können. Die unterschiedlichen Arten der Kinder, von verschiedenen Aufgaben zu sprechen, sie konkret zu dokumentieren oder zu lösen oder über verschiedene Fragen nachzudenken, wurden kontinuierlich zum Gegenstand der Reflexionen gemacht.

Auffassungen von Zahlen als Lerngegenstand

Verschiedene Kindergruppen arbeiteten auch auf unterschiedliche Weise mit dem Lerninhalt „Auffassungen von Zahlen". Die allerjüngsten Kinder in der Gruppe haben mit „Sternkärtchen" gearbeitet, das sind Karten mit bis zu fünf Goldsternen darauf. Die Kinder waren ganz fasziniert von ihnen. Sie durften sich jeweils eine Karte aussuchen, deren Muster ihnen gefiel. Sie begannen, ihre Karte mit denen der anderen zu vergleichen. Sie legten die Karten mit gleichem Muster in eine Reihe und begannen, die Länge der Kartenreihen zu vergleichen. Nach und nach zählten sie die Karten in den Reihen und die Sterne auf den Karten.

Die jüngsten und die älteren Kinder in der Kindertageseinrichtung teilten beim Mittagessen immer wieder Äpfel. Die Kinder wurden gefragt: „In wie viele Teile soll ich dir deinen Apfel heute schneiden?" Die Kinder machten einen Vorschlag und fanden im Dialog mit dem Erwachsenen heraus, wie man es schafft, genau die Anzahl an Apfelschnitzen zu bekommen, die man möchte.

So kann beispielsweise ein Dialog am Esstisch aussehen (Doverborg, 2000, S. 137–139):

Lisa will vier Schnitze von der Birne haben, bekommt aber von der pädagogischen Fachkraft zunächst nur zwei.

Pädagogische Fachkraft: Wie viel mehr möchtest du haben?

Lisa: Zwei (antwortet direkt).

Pädagogische Fachkraft: Ja, woher weißt du das so schnell?

Lisa: Weiß ich halt. Zwei und zwei sind vier.

...

Die pädagogische Fachkraft fragt die Kinder nach dem Essen, in wie vielen Stücken sie ihre halbe Frucht haben möchten.

Pädagogische Fachkraft: Agne, wie viele Schnitze möchtest du haben?

Agne: Ich will sechs.

Pädagogische Fachkraft: Und wie soll ich das teilen, damit es sechs werden?

Agne: Du fängst mit dreien an.

Pädagogische Fachkraft: Erst drei. Probieren wir das mal. (Die pädagogische Fachkraft schneidet den halben Apfel in drei Schnitze.) Und jetzt?

Agne: Jetzt teilst du sie in der Mitte durch, dann sind es sechs.

Pädagogische Fachkraft: Dann werden es sechs. Wie bist du darauf gekommen? Jetzt lass uns mal schauen. (Sie schneidet die drei Apfelschnitze in der Mitte durch.)

Agne: 1, 2, ..., 3, 4, ... 5, 6. (Agne zählt, während die pädagogische Fachkraft die Schnitze durchschneidet).

Andere grundlegende Aspekte der Mathematik, mit denen die Kinder gearbeitet haben, waren das Vergleichen, Sortieren, Anordnen nach der Größe, Schätzen, Probleme-Lösen und Kennenlernen der Begriffe Zunahme-Abziehen, der vier Rechenarten und auch der angewandten Vergleichsworte, Zeitbegriffe usw.

Form- und Raumvorstellung als Lerngegenstand

Schließlich haben sich die Kinder auf unterschiedliche Weise auch mit der Auffassung von Formen und Räumen befasst und mit viel Mühe bearbeitet (Doverborg und Pramling Samuelsson, 2001). Diese Studie wurde noch einige Jahre bis in die Schulzeit hinein fortgesetzt, um zu sehen, ob das Alter das Vermögen der Kinder, sich Formen vorzustellen und darzustellen, beeinflusst, was es jedoch nicht tut. Hier folgen einige Beispiele dafür, was die pädagogische Fachkraft zu dem Thema Form- und Raumvorstellung mit den Kindern gemacht hat:

- Zäune, Tore, Balkons, Veranden, Türen, Fenster usw. finden (suchen und die Formen unterscheiden),
- Objekte aus unterschiedlichen Winkeln betrachten,
- Zeichnungen von den Ausflügen in die Nachbarschaft anfertigen und darüber diskutieren,
- Modelle von Zäunen, Türen, Fenstern und Würfeln herstellen,
- eine Hauszeichnung anfertigen, erst zeichnen und dann ein Baumhaus im Garten bauen,
- die Kindertageseinrichtung aus der Vogelperspektive malen (sowohl bevor als auch nachdem sie das Gebäude aus unterschiedlichen Winkeln erforscht haben),
- Arbeiten mit bestimmten Formmustern (d. h. Formen dicht aneinander legen und ein Muster dabei bilden),
- Bilder kreieren, indem man ausgeschnittene Formen verwendet,
- Modelle für Lebkuchenhäuschen erstellen,
- richtige Lebkuchenhäuser gemäß den Modellen backen,
- Bilder in Hinblick auf Größe und Abstand untersuchen,
- Bilder von Häusern, die in zwei Teile geschnitten sind, wieder zusammensetzen.

Dies sind die Inhaltsdimensionen, mit denen gearbeitet wurde, um die Form- und Raumvorstellung zum Lerngegenstand zu machen (Doverborg, Pramling Samuelsson, 2001, S. 32–38). Nachfolgend führen wir ein Beispiel für einen Dialog zwischen der pädagogischen Fachkraft und den Kindern an, wie er zum Thema stattfand.

Im Stuhlkreis sprechen die Kinder und die pädagogische Fachkraft darüber, wie Pippis Haus aussieht.

Christoffer: Das Haus ist gelb, grün und rosa. Die Veranda ist rosa und der Rest des Hauses besteht aus gelben Brettern.

Serafina: Es sieht aus, als wären Kreuze auf den Fensterscheiben.

Oliver: Es gibt einen Garten und eine Veranda, darauf steht ein Pferd.

Anna: Pippi hat um ihr Haus einen Zaun.

Pädagogische Fachkraft: Habt ihr hier in der Gegend irgendwo ein Haus gesehen, das so aussieht wie Pippis Haus?

Jenny: Ich hab noch nicht danach gesucht, aber vielleicht können wir das mal tun.

Am Nachmittag unternehmen die Kinder mit der pädagogischen Fachkraft einen Spaziergang im nahe liegenden Wohngebiet, um zu sehen, was ein Haus haben muss, um auszusehen wie Pippis Haus.

Serafina: Das Haus muss gelb sein.

Lena: Es muss eine Veranda haben.

Benjamin: Um's Haus herum muss ein Zaun sein.

Oliver: Und es muss einen Garten haben und ein Pferd.

Auf ihrem Spaziergang kommen die Kinder an vielen unterschiedlichen Häusern vorbei und schließlich entdecken sie ein gelbes Haus, das Balkon, Veranda und Zaun hat. Während des Spaziergangs begeistern sich die Kinder für die vielen verschiedenen Arten von Zäunen. Jedes Kind macht eine Zeichnung von dem Zaun, der allen am besten gefiel. Als sie in die Kindertageseinrichtung zurückkommen, hängen sie alle Zeichnungen an die Wand und jedes Kind kann zu seinem Bild etwas sagen. Sie beschreiben die unterschiedliche Höhe und Breite zwischen den Latten des Zaunes; ein Teil der Zäune hatte verschiedene Muster, einige hatten nur ein Muster, der nächste hatte gar kein Muster, bei einem Zaun war eine Latte oben und eine Latte unten.

Danach beginnen die Kinder, in zwei Gruppen Zäune zu konstruieren, einige arbeiten mit Karton, andere mit Ton. Die acht Kinder, die mit dem Karton arbeiten, bekommen jeweils ein rechteckiges Pappstück zum Basteln. Wie stellt man aus einem Stück Karton einen Zaun her? Der Dialog zwischen den Kindern und der pädagogischen Fachkraft illustriert, wie sie das Problem in Angriff nehmen:

Christoffer: Der Karton ist viereckig. Ja, genau!

Lisa: Die Seiten sind nicht gleich lang.

Christoffer: Nein, er hat zwei lange und zwei kurze Seiten.

Pädagogische Fachkraft: Wie sah der Zaun denn aus?

Christoffer: Ganz viele kurze Bretter.

Petra: Ein paar waren auch lang.

Pädagogische Fachkraft: Aber wie bekommen wir kurze und lange Latten aus einem Stück Karton?

Lena: Wir können alle kurz machen, und dann einen Teil wieder zusammensetzen, dass es lange werden.

Oliver: Oder wir nehmen noch ein Stück Karton.

Pädagogische Fachkraft: Nein, wir haben nur den.

Christoffer: Wir können erst die langen ausschneiden, dann die kurzen.

Jedes Kind beginnt mit seiner Arbeit, sie schneiden Latten in unterschiedlicher Länge aus. Dann legen sie die Streifen in eine Reihe, bevor sie sie zu einem Zaum zusammenkleben.

Danach begutachten die Kinder ihre Zäune. Sie entdecken, dass nicht immer der gleiche Zaun dabei entstanden ist. Es entstanden drei unterschiedliche Typen von Zäunen und drei sind zudem auch unterschiedlich hoch. Sie entdecken auch, dass die Länge nicht immer gleich ist und zählen die Latten an jedem Zaun. Hier entwickelte sich eine andere Form von Variation, die pädagogische Fachkräfte wohl mehr oder weniger unbewusst in ihrer Arbeit mit den Kindern anwenden. Die Pädagogin fokussiert hier nicht nur die unterschiedlichen Denkweisen der Kinder, sondern auch die *Variation desselben Lerngegenstandes*, d. h. die Tatsache, dass ein Zaun unterschiedlich aussehen kann – es gibt bei Gegenständen eine Variation, doch ihre Funktion bleibt dieselbe. (Ein anderes Beispiel aus Elisabeth Doverborgs Studien: Die pädagogische Fachkraft geht zu jedem Kind nach Hause, um die unterschiedlichen Eingangstüren zu studieren. Türen werden als Gegenstände variiert, ihre Funktion bleibt jedoch immer gleich.)

Eins der Kinder, Anna, schlägt vor, eine Ausstellung zu machen, bei der sie die Zäune in verschiedene Gruppen zusammenfassen könnten, z. B. eine Gruppe mit den Zäunen, die die gleiche Höhe haben, und eine Gruppe mit Zäunen, die die gleiche Länge haben.

In der „Sternkartenstudie" hat die pädagogische Fachkraft Karten, auf die eine unterschiedliche Anzahl Sterne aufgeklebt ist, hergestellt (Doverborg und Pramling Samuelsson, 2000 c). Die Kinder haben sortiert, verglichen und über die Karten, die an einer Pinnwand befestigt wurden, gesprochen. In den Studien mit den etwas älteren Kindern wurde systematisch mit der Apfelteilung beim Mittagessen und mit den Themen „Hühner" und „Pferde" gearbeitet. Das Hühnerthema knüpfte daran an, dass man in der Kindertageseinrichtung auch Hühner hatte, die man beobachtete. Zudem gab es einen eigenen Hühnerspielplatz, wo jedes Kind sein eigenes Huhn hatte, was einiges an Problemlösung erforderte. Beim Pferdethema bastelten die Kinder Pferde, dabei wurde viel gemessen und verglichen. Die Pferde wurden ein Teil des Spiels in diesem Halbjahr. Sie bekamen Halsbänder und weitere Ausrüstung. Mit den Pferden wurde dramatisiert und gespielt. Lange Zeit spielten sie, dass die Pferde wegen verschiedener Leiden im Tierkrankenhaus waren und diese und jene Medizin einnehmen mussten. All die verschiedenen Dimensionen, mit denen sie arbeiteten, erforderten den Umgang mit Mathematik und regten zum Denken an (Doverborg und Pramling Samuelsson, 1999 b).

Mathematische Aspekte und Begriffe werden Teil der Spielwelt der Kinder. Gleichzeitig achten die pädagogischen Fachkräfte darauf, immer wieder *die Aufmerksamkeit der Kinder auf mathematische Aspekte zu lenken*. Sie fordern die Kinder auf, *sich etwas vorzustellen, und über das, was sie tun, nachzudenken*. Schließlich – und das ist wichtig – dokumentieren die Kinder selbst und die pädagogischen Fachkräfte wiederum *dokumentieren* die Welt der Kinder. Das geschieht kontinuierlich, zum Teil, damit die Vielfalt der Denkweisen und der Lösungswege der Kinder sichtbar wird, aber auch, um ihnen die Möglichkeit zu geben, über ihre eigene Denkweise und ihre Art, ihre Umwelt zu verstehen, nachzudenken, was man als metakognitiven Ansatz bezeichnen kann (Pramling, 1983, 1986 a, 1988 a).

Das Verständnis der Kinder für verschiedene Aspekte der Mathematik

Lassen Sie uns einige Ergebnisse verschiedener Studien betrachten. Die jüngsten Kinder, die 2,7 bis 3,1 Jahre alt waren, als die systematische Arbeit mit den Sternkarten begann, erhielten acht Monate später drei Aufgabenstellungen:

1. eine Karte mit Punkten (Karte mit anderem Muster als die Sternkarte) zu nehmen, die die Anzahl an Punkten aufwies, die vorgegeben war,
2. zwei Karten zu nehmen, die die vorgegebene Summe bildeten,
3. zu überlegen, wie viele Rosinen versteckt wurden (von der Gesamtzahl fünf).

Alle Kinder, sowohl die aus der Entwicklungsgruppe, die mit den Sternkarten gearbeitet hat, als auch eine Referenzgruppe, nehmen an dem Versuch teil. Der Unterschied ist beachtlich, bereits bei der ersten Aufgabe, bei der Karten mit der entsprechenden Anzahl an Punkten genommen werden sollten. Noch deutlicher zu sehen ist der Unterschied bei Aufgaben, bei denen die Kinder ein Paar bilden sollten, das eine entsprechende Summe ergibt (6 oder 7), wie wir an der Tabelle 4 unten erkennen können.

Anzahl	Entwicklungspädagogische Gruppe in %	Referenzgruppe in %
6	88	25
7	75	13
6 und 7	82	19

Tabelle 4: Anzahl korrekt zusammengelegter Karten in beiden Gruppen

Bei der Aufgabe mit den Rosinen müssen die Kinder zuerst zählen und feststellen, dass es insgesamt fünf sind. Dann werden sie verdeckt, die pädagogische Fachkraft nimmt ein paar und gibt sie einem Kind mit den Worten: „Wenn du (2, 3, 4 usw.) Rosinen von mir bekommst, wie viele sind dann noch übrig?" Wie wir der Tabelle 5 entnehmen können, kann im Vergleich zur Referenzgruppe eine größere Anzahl an Kindern aus der Entwicklungsgruppe die Aufgabe lösen.

Rosinen	Entwicklungspädagogische Gruppe	Referenzgruppe
bekommen 2, 3 versteckt	6	2
bekommen 1, 4 versteckt	6	3
bekommen 3, 2 versteckt	2	0
bekommen 4, 1 versteckt	2	0
bekommen 5, 0 versteckt	3	1

Tabelle 5: Anzahl der Kinder, die die Aufgabe lösen können, wie viele Rosinen versteckt sind. Alle acht Kinder beider Gruppen nahmen an den fünf Aufgaben teil.

Es ist mit Sicherheit eine schwierige Aufgabe für junge Kinder, sich etwas vorzustellen, das sie nicht sehen können, aber trotzdem schafft es ein Teil der Kinder, diese Aufgabe zu lösen.

Wenn wir die älteren Kinder in der Kindertageseinrichtung betrachten, die systematisch mit verschiedenen Aspekten der Mathematik gearbeitet haben, können wir an Tabelle 6 unten sehen, dass die Kinder in der entwicklungspädagogischen Gruppe und die in der Referenzgruppe unterschiedlich vorgegangen sind, um die konkreten mathematischen Probleme zu lösen. Wesentlich mehr Kinder der entwicklungspädagogischen Gruppe lösen die Aufgabe, indem sie über die Antwort nachdenken, während die Hälfte der Kinder in der Referenzgruppe versucht, das Problem zu lösen, indem sie mit den Fingern zählen.

	Entwicklungspädagogische Gruppe	Referenzgruppe
Denken die Antwort aus	76	18
Benutzen die Finger	10	17
Anzahl richtiger Antworten	86 (von insgesamt 96 Versuchen)	35 (von insgesamt 80 Versuchen)

Tabelle 6: Wie die Kinder das Problem lösen sowie die Anzahl der richtigen Antworten.

Die Kinder erhalten eine weitere Aufgabe: Drei Kinder sollen zehn Milchbrötchen aufteilen. Die Kinder, die die Aufgabe lösen, teilen entweder gleich (Anzahl) oder ungleich (Anzahl), aber eine große Gruppe der Referenzgruppenkinder hat überhaupt keine Idee, wie sie die Aufgabe lösen könnte.

	Anzahl Kinder in der entwicklungspadagogischen Gruppe	Anzahl Kinder in der Refenzgruppe
Teilen gleich	16	5
Teilen ungleich	7	3
Lösen die Aufgabe nicht	1	12
Anzahl Kinder	24	20

Tabelle 7: Wie die Kinder die zehn Milchbrötchen unter drei Kindern aufteilen.

Sogar in der Studie, in der Kinder mit Formen gearbeitet haben, ist der Unterschied zu den Kindern, die nach dem entwicklungspädagogischen Konzept gearbeitet haben, auffällig groß. Außer der Arbeit mit dem Entdecken und Erkennen von Formen haben sie sich mit Symmetrie und Raumvorstellung (zwei- und dreidimensional) beschäftigt, indem sie gezeichnet und gebaut haben usw. Die Aufmerksamkeit der Kinder wurde darauf gelenkt, sich verschiedene Dinge vorzustellen, d. h. sie haben mit inneren Bildern gearbeitet. Die Kinder bekommen sechs Monate später die Aufgaben,

1. ein Haus zu zeichnen und
2. einen Würfel zu zeichnen.

Bei der ersten Aufgabe zeichnen 14 der 16 Kinder aus der entwicklungspädagogischen Gruppe ein dreidimensionales Haus, während dies nur fünf der 15 Kinder aus der Referenzgruppe tun. Aber als es darum geht, einen Würfel zu zeichnen, zeichnen ihn 13 von 16 Kindern in der entwicklungspädagogischen Gruppe dreidimensional, doch niemand in der Referenzgruppe. Auch die Nachverfolgungen, die Doverborg später anstellte, zeigten, dass die Unterschiede bestehen blieben.

12. Kulturelle Aspekte der Umwelt als Lerngegenstand

Das Thema „Geschäft" ist eine Teilstudie innerhalb des Projektes „Metalernen in der Kindertageseinrichtung". Das Ziel war zu untersuchen, inwieweit es für Kinder möglich ist, ein Verständnis für ihr eigenes Lernen zu entwickeln und festzustellen, ob dies den Lernprozess beeinflusste. Drei Gruppen arbeiteten in den Kindertageseinrichtungen zwei bis drei Wochen mit dem gleichen Inhalt, wobei sich jedoch Aspekte wie Struktur und Arbeitsform des Lernens unterschieden. (Eine detaillierte Beschreibung finden Sie bei Pramling, 1986 b, 1988 b). Hier werden wir nur den Lerngegenstand und -inhalt der Kinder betrachten, die ein komplexes Verständnis für Aspekte der kulturellen Umwelt, d. h. der von Menschen geschaffenen Umwelt, entwickelten.

Der Inhalt, mit dem alle Kindertageseinrichtungen arbeiteten, war wie gesagt der gleiche, auch wenn die Struktur, d. h. das Einnehmen der Perspektive des Kunden bzw. des Geschäftsinhabers nur in zwei Gruppen zum Tragen kam. Und wie wir der Tabelle 8 entnehmen können, hat ein metakognitiver Dialog nur in der Gruppe, die entwicklungspädagogisch gearbeitet hat, stattgefunden (A).

Kindertageseinrichtung	Inhalt	Struktur	Metakognitive Gespräche
A	X	X	X
B	X	X	
C	X		

Tabelle 8: Die Anlage der Studie

Der Gegenstand des Lernens stellt das Geschäft als System und als Plattform der Kunden in den Mittelpunkt. Die unterschiedlichen Begriffe und Prinzipien, denen Kinder ausgesetzt sind und für die sie sich interessieren, sind teilweise Aspekte des Kunden wie:

- Wie kauft man ein?
- Was gibt es für verschiedene Waren?
- Wie sind Waren im Geschäft sortiert (gefrorene Waren, Milchprodukte, Obst usw.)?
- Bezahlen
- Preisschilder

Und aus der Perspektive des Geschäftsführers:

- Wie funktioniert das Geschäft?
- Wer arbeitet im Laden?
- Wozu benutzt man das Geld?
- Werbung
- Woher kommen die Lebensmittel?
- Wie kommen die Lebensmittel in den Laden?
- Waren für das Geschäft einkaufen

Die Arbeit in der entwicklungspädagogischen Gruppe begann mit einer gemeinsamen Betrachtung der Nahrungspyramide. Man überlegte, was Menschen essen müssen. Die Kinder kennen unterschiedliche Lebensmittel und daher steigt man in das Thema ein, indem die Kinder in den ersten Tagen verschiedene Dinge aus den Bausteinen der Nahrungspyramide probieren dürfen. Die Kinder schneiden Bilder von Lebensmitteln aus Zeitschriften aus, Nahrungsmittel, die sie gerne mögen und die zu unterschiedlichen Gruppen der Nahrungspyramide gehören. Dann kleben sie alles in eine große Pyramide ein. Sie entdecken, dass manche Lebensmittel von vielen Kindern ausgeschnitten worden sind, während andere nur von wenigen ausgewählt wurden. Es wird über gesundes und ungesundes Essen gesprochen. Dazu fällt den Kindern einiges ein. Und ein Kind sagt: „Es gibt auch gesunde Süßigkeiten!" Die Kinder stellen auch Lebensmittel aus Ton her, die sie dann anmalen, um sie später im Spiel verwenden zu können. Sie haben zusammen auch eine große Fantasieeistüte gebastelt, weil so viele Kinder gerade über Eis reden. Jeweils ein paar Kinder dürfen die diversen Aktivitäten ausprobieren und dabei unterhalten sie sich mit der pädagogischen Fachkraft. Sie backen zusammen Brot und bereiten am nächsten Tag belegte Brote zu, auf denen sich etwas aus jedem Teil der Nahrungspyramide befindet. Von der Nahrungspyramide kommt man zum Thema Kaufladen, indem die pädagogische Fachkraft die Kinder fragt, warum es gut ist, wenn man weiß, was für unterschiedliches Essen man braucht und wo man es bekommt. Die nächste Woche beginnt damit, dass man mit der Gruppe einen Ausflug in einen Kaufladen plant. Die Kinder unterhalten sich über Kunden und Geld. Während sie mit Ton arbeiten, sollen die Kinder überlegen, was sie sich im Kaufladen anschauen wollen, was das Geschäft unternimmt, damit es verschiedene Waren verkauft usw. Die Kinder haben viele unterschiedliche Ideen und die pädagogische Fachkraft hört ihnen mit großer Aufmerksamkeit zu. Am nächsten Tag fahren alle mit der Straßenbahn in ein Geschäft. Die pädagogischen Fachkräfte machen mit ihren Gruppen einen Rundgang. Dabei betrachten sie die verschiedenen Waren und deren Anordnung. Die pädagogische Fachkraft zeigt den Kindern zwei Pakete mit Cornflakes und fragt, welches sie kaufen solle. Alle zeigen auf das besonders bunte Paket. „Warum?", fragt die pädagogische Fachkraft. Die Kinder antworten mehr oder weniger wie aus einem Mund: „Das Paket ist schöner!" Die pädagogische Fachkraft bringt das Gespräch nun auf die Werbung und dann sehen sie sich gemeinsam die Preisschilder an und diskutieren, warum es sie gibt. Wieder zu Hause angekommen, sprechen sie über den Besuch im Geschäft und helfen sich gegenseitig zu erinnern, was sie gesehen und gedacht haben, als sie dort waren. Die Kinder zeichnen etwas aus dem Geschäft, das sie interessant fanden. Die Zeichnungen der Kinder werden gemeinsam diskutiert. Sie bauen auch gemeinsam einen Kaufmannsladen auf und machen einen Brotlaster aus einer Schublade.

Beim nächsten Besuch im gleichen Kaufladen planen sie dieses Mal einen Rundgang mit dem Geschäftsführer. Er erzählt ihnen auch, wie ein Geschäft funktioniert. Der Mann empfängt sie am Eingang. Alle begeben sich zur Warenannahme, wo sie erfahren, wie viele Lastwagen dort täglich ankommen. Der Geschäftsführer zeigt ihnen auch die Kühl- und Tiefkühlräume und erzählt, was darin lagert. Dann kommen sie zum Fleischvorbereitungsraum, wo sie erfahren, wie man Fleisch stempelt und was teuer und was billig ist. Der Rundgang führt weiter zum Büro des Geschäftsführers. Er berichtet von Arbeitszeiten, Angestellten, was sie mit dem Geld machen und spricht von der neuen Produktwerbung. Der Geschäftsführer zeigt ihnen eine „Scheibe", auf der man ablesen kann, wie viel Geld man auf den Einkaufspreis einer Ware aufschlagen muss, wenn sie verkauft wird. Die Kinder dürfen eine davon mit in ihre Kindertageseinrichtung nehmen. Schließlich erzählt er anhand von großen Plakaten, die an der Wand hängen, wie es früher in den Geschäften aussah. Die Kinder haben viele Fragen und wollen vor allem wissen, woher die Lebensmittel kommen. Am Ende fahren sie mit einer großen Kiste Obst, die sie geschenkt bekommen haben, nach Hause.

Auch dieser Besuch im Geschäft wird nachbereitet, indem sie darüber sprechen und reflektieren, was sie gesehen und erfahren haben, worüber sie noch mehr wissen wollen usw. Gemeinsam zeichnen die Kinder ein großes Bild für das Schaufenster, das sie dem Geschäftsführer schicken. Bevor das Thema abgeschlossen ist, reden sie auch über Geld, backen einen Kuchen und stellen Saft her, der in ihrem eigenen Laden verkauft wird.

Was unterscheidet nun die Arbeit dieser Gruppe an dem Thema von den anderen? Das kann man sicher nicht so allgemein sagen, da sich die Arbeit in unterschiedlichen Gruppen immer unterschiedlich gestaltet. Aber üblich ist es, die Kinder eher zu konkretem Handeln anzuleiten als dass man ihr Verständnis für ihre Umwelt aus ihnen herauskitzelt. In der Gruppe, die wir hier beschreiben, ist sich die pädagogische Fachkraft genau bewusst, worauf sie die Aufmerksamkeit der Kinder richten will. Außerdem setzt sie mit ihrer Arbeit am Thema bei den Erfahrungen und Gedanken der Kinder an. Wir haben gesehen, dass die pädagogische Fachkraft zum einen eine *deutliche Struktur* vorgibt, da sie die Aufmerksamkeit der Kinder zuerst auf das Essen richtet, dann darauf, in einem Laden Kunde zu sein. Schließlich gewährt die Pädagogin einen Einblick in ein Geschäft als System und begleitet dies mit verschiedenen Aktivitäten und Diskussionen unter den Kindern und zwischen den Kindern und ihr. Zudem *denken die Kinder während der gesamten Arbeit am Thema über das Lernen und alle dazugehörigen Begriffe nach.* Die pädagogische Fachkraft weiß, dass die Kinder den Stuhlkreis nicht so mögen, und begrenzt deshalb die Phasen in dieser Arbeitsform. Sie führt viele Dialoge mit den Kindern in Kleingruppen. Die Kinder dürfen viel erzählen. Die pädagogische Fachkraft fragt viel nach, aber erzählt auch selbst und vor allem davon, warum sie diese verschiedenen Dinge tun. Sie sollen *aktiv beim Handeln und Reflektieren* sein und werden von den Fragen der pädagogischen Fachkraft gefordert. Die metakognitiven Gespräche begleiten die ganze Tätigkeit wie ein roter Faden, d. h. erst denken und überlegen die Kinder, sie äußern ihre Ideen und dann stellt die pädagogische Fachkraft die *unterschiedlichen Denkweisen* der Kinder in den Mittelpunkt der Aufmerksamkeit.

Das *Kaufladen-Spielen* ist in dieser Gruppe etwas Besonderes. Gemeinsam überlegen die Erwachsenen und die Kinder, wie ein Geschäft aussieht. Sie schaffen Platz in einem anderen Raum und richten dort ein Geschäft mit zahlreichen leeren Verpackungen ein, die die Kinder in die Kindertageseinrichtung mitgebracht haben. Sie leihen „Kindereinkaufswagen" im Geschäft in der Nähe. Alle Waren werden ausgezeichnet und ein Kassentisch wird mit Kasse, Rechentafel und selbst gebasteltem Geld ausgestattet. Wenn die Kinder eingekauft und ihre Waren benutzt haben, sollen sie sie im Nachbarraum ablegen. Und wenn die Waren im Laden langsam ausgehen, wird ein Kind zum Fahrer ernannt und darf neue Waren ins Geschäft bringen, etwas, das ein natürlicher Teil des Spiels wird. Die pädagogische Fachkraft nimmt am Spiel teil, und an einem Tag macht sie Werbung für einen besonders guten Kuchen im Laden. Alle die einkaufen, dürfen auch kosten. Hinterher thematisiert sie den Vorgang und fragt die Kinder, ob sie so etwas schon einmal beim Einkaufen erlebt haben. Das bringt das Gespräch nun auf das Thema Werbung. (Dies dokumentiert der Film „Nachdenken, um mehr zu wissen", 1990, [Utbildningsradio]).

Das Projekt „Kind und Verkehr in der Kindertageseinrichtung" (Mårdsjö, 1993; Pramling und Mårdsjö, 1994) hatte zum Ziel, einen Inhalt und eine Arbeitsform herauszuarbeiten, die für Vorschulkinder in diesem Bereich passend sind. Ingesamt nahmen 85 Kinder im Alter von ein bis acht Jahren teil. Der *Gegenstand des Lernens* sollte sein, dass die Kinder sich als *Teil des Verkehrs* betrachteten, und setzte an den Erfahrungen der Kinder mit dem Verkehr an. In diesem Zusammenhang erschien das Fahrrad als zentraler Punkt in der Welt der Kinder. Verkehrsschilder und Reflektoren wurden auch besprochen. Betrachtet man das Projekt genauer, stellt man fest, dass die pädagogische Fachkraft wollte, dass die Kinder ein Verständnis für den Verkehr entwickeln, d. h.:

- die Kinder auf verschiedene Fragen zum Verkehr und Situationen im Verkehr aufmerksam machen, die vermutlich mit der Welt der Kinder zu tun haben,
- den Kindern ihr eigenes Verkehrsumfeld bewusst machen, wie sie sich in den häufigsten Verkehrssituationen verhalten sollen,
- versuchen, den Kindern klarzumachen, dass sie selbst entscheiden können, wenn sie sich außer Haus bewegen, d. h. ihre Einflussnahme auf den Verkehr verdeutlichen,
- den Kindern ihr eigenes Lernen bewusst machen, sodass sie das, was sie gelernt haben, in einer anderen Situation umsetzen und anwenden können.

Kinder und pädagogische Fachkräfte bauten einen Fahrradparcours, legten die Regeln fest, fuhren Fahrrad und gingen in der näheren Umgebung spazieren und beobachteten Verkehr und Verkehrsteilnehmer. Sie arbeiteten viel mit Rollenspiel und Bewegung, weil die pädagogischen Fachkräfte die Meinung vertraten, dass Motorik und Koordination im Verkehr wichtig sind. Oft setzten sie beim Erzählen Handpuppen ein. Handpuppen, die neue Impulse setzen, waren ein Identifikationsobjekt für die Kinder und halfen, Fragen zu stellen, die die Kinder zum Nachdenken bringen sollten. Die Kinder spielten auch mit Autos und bauten Verkehrssituationen nach usw.

Die Pädagoginnen und Pädagogen halfen den Kindern systematisch bei der Dokumentation, um die Variation der Gedanken der Kinder sichtbar zu machen.

Kinder im Alter von fünf und sechs Jahren hatten bereits zu Beginn des Projekts ein intuitives Gefühl dafür, was Verkehr ist, das heißt, sie hatten eine Vorstellung von einem beweglichen System, das aus vielen unabhängigen Komponenten besteht. In den ersten Äußerungen der Kinder fiel auf, dass einzelne Autos oder stillstehende Autos nicht zum Verkehr gehörten. Menschen oder Fahrräder wurden auch nicht dazugerechnet. Es schien, als ob Verkehr für viele Kinder aus Fahrzeugen bestehe. Das Wort „Verkehr" wirft auch die Frage nach den Verkehrsregeln auf, das sind vor allem Verbotsregeln. Den Kindern Respekt vor der Gefahr einzuflößen und ein Verständnis dafür, wann es gefährlich wird, haben die Eltern offensichtlich bereits in dem Sinn vermittelt, dass es im Bewusstsein der Kinder präsent ist. Sowohl wenn die Kinder darüber reflektierten, was sie auf einem Bild vom Verkehr gesehen haben, als auch bei den Interviews kam es vor, dass sie „Dummheiten" im Verkehr entdeckten. Die Kinder wussten schon von Anfang an, dass Verkehrsschilder und Ampeln mit dem Verkehr zu tun haben.

Wenn es darum geht, wie die Kinder ihr eigenes Lernen im Verhältnis zum Verkehr betrachten, berichten sie von Anfang an, dass die Erwachsenen ihnen sagen müssen, wie sie sich verhalten sollen. Die Polizisten sind diejenigen, die den Verkehr bestimmen. Sie haben alle Regeln und Verbote aufgestellt. Die Autos scheinen auch eine entscheidende Macht über Ampeln und Menschen zu haben. Kinder äußern beispielsweise, dass die Autos bestimmen, wann die Menschen die Straße überqueren dürfen.

Wir wechseln nun zu einem Thema, bei dem die Entwicklung der Gesellschaft der Lerngegenstand ist (Pramling und Mårdsjö, 1994, S. 42–43). Als Einstieg wird die Zeitentwicklung anhand einer langen Linie dargestellt, an der man verschiedene Ereignisse, die auf unserem Planeten

passiert sind, ablesen kann, wie z. B. wann die Dinosaurier lebten, seit wann es Menschen gibt usw. Die Kinder beschäftigen sich auch damit, wie die Erde an ihrem Anfang aussah. Dann befassen sie sich mit den ersten Menschen auf der Erde und kommen so nach und nach zum Steinzeitalter. Die Kinder zeigen großes Interesse daran und beschäftigen sich sehr lange mit diesem Thema.

Eins der Kinder fragt die pädagogische Fachkraft, ob die Erde immer so aussehen wird wie heute. Die pädagogische Fachkraft greift die Frage auf und schafft eine Gelegenheit für die Kinder, darüber nachzudenken und zu erzählen, wie aus ihrer Sicht die Erde aussehen wird, wenn sie so alt sind wie ihre Großeltern. Die pädagogische Fachkraft fordert die Kinder auf, *erst nachzudenken und dann aufzumalen*, was sie denken, wie ihre direkte Umgebung aussehen wird, wenn sie einmal alt sind. Die pädagogische Fachkraft lässt die Kinder ihre Ideen von der Gegenwart und Zukunft überlegen und mitteilen, denn ihr Ziel ist es, sie dazu zu bringen, zu begreifen, dass Zeit und Entwicklung miteinander in Beziehung stehen.

Um die Kinder zum Nachdenken darüber anzuregen, wie die Menschen die Gesellschaft entwickelt haben, schafft die pädagogische Fachkraft eine Situation, bei der die Kinder vor die Frage gestellt werden, wie man früher gelebt hat, und wie man heute lebt. Alle wussten noch, dass die Menschen früher in Steinhöhlen gelebt haben, weil sie zuvor eine Erzählung darüber gehört hatten. Als das Gespräch dazu übergeht, wie man heute wohnt, haben alle eine Vorstellung davon, dass die Menschen in unterschiedlichen Arten von Häusern wohnen. Die pädagogische Fachkraft greift das Thema noch einmal auf, indem sie die Kinder fragt, ob es sein kann, dass die Steinzeitmenschen aus ihren Höhlen irgendwann in so schöne Häuser umgezogen sind, in denen wir heute wohnen. Den Kindern ist klar, dass das nicht der Fall sein kann. Daraufhin werden sie aufgefordert, selbst zu überlegen, wie die Häuser wohl ausgesehen haben könnten: von der Entwicklung der Höhlen bis zu der Art und Weise, wie man heute wohnt. Johannes' Vorschlag sehen wir links.

Bild 3: Johannes' Illustration, wie die Menschen ihre Häuser entwickelt haben, von Höhlen über Iglus, Stabhäuser und Strohhäuser bis zu den Häusern von heute.

Das Verständnis der Kinder für verschiedene Aspekte ihrer Umwelt

Wenn man das Thema „Kaufladen" betrachtet, kann man nicht grundsätzlich davon ausgehen, dass die Kinder in allen Bereichen ein tieferes Verständnis entwickelt haben (im Sinne von geschaffen). Doch in gewisser Hinsicht trifft es zu, z. B. wenn es um Werbung geht, die aus Sicht der Kinder eine Art Reklameschild ist, oder dass die Werbung die Sonderangebote hervorhebt oder die Aufgabe hat, „Käufer anzulocken". Wir können der Tabelle 9 unten entnehmen, wie sich die Denkweisen der Kinder über Reklame in den unterschiedlichen Gruppen ausdrücken.

	Gruppe A	Gruppe B	Gruppe C
Weiß nicht	1	4	6
Schild	2	2	0
Angebot	0	10	8
Zum Anlocken	12	3	2
Anzahl Kinder	19	19	16

Tabelle 9: Was Kinder über Werbung denken.

Kein Kind hat mehr als eine Antwort gegeben. Zwischen den Gruppen ist ein deutlicher Unterschied erkennbar. Er besteht darin, dass die Kinder in den Gruppen B und C Werbung eindeutig noch mit Schildern in Verbindung bringen, während dieses Bewusstsein in Gruppe A, die entwicklungspädagogisch gearbeitet hat, völlig fehlt. In dieser Gruppe hat mehr als die Hälfte der Kinder verstanden, dass Werbung die Methode des Kaufladens ist, seine Produkte an den Mann zu bringen. Genau dies kam zum Vorschein, als die pädagogische Fachkraft in Gruppe A den Kindern im Geschäft zwei Pakete gezeigt und sie gefragt hat, welches sie kaufen solle, – alle Kinder entschieden sich für das bunte Paket. Sie sprachen viel über die Bilder der Werbung in der Zeitung und auch darüber, warum die Regale mit den Süßigkeiten in den Geschäften immer direkt an der Kasse stehen. Wenn man sich ansieht, wie die pädagogische Fachkraft die Arbeit zum Thema Werbung strukturiert hat, kann man sagen, dass die Gruppe A die besten Voraussetzungen hatte, die Hintergründe der Werbung zu durchschauen. Teils aufgrund der so deutlichen Struktur, teils durch die Aktivitäten der Kinder und die Gelegenheit zu reflektieren und teils dadurch, dass die Variation der Denkweisen für die Kinder sichtbar gemacht wurde.

In der Studie *Kunnandets Grunder/Die Grundlagen des Wissens* (Pramling, 1994) wurde untersucht, wie die Kinder über Veränderungen in der Gesellschaft denken und sprechen. Dabei benutzt man unterschiedliche Bildpaare, die „früher" und „heute" darstellen. Der auffälligste Unterschied zwischen den Gruppen ist, dass 81 % der Kinder aus der Gruppe, die entwicklungspädagogisch arbeitet, und 26 % der Kinder aus der Referenzgruppe spontan sagen, dass die unterschiedlichen Bildpaare „früher" und „heute" darstellen. Auch in Hinblick darauf, warum sie glauben, dass sich die Gesellschaft verändert, sind die Unterschiede offensichtlich. 57 % der Entwicklungsgruppe äußern, dass die Menschen die Gesellschaft auf unterschiedliche Art verändert haben, während nur 18 % der Kinder der Referenzgruppe diese Ansicht vertreten. Dass veränderte Bedürfnisse der Grund für die Entwicklung der Gesellschaft sein könnten, meinen 21 % der Kinder aus der Entwicklungsgruppe. Nur 5 % der Kinder aus der Referenzgruppe geben dies als Erklärung an. Stattdessen sind es ganze 32 % der Referenzkinder, die in der Bildbetrachtung verharren, ohne sie zu durchschauen. Die Vergleichszahl bei den Kindern der Entwicklungsgruppe ist 5 %. 16 % der Referenzgruppe und 2 % der Entwicklungsgruppe meinen, dass es zwischen den Bildern keinen Unterschied gibt (s. Tabelle 10).

	Anteil der Kinder aus der Entwicklungsgruppe (%)		Anteil der Kinder aus der
	Am Anfang	Nach 1 Jahr	Referenzgruppe
Kein Unterschied	13	2	16
Bild an sich	25	5	32
Reich und arm	29	16	29
Veränderte Bedürfnisse	21	21	5
Menschen entwickeln sich	13	57	18

Tabelle 10: Die Überlegungen der Kinder darüber, warum sich die Gesellschaft verändert.

Das Ergebnis des Projekts „Kinder und Verkehr" zeigt, dass sich das Wissen der Kinder durch die Arbeit am Thema dahin entwickelt hat, auch Fahrräder und Menschen als Teile des Verkehrs zu betrachten. Sie beginnen zu begreifen, dass es Gründe dafür gibt, dass verschiedene Regeln und Verkehrsschilder existieren, das heißt, dass eine Botschaft hinter den Symbolen der Verkehrsschilder steckt.

Was ihre eigene Rolle angeht, so scheinen die Kinder nun in größeren Zusammenhängen zu denken, sie haben begriffen, dass sie in Verkehrssituationen selbst denken und Entscheidungen treffen müssen. Interessant ist, dass manche ihre Lernerfahrung über den Verkehr zur Befragung durch den Projektleiter in der Interviewsituation in Beziehung setzen. Die Kinder haben in gewissem Sinne ein Verständnis für ihr eigenes Lernen in Bezug auf den Verkehr entwickelt, obwohl die pädagogischen Fachkräfte nicht absichtlich mit diesem Aspekt gearbeitet haben. Die Lebenswelt der Kinder hat sich geweitet, dadurch dass sie nun wesentlich mehr Aspekte des Verkehrs erfassen und manches mit neuen Augen sehen. *Aber das Thema Verkehr wurde für die Kinder erst dann interessant, als die pädagogischen Fachkräfte verstanden, welche Erfahrungen die Kinder mit dem Verkehr bereits gemacht hatten.* Jetzt im Nachhinein erscheint es selbstverständlich, dass das Fahrrad für ein Kind im Mittelpunkt steht. Gleichwohl ist das keine gewöhnliche Ausgangssituation für die Arbeit am Thema „Verkehr" in der Kindertageseinrichtung. Was Kinder jeden Alters mit Verkehr verbinden, ist: Fußgänger, Fahrradfahrer, Gefahr („man muss aufpassen"), Verkehrsschilder und Autos. Wie häufig sie sich auf das eine oder das andere beziehen, ist vor und nach der Behandlung des Themas unterschiedlich.

	Vor der Behandlung des Themas	Nach der Behandlung des Themas
Fußgänger	4	17
Farradfahrer	12	24
Gefahr	21	22
Verkehrsschilder	36	17
Autos	27	20

Tabelle 11: Wie Kinder den Verkehr wahrnehmen. Kinder im Alter von 4 bis 7 Jahren – prozentuale Verteilung

Hier können wir sehen, dass die Fußgänger und die Fahrradfahrer stärker ins Bewusstsein der Kinder getreten sind, gleichzeitig hat die Bedeutung der Verkehrsschilder abgenommen. Wenn man dann den wichtigsten Aspekt des Verkehrs betrachtet – die Beziehungen zwischen den Verkehrsteilnehmern (Fußgänger, Fahrradfahrer, Autofahrer) und ihren verschiedenen Perspektiven –, zeigt sich, dass nun vor allem die Vorschulkinder mehr auf die Zusammenarbeit mit anderen im Verkehr achten.

13. Schriftsprache als Lerngegenstand

Schriftsprache war so gut wie nie Lerngegenstand in schwedischen Kindertageseinrichtungen. Den Kindern lesen und schreiben beizubringen, ist traditionellerweise Aufgabe der Schule und die Angst, den Kindern etwas „falsch" beizubringen, hat die Kindertageseinrichtungen bisher gehindert, daran zu arbeiten (Dahlgren, Gustafsson, Mellgren und Olsson, 1999). Eigentlich erst als Ingvar Lundbergs Studien (1991) über das Bewusstsein der Kinder für Phonologie und dessen Bedeutung für das Lesen-Lernen erschienen, hielt dieses Thema Einzug in die Kindertageseinrichtung, indem man vor allem die mündliche Sprache der Kinder in den Mittelpunkt stellte. Als das Lese- und Schreibkomitee 1997 (SOU, 1997:108) seinen Bericht *Die Schule mit aufrechtem Rücken verlassen – Über das Recht auf die Schriftsprache und die Möglichkeiten der Kindertageseinrichtung und der Schule, Lese- und Rechtschreibschwächen vorzubeugen und zu begegnen* herausgab, wurde festgestellt, dass die Kindertageseinrichtungen durchaus ihren Teil dazu beitragen, dass die Kinder zu schreibenden und lesenden Menschen werden. Der Grundstein für die Lese- und Schreibentwicklung wird bereits im Vorschulalter gelegt und daher ist es wesentlich, was man auf diesem Gebiet in den Mittelpunkt stellt und wie man dabei vorgeht.

Ein metakognitiver Dialog über Schriftsprache

Ein Beispiel für ein metakognitives Gespräch über Schriftsprache: die pädagogische Fachkraft regte die Kinder dazu an, darüber nachzudenken, wie und warum sie verschiedene Dinge tun. Auch hier bemerkten die Kinder, dass sie über spezifische Inhalte sehr unterschiedlich dachten. Die Kinder sollten einen Kuchen backen. Statt ein Rezept zu nehmen und damit anzufangen, problematisierte die pädagogische Fachkraft den Vorgang und fragte die Kinder, was man zum Backen bräuchte. Die pädagogische Fachkraft schaffte damit eine Relevanzstruktur. Die Kinder sollten die Zutaten vorschlagen. „Aber woher sollen wir wissen, wie viel wir von all dem brauchen?" Ein Kind macht den Vorschlag, ein Rezept zu besorgen. „Aber können wir nicht auch einen Kuchen backen, wenn wir kein Rezept haben?", fragt die pädagogische Fachkraft. Manche Kinder glauben, dass das nicht möglich ist, andere halten dagegen. „Wie kam man denn dazu, ein Rezept zu schreiben? Wie ist das entstanden?", sind Fragen, über die die Kinder weiter reflektieren sollen. Die Kinder tragen ihre Ideen vor und die pädagogische Fachkraft weist sie darauf hin, dass sie völlig verschiedene Ideen haben. „Wollen wir so lange probieren, bis der Kuchen endlich schmeckt, wie Olle vorgeschlagen hat, oder ist es besser, einen Kuchen auseinanderzukrümeln und nachzuschauen, woraus er gemacht ist, wie Stina meint?" Die Kinder entschließen sich für das Ausprobieren. „Aber wenn der Kuchen unheimlich lecker ist, wie können wir dann an einem anderen Tag wieder den gleichen backen?" „Wieder ausprobieren", sagt ein Kind. „Gibt es noch andere Möglichkeiten? Wenn wir wollen, dass Mama ihn auch am Samstagnachmittag zu Hause backen kann, wie machen wir das?" Nach und nach kommen sie darauf, dass sie aufschreiben müssten, was sie in den Kuchen geben, und dass sie ihr eigenes Rezept herstellen müssten! Dann fragt die pädagogische Fachkraft: „Gibt es noch andere Dinge, die man herausfinden kann, indem man etwas probiert und das, was man tut, aufschreibt?" Die Vorschläge der Kinder werden aufgeschrieben und dann werden sie diskutiert. „Wo erfahren wir, wie man das macht?", war eine ständige Frage.

Die pädagogische Fachkraft will die Kinder dadurch zum Nachdenken über eine Lerndimension bringen, d. h. zum Nachdenken darüber, wie man etwas erfahren und dieses Wissen an andere weitergeben kann unter Zuhilfenahme von Symbolen und Schrift. Sie versucht, Fragen zu stellen, um rund um diese Problematik Sinninhalte zu schaffen (Pramling und Mårdsjö, 1994, S. 67–72).

Im Alltag Lesen und Schreiben thematisieren

Wenn man mit den Kindern Lieder einstudiert, kommt es immer wieder vor, dass sie sich nicht erinnern können, welches Lied wann gesungen werden soll, sie vergessen die Reihenfolge. Dieses Problem kann man auf unterschiedliche Weise lösen. Hier folgt ein Beispiel dafür, wie eine pädagogische Fachkraft das Einüben von Liedern nutzt und konkrete Situationen schafft, in denen die Kinder Gelegenheit bekommen, über die Schriftsprache zu *reflektieren*.

Die pädagogische Fachkraft beginnt damit, dass sie den Kindern eine Aufgabe stellt, die darin besteht, dass sie ein Papier in zwölf Vierecke teilen sollen. Der Grund dafür ist, dass die Kinder zwölf Lieder üben sollen. Die pädagogische Fachkraft schafft bewusst eine Situation zu den Übungen, in der die Kinder die Möglichkeit bekommen, *ein mathematisches Problem zu lösen*, d. h. sie sollen zwölf Kästchen auf ihr Papier zeichnen.

Das Ziel dieser Aktivität ist jedoch, dass die Kinder Ideen zur Schriftsprache entwickeln, auch wenn sie hier vordergründig mit anderen Lerngegenständen arbeiten. Als die Kinder das erste Lied geübt haben, das Lied von der heiligen Lucia, fordert die Pädagogin die Kinder auf, das Symbol für das Lied in das erste Kästchen zu schreiben oder zu zeichnen. Sie bittet sie, zuerst nachzudenken, worum es in dem Lied geht und dann Symbole oder Text aufzuschreiben und zwar so, dass sie wissen, welches Lied damit gemeint ist. Das Ziel der pädagogischen Fachkraft ist es, dass die Kinder etwas auf das Papier schreiben oder zeichnen, das *den Inhalt des Liedes illustriert*. Sie werden auch aufgefordert zu überlegen, wie man sich merken kann, in welcher Reihenfolge die Lieder gesungen werden sollen. Ein Teil der Kinder verwendet Zahlen, während andere Kinder Buchstaben schreiben. Einige Kinder vermischen Zahlen und Buchstaben zur Kennzeichnung der Reihenfolge. Die pädagogische Fachkraft zeigt den Kindern, wie unterschiedlich sie die Aufgabe der Liedreihenfolge gelöst haben. Sie zeigt ihnen, dass man es auf ganz unterschiedliche Weise machen kann und respektiert auf diese Art die Lösung jedes einzelnen Kindes.

Die Kinder arbeiten mit den anderen Liedern auf die gleiche Weise. Nach jedem neuen Lied, das sie üben, schreiben/symbolisieren sie den Inhalt der Texte. Hierbei erhalten die Kinder die Möglichkeit, darüber nachzudenken, wie man einen Inhalt in einem Text mit wenigen Worten oder mit Symbolen darstellen kann. Während sie mit dieser Aufgabe beschäftigt sind, entwickeln die Kinder eine Vorstellung davon, dass die Texte/Symbole, die sie niederschreiben, einen Inhalt haben, der gedeutet werden kann. *Die Zielsetzung der pädagogischen Fachkraft ist es, dass die Kinder selbst erkennen, welches Lied sie singen müssen und in welcher Reihenfolge die Lieder vorkommen*. Jedes „Notenblatt" ist persönlich und soll von keinem anderen gelesen werden als von dem, der es ausgearbeitet hat. Nach gewisser Zeit hat jedes Kind sein eigenes Notenblatt, das es selbst gemacht hat, und so kann es nachschauen und feststellen, welches Lied wann gesungen werden soll.

Auch wenn die Notenblätter persönlich sind, so *vergleichen* doch Kinder und pädagogische Fachkräfte, wie unterschiedlich sie die gleichen Lieder illustriert haben. Die pädagogische Fachkraft fragt die Kinder, warum sie glauben, dass sie ihnen diese Aufgabe gestellt habe, dass jeder sein eigenes Notenblatt schreiben solle. Eins der Kinder antwortet, dass sie das getan hätten, damit sie die Zahlen lernen. Ein anderes meint, sie hätten das getan, um lesen und schreiben zu lernen. Außer dem, dass die Kinder zählen üben und Vorstellungen von Anzahl, Lesen und Schreiben entwickeln, bemerken sie auch, als sie ihre Notenblätter fertigstellen, dass man von links nach rechts liest. Sie denken über die Bedeutung der Symbole nach und darüber, wie man Dinge lernen kann. Die pädagogische Fachkraft weist auch auf die Variationen hin, die vor ihnen liegen und zeigen, wie unterschiedlich die Kinder den Inhalt ein und desselben Liedes auffassen.

Bild 4: Elisabeth, 6 Jahre, hat ein „Notenblatt" geschrieben und gezeichnet.

„Kuscheltier" gesucht

Einige Kinder haben mitunter ihr „Lieblingstier" in der Kindertageseinrichtung dabei. Die Kuscheltiere liegen ihnen am Herzen und wenn eins verschwindet, ist das eine Riesenkatastrophe.

An einem Tag hat Mats eine ganze Tüte mit Kuscheltieren dabei. Als er heimgehen soll, entdeckt er, dass ein Tier fehlt, eine Robbe. Er sagt der pädagogischen Fachkraft, dass sie danach suchen müssten. „Und wie?", fragt die pädagogische Fachkraft. „Man muss ein Schild schreiben", antwortet Mats. Die pädagogische Fachkraft bittet Mats, ihr zu zeigen, was er sich vorstellt. Er schreibt eine Mitteilung auf ein Schild und zeichnet die Robbe, damit man weiß, wie sie aussieht. Ein anderer Grund dafür, dass er die Robbe zeichnet, ist, dass auch die, die nicht lesen können, auf diese Art verstehen können, dass er seine Robbe vermisst.

Als er damit fertig ist, fragt er die pädagogische Fachkraft, ob er die Vermisstenanzeige kopieren dürfe, damit er sie auch in der Kleinkindgruppe aufhängen könne. Zusammen gehen sie ins Büro und betätigen den Kopierer. Als er dann die Anzeige an strategischen Stellen in der Kindertageseinrichtung aufgehängt hat, geht er nach Hause.

Am nächsten Tag kommt ein Elternteil mit einem Kind aus der Kleinkindabteilung und übergibt Mats seine Robbe. Das Mädchen hat das Tier aus Versehen mit nach Hause genommen.

Mats fragt sie, woher sie wisse, dass das seine Robbe sei. Die Mutter sagt, sie habe seine Vermisstenanzeige gesehen. Mats' Kommentar: „Zum Glück habe ich die Suchanzeige aufgehängt!"

Die pädagogische Fachkraft hält sich mit Ermahnungen, dass man keine Spielsachen in die Kindertageseinrichtung mitbringen soll oder dass alle persönlichen Dinge mit Namen versehen sein müssen, zurück. Stattdessen nimmt sie Mats' Idee an. Das Ereignis wird zu einer Lernsituation, in der Mats daran arbeitet, sich in Schrift und Symbolik auszudrücken, und in der die anderen Kinder in die Situation gebracht werden, über eine Mitteilung, die an sie gerichtet ist, nachzudenken. Für Mats bedeutet das nicht nur, dass er eine Möglichkeit bekommt, sich schriftlich auszudrücken, sondern auch, dass sein Selbstvertrauen wächst, weil er ein Problem, das entstanden ist, alleine lösen konnte.

Bewusst mit improvisierten Ereignissen arbeiten

Es ist wichtig, den Kindern Gelegenheiten und Möglichkeiten zu geben, über einen Inhalt reden und reflektieren zu können, egal ob die Aktivitäten *geplant* sind, ob sie *spontan passieren oder in Standardsituationen entstehen.* Damit die Kinder ihre Ideen zu einem bestimmten Inhalt in einer spezifischen Situation entwickeln können, muss die pädagogische Fachkraft hellhörig sein für das, was abläuft, worüber die Kinder sprechen und nachgrübeln. Ein Beispiel dafür, dass die pädagogische Fachkraft *bewusst eine Lerngelegenheit im Zusammenhang mit einer Alltagssituation schafft, ist,* wenn die Kinder einen ihrer zahlreichen Spaziergänge in ein Waldgebiet unternehmen. Die Kinder besuchen regelmäßig einen bestimmten Ort im Wald, um nachzuschauen, wie sich Bäume, Büsche und andere Pflanzen verändert haben, seit sie das letzte Mal dort waren. Bei diesen Gelegenheiten suchen sie auch immer nach verschiedenen Tierchen. Sie vergleichen, welche Tiere und Insekten es zu den verschiedenen Jahreszeiten im Wald gibt.

Einmal auf dem Weg in den Wald passiert etwas ganz Besonderes – die Kinder treffen auf zwei Elche! Andreas, der vorneweg läuft, kommt zurück zur Gruppe und ruft: „Da sind zwei Elche im Wald!" „Dann schleichen wir uns heran, dass wir die Elche beobachten können", sagt die verblüffte Pädagogin.

Und tatsächlich: Unter einer Kiefer stehen zwei Elche. Das ist natürlich für alle ein Riesenerlebnis. Als die Kinder wieder in der Kindertageseinrichtung angekommen sind, *ergreift die pädagogische Fachkraft die Gelegenheit, Kinder Ideen über die Schriftsprache entwickeln zu lassen*. Sie fragt die Kinder, was sie über Elche wissen. Die Kinder antworten dies und das und sie schreibt alles auf ein großes Papier, das sie dann an der Wand befestigt. Sie sagt zu den Kindern: *„Alles, was ihr gesagt habt, ist euer gemeinsames Wissen über den Elch!"* Dann fragt sie sie: „Wie erfahren wir denn noch mehr über Elche?" Die Kinder machen Vorschläge, wie man noch mehr Informationen über Elche bekommen könnte, und die pädagogische Fachkraft schreibt alles auf ein anderes Papier, das sie dann neben das erste Blatt an die Wand hängt. In der Zeit, in der die Kinder an diesem Thema arbeiten, schauen sie immer wieder auf ihre eigenen Vorschläge. Zu diesem Zeitpunkt ist es *die Zielsetzung der pädagogischen Fachkraft, dass die Kinder Vorstellungen und Ideen darüber entwickeln, dass ihre aufgeschriebenen Vorschläge einen Sinn und Inhalt haben und dass die Schriftsprache ihnen helfen kann, sich daran zu erinnern,* was sie am Anfang wussten und was sie noch tun können, um mehr über Elche zu erfahren.

Nach ein paar Wochen, als die Kinder mehr über Elche gelernt haben, beendet die pädagogische Fachkraft das improvisierte Thema, indem sie die Kinder zusammenruft und nachfragt, was sie über Elche gelernt haben. Während die Kinder ihren Spielkameraden mitteilen, was sie vom Elch wissen, schreibt es die pädagogische Fachkraft wortgetreu auf, genau wie es jedes Kind formuliert. Die pädagogische Fachkraft liest vor, was sie für die Kinder niedergeschrieben hat, und sagt ihnen, dass sie *das, was sie sich vom Elch erzählt haben, mit Buchstaben auf ein Papier geschrieben habe*. Sie sagt den Kindern, dass sie das nun immer wieder lesen könnten, weil es geschrieben stehe. *Die pädagogische Fachkraft will den Kindern zeigen, dass ihre Erzählungen und Kommentare zum Elch als Text aufgeschrieben werden können*. Die Zielsetzung der pädagogischen Fachkraft ist es, dass die Kinder eine Vorstellung vom Inhalt der Schriftsprache entwickeln und motiviert werden, lesen und schreiben zu lernen.

Die Kinder ergreifen auch die Initiative, das, was sie über den Elch gelernt haben, mitzuteilen, indem sie eine Zeitung herstellen, in der sie aufschreiben und zeichnen, was sie gelernt haben. Die pädagogische Fachkraft greift die Vorschläge und Ideen der Kinder auf, damit sie darüber reflektieren, warum man schreibt usw. In der Zeitung sind die handgeschriebenen Texte der Kinder, ihre Zeichnungen und der maschinengeschriebene Text der pädagogischen Fachkraft vermischt. Ein natürlicher Vorgang in der Arbeitsweise der pädagogischen Fachkraft ist, dass die Kinder darüber, was sie vom Elch gelernt haben, reden und reflektieren. Sie *hört die Vorschläge der Kinder an* und schreibt sie auf. Als die Kinder die Idee haben, eine Zeitung zu machen, stellt sie erneut das Lesen und Schreiben in den Mittelpunkt. Ihre Absicht ist, dass die Kinder verstehen sollen, dass *ein Text einen Inhalt hat* und dass Worte zu Texten werden können. Sie möchte auch, dass die Kinder ein Verständnis dafür entwickeln, dass man Dinge lernen kann, indem man einen Text liest und dass man z. B. Informationen vermitteln kann, indem man sie aufschreibt.

Sachbücher schreiben

Die Kinder bei der Herstellung eigener Sachbücher mit verschiedenen Inhalten zu unterstützen, gibt ihnen mehrere Möglichkeiten, *über die Schriftsprache zu reflektieren*. Auf diesem Weg erhalten sie einen Anreiz, das, was sie wissen oder was sie lernen wollen, aufzuschreiben oder zu zeichnen. Die Kinder *dokumentieren ihre Fragen, wie sie reflektieren, welche Gedanken sie haben, wie sie verschiedene Probleme lösen und welche Ergebnisse sie erhalten*, selbst. Die Kinder, die schreiben können, tun dies, während die anderen Symbole oder Buchstaben verwenden.

Sachbücher zu schreiben ist eine Aktivität, die unendlich variiert werden kann. Wenn das Interesse der Kinder am Bücherschreiben geweckt ist, kommen sie selbst mit unzähligen Vorschlägen, wofür man Bücher benutzen kann. Sie ergreifen selbst die Initiative, Bücher mit verschiedenen Inhalten zu verfassen. Nina hat z. B. zwei Märchenbücher gemacht, in denen es um Tiere geht. Das eine Buch besteht aus einem Bild und einer Überschrift auf der Vorderseite, während das andere Buch eine leere Vorderseite hat. Nina zeigt ihre Bücher und fragt die pädagogische Fachkraft, welches sie lesen möchte. Die pädagogische Fachkraft wählt das Buch aus, das ein Bild und eine Überschrift hat und sagt: „Was glaubst du, warum ich mich für dieses Buch entschieden habe?" Als Nina nichts einfällt, warum die pädagogische Fachkraft gerade dieses Buch lesen will, sagt sie: „Ich habe dieses Buch genommen, weil ich ja weiß, wovon es handelt! Du hast ein Kaninchen darauf gemalt und darüber geschrieben ‚Das Märchen von dem weißen Kaninchen'. Bei dem anderen Buch weiß ich gar nicht, worum es geht, weil da nichts auf der Titelseite steht!"

In diesem Gespräch macht die pädagogische Fachkraft aus einer spontanen Frage eine Lehrsituation, in der Nina die Gelegenheit bekommt, darüber nachzudenken, welche Bedeutung die Schriftsprache für den Leser haben kann. Die pädagogische Fachkraft lässt das Kind *vergleichen*, wie die beiden Titelseiten aussehen und welche Wirkung sie auf den haben, der das Buch lesen soll.

Als die Kinder ihre Bücher erstellen, beginnen sie selbst zu diskutieren, wie man die Reihenfolge in der Erzählung gestaltet. Die pädagogische Fachkraft gibt den Kindern die Aufgabe, in gedruckten Büchern nachzusehen, wie man es da gemacht hat. Die Kinder entdecken, dass in den Büchern auf jeder Seite gedruckte Zahlen stehen. Die pädagogische Fachkraft fragt die Kinder, warum die Zahlen dastehen. Ein Teil der Kinder weiß, dass sie da sind, damit man weiß, in welcher Reihenfolge die Seiten stehen, während andere Kinder das nicht durchschauen. Die pädagogische Fachkraft setzt es nicht als selbstverständlich voraus, dass die Kinder es genau so nachmachen, wie es in den Büchern steht. Stattdessen fragt sie sie, ob sie Ideen haben, wie man die Reihenfolge in ihrem Buch markieren kann. Ein paar Kinder schreiben auf jede Seite eine Seitenzahl. Ein paar andere beschriften die Seiten mit Buchstaben und Worten. Die pädagogische Fachkraft lässt jedes Kind die Reihenfolge nach seiner eigenen Idee gestalten und zeigt, wie unterschiedlich man die Aufgabe lösen kann.

Ein Teil der Kinder will keine Seitenzahlen schreiben, aber im Nachhinein erkennen sie, dass es ein Vorteil gewesen wäre, wenn sie die Seiten gekennzeichnet hätten, weil sie zusammengebunden werden sollen, wenn die Geschichte fertig ist. Die pädagogische Fachkraft hört regelmäßig zu, wenn die kleinen Schriftsteller von ihren Inhalten erzählen. Sie bemerkt auch, wie jedes Kind seine Schrift mit der Zeit verändert hat, während sie an den unterschiedlichen Erzählungen gearbeitet haben.

Die pädagogische Fachkraft ist sich die ganze Zeit über dessen bewusst, dass die Kinder Vorstellungen vom Lesen und Schreiben entwickeln sollen, und sie hat ein Konzept im Kopf, wie sie vorgehen muss, damit die Kinder mehr über diesen Inhalt lernen.

Das Verständnis der Kinder für die Schriftsprache

Die Kinder haben bei mehreren Projekten Geschichten zu hören bekommen, über die sie anschließend befragt wurden. Eine Erzählung ist Jan Lööfs (1977) *Geschichte über den roten Apfel*. In der Geschichte geht es um zwei Äpfel (einen Plastikapfel und einen echten), die verwechselt werden. Die Geschichte besteht aus sieben Einzelteilen, die zusammen ein Ganzes ergeben. Wenn wir wie in Abbildung 3 die entwicklungspädagogischen Gruppen (A und B) mit den Referenzgruppen (C und D) vergleichen und prüfen, wie viele Kinder fünf oder mehr Teile wiedergeben konnten, sehen wir, dass es überwiegend Kinder aus den A- und B-Gruppen sind. In den C- und D-Gruppen kann sich nur ein Viertel der Kinder an die entsprechenden Teile erinnern. Ein verhältnismäßig großer Teil der Kinder in der Referenzgruppe hat nur Fragmente der Geschichte verstanden und die Bedeutung der Erzählung nicht erfasst.

Eine andere Erzählung, die verwendet wurde, ist die Geschichte *Auf der anderen Seite des Flusses* (Oppenheim, 1987). Dabei geht es um ein Dorf (Hagaby-am-Fluss), das an beiden Seiten eines Flusses liegt. Über den Fluss führt eine alte Brücke. Die Menschen am Ostufer zanken sich mit den Menschen am Westufer. Eines Nachts wird die Brücke von einem Sturm zerstört und die Leute auf beiden Seiten freuen sich, dass sie nun endlich ihren Frieden vor den Leuten

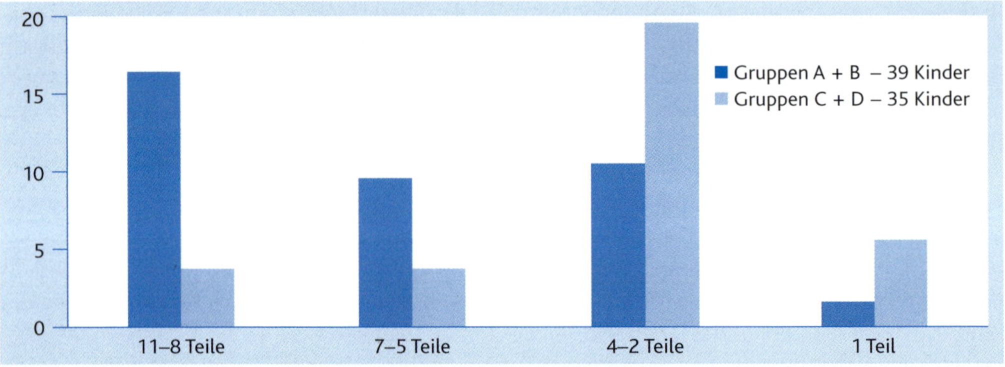

Abbildung 3: Grafische Darstellung der Unterschiede zwischen den Entwicklungs- und den Referenzgruppen nach der Anzahl der nacherzählten Teile der Geschichte.

auf der anderen Seite haben, bis eines Tages die Brötchen des Bäckers schwarz werden und er den Schornsteinfeger anrufen muss, damit er kommt und den Schornstein fegt. Aber – der Schornsteinfeger wohnt ja auf der anderen Seite des Flusses. Dieses Thema wird einige Male wiederholt. Eines Abends machen sich die Menschen auf, von beiden Seiten über den Fluss zu rudern. Ihre Boote treffen sich auf dem Wasser und die Menschen plumpsen hinein, als sie versuchen, in die anderen Boote umzusteigen. Sie beschließen nun, eine neue Brücke zu bauen, und das tun sie dann auch. Die Geschichte endet in Harmonie und Eintracht.

Die Kinder sollten die zwei Fragen „Warum ist die Brücke eingestürzt?" und „Warum haben sie eine neue Brücke gebaut?" beantworten. Wir sehen in der Tabelle 12 verschiedene Gründe, die die Kinder als Antwort anführten, warum die Brücke wieder aufgebaut wurde.

	Entwicklungspädagogische Gruppen A/B	Referenzgruppen C/D
Brauchten sich	16/13	10/2
Fluss überqueren	1/2	1/6
Wurden Freunde	1/3	1/5
Weiß nicht	–/3	8/3
Anzahl Kinder	18/21	20/17

Tabelle 12: Die Meinungen der Kinder über den Bau einer neuen Brücke

Hier erweisen sich die Gruppen, die entwicklungspädagogisch gearbeitet haben, als weit überlegen. Alle in Gruppe A mit Ausnahme von zwei Kindern haben verstanden, dass die Brücke gebaut wurde, weil die Menschen einander brauchten oder voneinander abhängig waren. Die meisten in der B-Gruppe haben das auch erkannt, doch aus den Referenzgruppen haben bedeutend weniger Kinder die Botschaft verstanden. Und wesentlich mehr Kinder der Referenzgruppe haben keine Ahnung, warum die Brücke gebaut wurde.

Schon als die Kinder spontan von diesem Buch erzählen sollen, wird ein Unterschied deutlich. Ein Großteil der Kinder in der Entwicklungsgruppe beschreibt die gegenseitige Abhängigkeit der Dorfbewohner, während viele Kinder in der Referenzgruppe nur einen kleinen Ausschnitt der Geschichte erzählen.

	Entwicklungspädagogische Gruppen A/B	Referenzgruppen C/D
Gegenseitigkeit	8/8	–/–
Ein Abschnitt	6/11	14/12
Weiß nicht	4/2	6/5
Anzahl Kinder	18/21	20/17

Tabelle 13: Die spontanen Kommentare der Kinder darüber, worum es in der Geschichte ging.

Interessant ist auch, wie die entwicklungspädagogische Gruppe den Text als einen Teil des Lernens in diesem Kindergartenjahr durchschaut. Wie wir der Abbildung 4 entnehmen können, ist das häuftigste Ergebnis im ersten Interview, dass die Kinder der beiden Gruppen meinen, dass sie *gelernt haben, etwas zu tun*. Nach einem Jahr in der entwicklungspädagogischen Einrichtung meint ein überwiegender Teil der Kinder, dass sie *lernen zu lesen, schreiben oder rechnen*. Obwohl diese Kompetenzen aus der Perspektive der Kinder so betrachtet werden, dass sie gelernt haben, etwas zu tun, halten wir es heute für wichtig, dass sie hier in einer eigenen Kategorie dargestellt werden. Lesen und schreiben zu lernen bedeutet für viele Kinder ein beeindruckendes Ereignis in ihrem Leben. Dahlgren und Ohlsson (1985) haben bereits gezeigt, dass Kinder das Lesen- und Schreiben-Lernen auf die Welt der Schule beziehen. Diese Kompetenzen werden in der Gesellschaft hoch geschätzt, das haben sie schon sehr früh gelernt. Darum übertreffen diese „Schulaktivitäten" wie lesen, schreiben und rechnen auch alles andere, das man lernt, wenn die Kinder begreifen, dass sie das lernen. In der entwicklungspädagogischen Gruppe beziehen 55 % und in der Referenzgruppe nur 21 % der Kinder ihr Lernen auf diese Fähigkeiten, d. h. fast dreimal so viele Kinder aus der Gruppe, die entwicklungspädagogisch gearbeitet hat, machen die Erfahrung, dass sie in der Kindertageseinrichtung lesen, schreiben und rechnen lernen. Nach zwei Jahren in der entwicklungspädagogischen Einrichtung sind es noch mehr Kinder (64 %), die der Ansicht sind, dass sie diese Fertigkeiten gelernt haben.

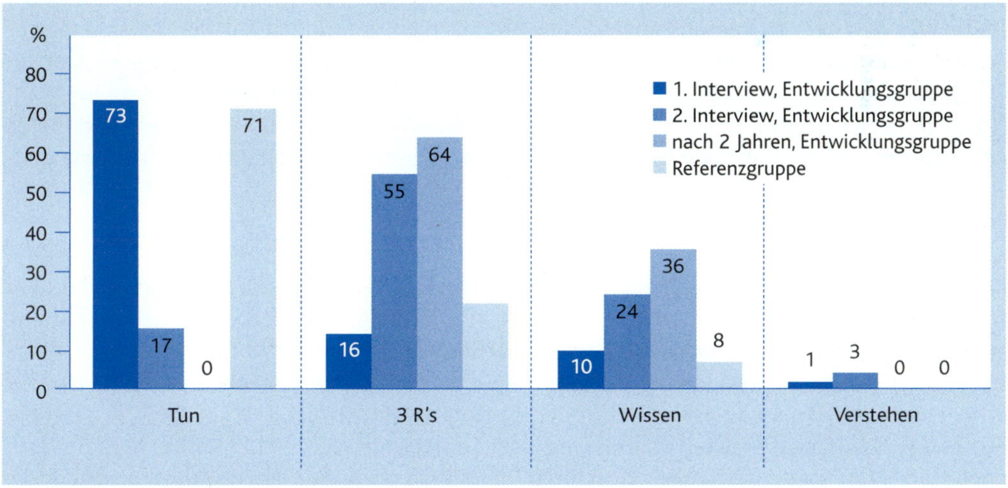

Abbildung 4: Wie die Kinder erleben, dass sie in der Kindertageseinrichtung lernen (3 R's[30]).

[30] *Englisch für lesen, schreiben und rechnen (reading, writing, 'rithmetic, d. h. 3 R's).*

Einen weiteren Unterschied gibt es zwischen den beiden Einrichtungstypen, wenn es darum geht, ob man lernt, etwas zu wissen. 24 % der Kinder in den Entwicklungsgruppen äußern, dass sie gelernt haben, etwas zu wissen, während nur 8 % der Referenzgruppe diese Meinung sind. Nach zwei Jahren in der entwicklungspädagogischen Einrichtung sehen 36 % ihr Lernen als Wissenszuwachs. Der Vergleich muss zwischen den 36 % und den 8 % gezogen werden, da diese Interviews gemacht wurden, als die Kinder gleich alt waren, kurz vor Schulantritt. Dennoch sind diese Zahlen relativ niedrig im Vergleich zu Pramlings Studie (1988 a), „Kinder das Lernen lehren", bei der etwa 50 % der Kinder die Vorstellung entwickelt hatten, dass sie gelernt haben, etwas zu wissen. In dieser Studie hat man jedoch nicht systematisch am Lesen und Schreiben oder mit Mathematik gearbeitet. Die Angaben der oben referierten Studie können damit verglichen werden, dass bei Pramling (1983) nur etwa 10 % der sechsjährigen Kinder die Auffassung vertraten, dass sie gelernt hatten, etwas zu wissen. Die hier zitierte Studie ist eine Beschreibung dessen, wie Kinder sich ihres eigenen Lernens bewusst werden.

Verschiedene Objekte in literarischen Texten

Teil der oben beschriebenen Studie war auch ein Projekt über ein Märchen. Dabei wurden die Kinder gefragt, wovon das betreffende Märchen handelte. Diese Bewertung wurde in *Lära av sagan/Vom Märchen lernen* (Pramling, Asplund Carlsson und Klerfelt, 1993) publiziert. Im letzten Kapitel beschreiben die Autoren, wie eine entwicklungspädagogische Arbeit mit Märchen und Erzählungen aussehen könnte. Mit dieser Forschung als Grundlage erhielten wir die Gelegenheit, die Arbeitsweise in einem Projekt mit dem Titel *Barn, böcker och berättelser i förskolan/Kinder, Bücher und Erzählungen in der Kindertageseinrichtung* (Asplund Carlsson und Pramling, 1995) zu überprüfen. Vier Kindertageseinrichtungen nahmen an dem Projekt teil, und der Gedanke dabei war, dass sie aktiv mit unterschiedlichen literarischen Themen arbeiten sollten, in denen entweder der Schwerpunkt auf dem behandelten Thema lag (z. B. Probleme der Außenseiter oder Ausländer) oder auf der literarischen Erzählung an sich, ihrer Struktur und Bedeutung.

Der *Gegenstand* des Lernens stand also fest – das Verstehen eines oder mehrerer literarischer Texte. Was den *Akt* des Lernens anging, so waren es die Erfahrungen aus den vorangegangenen Projekten, aber auch die Tradition der Kindertageseinrichtung und ihre spezifische Arbeitsweise, die unser Vorgehen steuerten. Sowohl Vorlesen als auch kreativ sein sind feste Bestandteile der Tätigkeiten in der Kindertageseinrichtung. Wir wollten nun erreichen, dass beide Aktivitäten auch mit Reflexion und Gesprächen begleitet werden. Die Arbeit am Thema dauerte lange Zeit an und wurde mit einer Auswertung in Form von Interviews mit den Kindern über das Märchen *Die Schöne und das Biest* (Asplund Carlsson, 1999) beendet.

In der Kindertageseinrichtung Trollskogen wurde ein Flur, der zuvor als zusätzlicher Ein- und Ausgang fungiert hatte, in einen Märchenwald mit Teppich, Erzählecke, Sternenhimmel und geheimnisvollen Dekorationen verwandelt. Die Lesung des Märchens wurde mit einem Flötenspiel eingeleitet, dann begann eine der pädagogischen Fachkräfte aus Selma Lagerlöfs Novelle *Bortbytingen* (1986) vorzulesen. Die Kinder durften die Bilder nicht sehen, weil sie sich ihre eigenen Vorstellungen machen sollten. Vor jeder Lesestunde wurden die Kinder aufgefordert, nachzuerzählen, was zuvor in der Geschichte passiert war. Außerdem sollten die Kinder die Geschichte mit eigenen Worten kommentieren, so wie sie sie in Erinnerung hatten.

Nach jeder Leseeinheit hatten die Kinder die Gelegenheit, den vorgelesenen Abschnitt zu bearbeiten, indem sie ein Motiv daraus malten. Auch das Malen selbst wurde von den Kindern engagiert diskutiert, vor allem die Fünfjährigen verglichen die Bilder und diskutierten Lösungen zu den Darstellungsproblemen.

Erst als die Pädagogin das Buch zu Ende gelesen hatte, durften die Kinder die kunstvollen Illustrationen im Buch mit ihren eigenen vergleichen. Sie sahen, wie der Künstler die Personen und die Umwelt dargestellt hatte und wie die Bilder zu den einzelnen Stimmungen passten. Besonders das Finale der „Hochzeit", so drückte sich ein Mädchen aus, weckte das Gefühl von Zuversicht und Hoffnung.

Die Kinder interessierten sich überhaupt nicht für einen Vergleich ihrer zeichnerischen Fähigkeiten, sondern richteten ihr Augenmerk auf die *Variationen des künstlerischen Ausdrucks*, sowohl in ihren eigenen Werken als auch in dem des Künstlers. Meist fanden sie, dass eines der Kinder es am besten getroffen hatte.

Zwei Kindertageseinrichtungen hatten sich dafür entschieden, mit den Themen „Fremd sein" und „Außenseiterdasein" in der Novelle *Bortbytingen* und im Bilderbuch *Pricken* zu arbeiten. In Selma Lagerlöfs Novelle werden Trolle und Menschen miteinander verglichen. In der Erzählung *Pricken* geht es um ein Kaninchen, das ein anderes Fell hat und sich deswegen fremd und ausgestoßen fühlt. Wer ist eigentlich normal, wer ist nicht normal? Wer ist der Fremde? Kann man so sein wie die anderen, auch wenn man anders aussieht?

In den Kindertageseinrichtungen Mumindalen und Trollhatten arbeitete man mit Tove Janssons Romanen und Novellen. Die Romane oder Vorlesebücher werden mitunter als sehr schwierig für die Arbeit in Kindergruppen eingestuft. Ihre Sprache ist nicht auf Vier- oder Fünfjährige ausgerichtet. Es war eine Herausforderung für die pädagogischen Fachkräfte, Kinder mit ganz unterschiedlichen Voraussetzungen an Mumindalens Personenaufstellung, Philosophie und Weltbild teilnehmen zu lassen. Sie lasen jeden Tag kurze Abschnitte vor, nahmen sich Zeit, über Worte und Erscheinungen zu diskutieren und bearbeiteten das Thema schließlich kreativ, und zwar individuell oder in der Gruppe.

In der Kindertageseinrichtung Trollhatten wurden die Bilder, die die Kinder zu dem Roman *Trollkarlens hatt* gemalt hatten, an den Wänden aufgehängt. Sie begannen damit an der Eingangstür. Auf diese Art konnten die Kinder die Geschichte vom Flur an bis in die Puppenecke, den Gruppensaal, das Esszimmer und rund herum an allen Wänden der Kindertageseinrichtung verfolgen. Die Kinder konnten von ihren eigenen Bildern ausgehend erzählen, was im Buch passierte, bis sie bei dem Kapitel angelangt waren, das für den aktuellen Tag vorgesehen war. Begriffe wie „Schwermut", etwas wie eine „Galionsfigur", eine Erscheinung wie die „Kraft" des Donners, die in die Hattifnatten[31] beim Gewitter hineinfuhr und sie zum Leuchten brachte, all das wurde in der Kindergruppe diskutiert. Natur und Kultur, Gefühle und Erfahrungen – in einem Roman kommt alles vor und die pädagogischen Fachkräfte mussten den Text bis in die Gruppen begleiten.

In der Kindertageseinrichtung Mumindalen wurde das ganze Haus vom Muminthema in Beschlag genommen. Verkleiden, Schattenspiel, kreative Tätigkeiten und Vorlesen – all das gehörte zum Thema und Spielen und Lernen waren nicht mehr zu unterscheiden. Aktivitäten

[31] *Anm. d. Übers.: Hattifnatten sind kleine gespensterartige Gestalten in der Geschichte der Autorin. Für detaillierte Informationen zu den Mumins s. www.zepe.de/mumin/.*

und Reflexionen sponnen sich rund um das Thema und im Vordergrund standen dabei immer die Bewohner des Mumintals. Wie waren sie, wer waren sie, welche Eigenschaften besaßen sie, welche Attribute, welche Gefühle, welche Stimmung oder welches Temperament? Man kann sagen, dass sich daraus ein *Identitätsthema* entwickelte, weil gerade die verschiedenen Identitäten problematisiert wurden.

In der Literatur geht es um erfundene Identitäten, aber ebenso wichtig erscheint die Frage, welche Identitäten von der realen Welt geschaffen werden, indem die Kinder als „frech", „lieb" oder „still" eingestuft werden. Die Kinder durften sich zum einen aussuchen, welche Figur sie gern sein wollten, aber sie sollten auch andere Identitäten ausprobieren. Da war das anmutige goldgelockte Mädchen, die kleine My, das freche Gör, die Muminmama, der nachdenkliche Junge war ein Hattifnatt, der Unruhestifter war ein Hemul. Die Kinder konnten sich überhaupt nicht vorstellen, eine Figur des anderen Geschlechts zu spielen, aber innerhalb des eigenen Geschlechts standen mehrere Charaktere zur Auswahl.

Etwas, das Tove Janssons Muminwelt auszeichnet, ist ja gerade, dass es von Wesen beider Geschlechter nur so wimmelt und dass es außerdem Figuren gibt, die als androgyn oder geschlechtsneutral erscheinen.

Das Projekt basierte auf der Erfahrung der Kinder mit dem Verstehen von Märchen und Erzählungen, vorgelesenen, erzählten, gespielten, animierten und verfilmten. Kinder sind der Teil der Bevölkerung, der die größte Menge fiktiver Literatur konsumiert. Die pädagogischen Fachkräfte gaben eine Richtung vor, weil man gewisse Fähigkeiten entwickeln sowie das Wissen und Nachdenken über einen literarischen Inhalt bei den Kindern fördern wollte. Ausgehend von der Literatur wollte man die Kinder auch dazu bringen, *über Phänomene der Umwelt und ihr eigenes Lernen zu reflektieren*. Dies geschah vor allem durch eine *Variation des kreativen Arbeitens und der Spiele der Kinder, die betrachtet wurden*. Man kann daher sagen, dass das Märchenprojekt unsere bisherigen Erfahrungen auf einen neuen Bereich übertrug, der sowohl mit den frühen Lese- und Schreibentwicklungen zu tun hatte als auch mit der Entwicklung eines ästhetischen Verhaltens. Eine zentrale Frage war, welchen Status die fiktive Erzählung in Relation zum eigenen Leben des Kindes und seiner Umwelt, wie wir sie kennen, einnahm.

Am Märchenprojekt nahmen vier Kindergruppen unterschiedlichen Alters teil. Im Gegensatz zu den bisher zitierten Studien gab es dieses Mal keine Referenzgruppe. Stattdessen verfolgten wir die Prozesse in den einzelnen Kindergruppen und führten am Ende des Jahres ein gemeinsames Interview durch. Die Kinder wurden über die Texte, die behandelt wurden oder einen Bezug zum Thema hatten, von ihren Pädagogen befragt, zudem ließen wir einen Teil der Kinder Fragen zum Märchen *Die Schöne und das Biest* beantworten.

Lerngegenstand in der Kindertageseinrichtung Mumindalen war es, die Kinder dazu zu bringen, *über äußere und innere Beschreibungen, Gefühle und Handlungen zu reflektieren*. Zum Abschluss wurden die Kinder deshalb über Tove Janssons Novelle *Vårvisan* befragt. Die Kinder kannten die Novelle schon von der Themaarbeit. In den Interviews sollte festgestellt werden, was die Kinder von der Themaarbeit gelernt hatten. In diesen Interviews antworteten die Kinder sicher und kompetent zum Snusmumriken und Mumintroll und zum Würmchen, das einen Namen bekommen hat – Ti-ti-oo. Es war ihnen nicht fremd, über Figuren zu psychologisieren, und sie waren sich dessen wohl bewusst, welche die Figuren waren und was man von ihnen erwarten konnte. Beim Vergleich mit den Ergebnissen von Gunnlög Märaks Untersuchung der gleichen Novelle (1994) lagen unsere Kinder (4 bis 7 Jahre alt) in Bezug auf die Wiedergabe der Erzählung und ihrer Interpretation des psychologischen Geschehens auf dem gleichen Niveau wie Märaks Achtjährige aus einem Umfeld, das bereits auf die Schule vorbereitete. Hier stellen die Interviews eine Auswertung dar, nämlich inwieweit das Thema jene Phänomene transportieren konnte, die die pädagogischen Fachkräfte bei den Kindern fokussieren wollten.

Bei unseren abschließenden Interviews mit den Kindern über das Märchen *Die Schöne und das Biest*, das gerade von den äußeren und inneren Eigenschaften handelt, konnten die Kinder über den *Prinzen/das Biest in seinen unterschiedlichen Gestalten diskutieren*. Ihnen war klar, dass der Prinz im Traum der Schönen der gleiche Prinz war, der „eigentlich" das Untier war. Verwandlung und Veränderung sind ja sonst Erscheinungen, die die Kinder in literarischen Texten manchmal schwer erkennen, weil Figuren in der Regel als unveränderlich gelten. Es war jedoch nicht die Absicht der pädagogischen Fachkräfte, dies herauszuarbeiten, vielmehr verfolgten sie eher allgemeine Ziele mit der Themenarbeit.

Eine andere Auswirkung des literarischen Themas konnte man in Trollhatten beobachten, wo den pädagogischen Fachkräften auffiel, dass die Figuren in den Gemälden und Zeichnungen mit der Zeit immer menschlichere Züge bekamen und immer weniger wie Mumins aussahen. Die am häufigsten auftretenden Figuren wurden mittlerweile mehr wie Freunde oder Teile der Familie betrachtet und nicht als fiktive Charaktere. Diejenigen, die als allegorische Figuren bestehen blieben, waren die Bösen: Mårran/Morra[32], Isfrun/Eisfrau, Trollkarlen/Zauberer und Stinky/Stinki[33]. Als die Kinder die Unterschiede in den Zeichnungen bemerkten, wurde ihnen *ihr eigenes Lernen bewusst* und dass sie sich selbst während des Jahres mit dem Mumintroll verändert hatten. Durch die Dokumentation in Bildern konnten sie ihr eigenes Lernen betrachten, auch das war eine Zielsetzung für die Arbeit mit dem Thema gewesen.

Ein weiterer Effekt der Themaarbeit, der in unserer Auswertung zum Vorschein kam, war folgender: Die teilnehmenden pädagogischen Fachkräfte bekamen selbst ein Gefühl für das Potenzial der Kinder, mit „schwerer" Literatur umzugehen, zudem konnten sie in den Erzählungen Wesentliches erkennen, das sie zuvor nicht gesehen hatten. Es haben sich also nicht nur die Kinder durch die entwicklungspädagogische Arbeit weiterentwickelt und verändert. Erst wenn die Pädagogen selbst ihr Denken über den Inhalt und über die Potenziale der Kinder und deren Lernen bei verschiedenen Projekten weiterentwickeln, kann man die Arbeit als wirklich geglückt bezeichnen.

14. Natur als Lerngegenstand

Es ist absolut üblich, in der Kindertageseinrichtung mit dem Thema „Natur" zu arbeiten, das ist schon so seit Fröbels Zeiten, auch wenn Natur damals vor allem bedeutete: zu säen, zu pflegen und zu ernten, was im Garten des Kindergartens wuchs. Einpflanzen, gießen und den Baum vor dem Kindergarten pflegen, war ebenso wichtig. Einen Küchengarten gab es meist auch. Die Kinder wurden auf diese Weise an den Wechsel der Jahreszeiten herangeführt. Heute

[32] *Anm. d. Übers.: weibl. Wesen, das Kälte ausstrahlt.*

[33] *Anm. d. Übers.: ein stinkender Allesfresser.*

beschäftigen sich die Kinder auch noch mit Pflanzen und Tieren und man spricht darüber, wie sich die Natur mit den Jahreszeiten verändert. Würde man eine Liste von Themen zur Natur aufstellen, wäre sie sehr, sehr lang, aber man kann wohl sagen, dass der Garten gegen den Wald und die eher „natürliche" Natur ausgetauscht worden ist. In unserer Beschreibung werden wir darauf eingehen, wie pädagogische Fachkräfte verschiedene Kreisläufe genutzt haben, um bei den *Kindern Ideen zu wecken, wie Mensch, Tier und Pflanze voneinander abhängig* sind. Gerade Ökologie und Umweltfragen stehen heute ganz oben in den Bildungsplänen und zwar in allen Bildungsbereichen.

Vorstellungen entwickeln, was in einem Kreislauf passiert

Wenn Kinder die Bedeutung eines Kreislaufs *begriffen* haben, ist die Zielsetzung der pädagogischen Fachkraft, dass sie *dieses Wissen* auf andere ökologische Kreisläufe *übertragen* sollen, die sie sich selbst ausdenken können. Sie *beobachtet die täglichen Aktivitäten und Spiele der Kinder* sehr genau und sucht nach *Gelegenheiten, die Kinder über Kreisläufe nachdenken zu lassen*. Damit sie verstehen können, wie ein Kreislauf funktioniert, ist es wichtig, dass sie *eine Gelegenheit haben, Ideen zu entwickeln*, was da wirklich vor sich geht. Im folgenden Beispiel beschreiben wir, wie pädagogische Fachkräfte mit den Kindern arbeiten, um den Kompost zum Gegenstand der Reflexionen zu machen, und wie sie die Kinder dazu bringen, darüber nachzudenken, was passiert. Die pädagogische Fachkraft hinterfragt alles, denn ihre Zielsetzung ist es, *dass das Unsichtbare, das beim Kompostieren vor sich geht, für die Kinder sichtbar wird.* Das folgende Gespräch findet statt, als der Kompost für die Kinder noch etwas ganz Neues ist. Die pädagogische Fachkraft fragt, was im Kompost alles enthalten ist.

> ***Kind:*** *Würmer, Blätter, Springschwänze, wenn sie Angst kriegen, kommt ein gelber Schleim aus ihnen raus und das riecht eklig. Im Kompost sind Obstabfälle, die haben wir hineingeworfen. Die Würmer und Zersetzer arbeiten und dann wird es wieder Erde.*
>
> ***Pädagogische Fachkraft:*** *Was meinst du, wofür die Würmer da sind?*
>
> ***Kind:*** *Damit wir Erde und Nahrung bekommen.*
>
> ***Pädagogische Fachkraft:*** *Was essen denn die Würmer?*
>
> ***Kind:*** *Erst essen die Zersetzer, dann die Würmer, sie essen Blätter und Obstschalen.*
>
> ***Pädagogische Fachkraft:*** *Wie kommt der Wurm an die Nahrung?*
>
> ***Kind:*** *Der Wurm isst Blätter und Obstschalen und dann kackt er Erde raus, die wieder Nahrung für die Erde ist. Für uns ist Essen Nahrung.*
>
> ***Pädagogische Fachkraft:*** *Wie gelangen die Würmer an die Blätter?*
>
> ***Kind:*** *Sie fallen auf den Boden, der Wurm zieht das Blatt unter die Erde. Die Blätter sind trocken, wenn sie verwelkt sind, dann fallen sie auseinander. Der Baum bekommt keine Nahrung für die Blätter, die heruntergefallen sind.*
>
> ***Pädagogische Fachkraft:*** *Was denkst du, wofür die Sonne gut ist?*
>
> ***Kind:*** *Die Sonne gibt Nahrung, die Sonne macht Vitamine, alle brauchen Sonne. Wenn es keine Bäume, Würmer und Sonne geben würde, dann wären wir nicht da, weil uns der Baum Sauerstoff gibt. Sonst wären wir Eisklumpen, es wäre kalt. Dann kann nichts wachsen und wir würden keine neue Nahrung kriegen. Es wäre dunkel.*

Im oben stehenden Gespräch führt die pädagogische Fachkraft mit dem Kind einen bewussten Dialog, denn sie will es dazu bringen, über den *Kompost nachzudenken und seine Ideen zu formulieren*. Die pädagogische Fachkraft hört zu und stellt Fragen, damit sie *verstehen kann, welche Vorstellungen die Kinder von dem Ablauf des Kompostierens* haben. Der Grund, warum sie das Kind schon ganz am Anfang befragt, ist, dass sie unter anderem später *vergleichen* möchte, *wie die Kinder ihre Vorstellungen vom Kompost verändert haben*.

Als die Kinder sich einen eigenen Kreislauf ausgedacht haben, beschäftigt sich die pädagogische Fachkraft mit jedem einzelnen Kind und lässt es erzählen, welche Einzelteile es in seinem Kreislauf gezeichnet hat und in welcher Reihenfolge die Ereignisse ablaufen. Sie fordert sie auch auf zu erzählen, was sie denken, während sie dies tun. Die pädagogische Fachkraft befragt die Kinder auch deshalb, damit sie eine Gelegenheit haben, ihre Gedanken darüber, was ein Kreislauf ist und wie er funktioniert, in Worte zu fassen. Sie will mit anderen Worten vermeiden, dass ein Kind oder mehrere den Kreislauf einfach abmalen, ohne den Inhalt verstanden zu haben, was sie tun, weil sie möchte, *dass jedes Kind eine Vorstellung vom Kreislauf entwickelt*.

Jeder Kreislauf wird dann auf ein Stück Pappe geklebt und an die Wand gehängt. Nach einer Weile hängt dort *eine ganze Reihe verschiedener Kreisläufe*. Die pädagogische Fachkraft versammelt die Kinder in verschiedenen Gruppen und fordert sie auf, von ihrem Kreislauf zu erzählen. Die Kinder *hören zu, was die anderen sagen*, und die pädagogische Fachkraft fragt die Kinder, wo es noch außerhalb der Kindertageseinrichtung Kreisläufe gibt. Die Absicht der pädagogischen Fachkraft ist, dass die Kinder *erfahren*, dass es einen Kreislauf nicht nur im Kompost der Kindertageseinrichtung gibt, sondern auch an *vielen anderen Stellen* in der Natur und dass ihre Kreisläufe nur Modelle oder Illustrationen sind. Diese Form der Variation des Kreislaufs als Phänomen kann mit der Arbeit der pädagogischen Fachkraft im Kapitel über Mathematik verglichen werden, wo sie verschiedene Objekte fokussiert, wie Türen und Zäune (vgl. S. 88). Hier ein paar Beispiele zum Kreislauf, die die Kinder selbst ausgedacht haben:

> ***Jeanette:*** *Der Fuchs frisst das Kaninchen. Das Kaninchen frisst Gras. In der Erde ist Nahrung. Nahrung kommt vom Wurm, der Wurm frisst Blätter und die Blätter kommen vom Baum. Der Fuchs frisst die Blätter auch.*

Terese zeichnet einen Kreislauf mit einem Vogel, einer Katze, einem Fuchs, Wurm und Zersetzern, sie berichtet:

> *Erst kommt der Baum, dann der Vogel und frisst die Samen vom Baum, dann stirbt der Vogel. Dann frisst die Katze den Vogel, dann frisst der Fuchs die Katze. Dann essen die Würmer und die Zersetzer den Fuchs auf, wenn er gestorben ist. Dann kacken die Würmer und die Zersetzer alles aus. Dann ist die Erde fertig und eine Nahrung für den Baum und alles andere in der Natur.*

Jenny hat einen Kreislauf gezeichnet, in dem sie mit Pfeilen markiert hat, wie der Ablauf ist:

> *Ich zeichne einen Menschen. Einen Pfeil, weil es im Kreis geht. Dann das Schwein, weil der Mensch das Fleisch von ihm isst. Das Schwein frisst Kartoffeln. Die Kartoffeln wachsen in der Erde. Sie erhalten Nahrung von den Pflanzen. Ich nehme Weintrauben. Die Menschen essen Weintrauben.*

Mikael zeichnet einen Kreislauf, der mit den Samen eines Baumes beginnt, der Vogel frisst die Samen, der Vogel stirbt, die Katze frisst den Vogel, die Katze stirbt, ein Fuchs kommt und frisst die Katze, der Fuchs stirbt, die Würmer und Zersetzer fressen den Fuchs auf. Als Dennis seinen Kreislauf zeichnet, sagt er, er male einen Baum. „Ein Eichhörnchen isst die Blätter vom Baum. Ein Fuchs frisst das Eichhörnchen. Ich zeichne ihn an diese Seite, damit man sehen kann, dass er das Eichhörnchen frisst. Die Würmer fressen tote Tiere und hinterlassen Nährstoffe in der Erde. Ich mache runde Pfeile, dass man sieht, dass es im Kreis geht."

Als die pädagogische Fachkraft Daniel fragt, was der Mensch denn zum Leben braucht, erzählt er, dass wir Nahrung brauchen. Er fährt fort und erklärt, dass es Nährstoffe im Gemüse gibt, z. B. in einer Tomate, und dass die Tomate die Nährstoffe von der Sonne bekommt. Er erklärt auch, dass die Sonne dem Menschen und allen Pflanzen Wärme gibt. Er verdeutlicht seine Erzählung, indem er Pfeile hineinmalt, wie die Menschen und die Pflanzen Nahrung und Wärme erhalten. Daniel sagt, dass das, was er malt, ein Kreislauf sei, aber: „Die Erde bekommt Nahrung vom Wurm. Die Blätter bekommen ihre Nahrung von der Erde und die Erde bekommt die Nahrung vom Wurm, das ist noch ein Kreislauf!", ruft er voller Freude. Die pädagogische Fachkraft fragt ihn, was wohl passieren würde, wenn in diesem Kreislauf der Wurm fehlen würde. Er antwortet blitzschnell, dass wenn es den Wurm nicht gäbe, wir alle nicht leben könnten und die Pflanzen auch nicht.

Im oben genannten Beispiel beginnt die pädagogische Fachkraft, die Kinder zum *Reflektieren und Reden* darüber zu bringen, was beim Kompostieren vor sich geht. Sie lässt die Kinder *von ihren Ideen berichten* und baut auf ihr Verständnis vom Kompostkreislauf auf. Sie möchte, dass die Kinder eine *Vorstellung von einem Kreislauf* bekommen, indem *sie sich eigene Kreisläufe ausdenken*. Die Kinder sollen kein Modell reproduzieren, sondern ein tieferes Verständnis dafür entwickeln, was in einem Kreislauf passiert. Die pädagogische Fachkraft vergleicht die unterschiedlichen Ideen der Kinder, damit sie verstehen, dass es viele verschiedene gibt. Sie schafft Situationen und nimmt Situationen zum Anlass, damit die Kinder mit unterschiedlichen Kreisläufen konfrontiert werden. In diesem Beispiel wendet die pädagogische Fachkraft die drei Grundprinzipien in der Vorgehensweise an, damit die Kinder eine Vorstellung von der Natur entwickeln.

Der Wasserkreislauf

Ein anderes ökologisches System, das Teil der Natur ist, ist der Wasserkreislauf und als sich die Gelegenheit ergibt, unterhalten sich die Kinder darüber, wie es funktioniert, dass das Wasser auf der Erde bleibt. Ein paar Kinder können sich nur schwer vorstellen, dass das Wasser in den Seen und Meeren bleibt. Stina erklärt ihnen: „Wenn man in die Luft springt, bleibt man auch nicht oben, sondern fällt wieder runter. Die Kraft geht irgendwie zurück." Die Fragen der Kinder und Stinas Antwort leiten die Überlegungen zum Wasserkreislauf ein. Die *Zielsetzung* der pädagogischen Fachkraft bei der Arbeit mit dem Wasserkreislauf ist es, dass *die Kinder Vorstellungen entwickeln und erfahren sollen*, dass das Wasser sich in einem Kreislauf bewegt. Die pädagogische Fachkraft hat keine Ambitionen, dass die Kinder die Komplexität des Wasserkreislaufs als Ganzes verstehen sollen, aber sie will ihre *Aufmerksamkeit auf das Phänomen richten, damit sie langsam über die schwindelerregende Vorstellung nachdenken*, dass es immer das gleiche Wasser ist, das schon immer da war und das immer auf der Erde sein wird.

Die pädagogische Fachkraft beginnt das Thema über den Wasserkreislauf, indem sie die Kinder fragt, an was sie denken, wenn sie das Wort Wasser hören. Sie verbinden das Wort Wasser damit, dass es Meere, Seen, Kanäle und Wasserhähne gibt. Darüber, wie das Wasser dorthin gelangt, sind die Kinder geteilter Meinung. Die pädagogische Fachkraft erfährt in *individuellen Gesprächen*, wie jedes Kind über das Wasser *denkt und sich Dinge zusammenreimt*, z. B. was mit dem Wasser bei Temperaturunterschieden passiert, die Abhängigkeit des Menschen vom Wasser und dass das Wasser ein Teil der Natur ist. Die Kinder haben vom Wasser unterschiedliche Vorstellungen, aber keine Vorstellung vom Wasserkreislauf. Das Wissen, das sie über das Wasser haben, besteht aus einzelnen Teilen, die die Kinder nicht in einen Zusammenhang bringen können.

Die pädagogische Fachkraft *schafft verschiedene Gelegenheiten, in denen die Kinder die Möglichkeit erhalten, über eine konkrete Situation nachzudenken*. Ein Beispiel: die Kinder und die pädagogische Fachkraft gehen zu einem Damm, den die Kinder kennen und mit dem sie vertraut sind. Die pädagogische Fachkraft fragt die Kinder, wie das Wasser zum Damm gekommen ist. Sie denken über die Frage nach, aber die pädagogische Fachkraft begnügt sich nicht damit. Sie geht einen Schritt weiter und stellt ihnen die Aufgabe herauszufinden, welchen Weg das Wasser nimmt. Die Kinder werden mit einem konkreten Problem konfrontiert und um es zu lösen, müssen sie selbst nachdenken und eigene Antworten und Lösungen suchen. Die Absicht der pädagogische Fachkraft ist es, dass die Kinder ein Bewusstsein dafür entwickeln, dass das Wasser im Damm an einer Stelle hineinfließt und an einer anderen hinaus. Der Grund dafür, dass die pädagogische Fachkraft die Kinder zum Damm mitgenommen hat, ist, eine Möglichkeit zu bieten, über eine konkrete Situation, die sie bereits kennen, nachzudenken.

Die Kinder machen auch Experimente mit Pflanzen im Haus. Das erste Labor besteht aus einer Plastiktüte, die die Kinder über eine Topfpflanze ziehen und zubinden. Die pädagogische Fachkraft fragt die Kinder, was sie glauben, das passieren wird, wenn man sie nicht gießt. Die Kinder erzählen der pädagogischen Fachkraft, dass die Blätter und die Blüten verwelken und abfallen werden. Die Kinder glauben, dass der Grund dafür sein wird, dass die Topfpflanze keine Luft, kein Wasser und keine Nahrung bekommt. Eins der Kinder meint jedoch, dass die Blätter grüner werden. Die pädagogische Fachkraft hört zu und bittet sie dann, zwei Zeichnungen anzufertigen. Eine Zeichnung, die darstellt, *wie die Pflanze jetzt aussieht, und eine zweite, auf der zu sehen ist, wie die Pflanze vermutlich in einer Woche ausschauen wird*.

Nachdem die Pflanze eine Woche lang unter der Plastiktüte war, ohne gegossen zu werden, versammeln sich die Kinder wieder und schauen nach, ob und wenn wie sie sich verändert hat. Sie stellen fest, dass es in der Plastiktüte feucht geworden ist. Die Kinder fragen sich, woher wohl das Wasser kommt. Eins der Kinder meint, dass „es warm und feucht in der Tüte geworden ist, weil es geregnet hat". Ein anderes sagt, dass „es innen in der Tüte warm ist, deshalb ist es feucht geworden". Ein drittes Kind kommentiert, dass „das Wasser doch hätte verdunsten müssen, wenn es in der Plastiktüte warm geworden wäre!" Andere Vorschläge für die Feuchtigkeit auf der Innenseite sind:

- Die Sonne ist in die Plastiktüte gekommen und hat die Blume gewärmt, dann ist sie feucht geworden. Die Sonne gießt die Blume.
- Wenn die Sonne scheint, schwitzen wir, dass das Wasser läuft.
- In der Plastiktüte ist Wasser und die Erde ist feucht.
- Es ist feucht geworden, obwohl es nicht geregnet hat, dann saugt die Blume das Wasser auf.

- Sie saugt das Wasser durch die Tüte auf und deshalb ist Wasser auf den Blättern.
- Die Blume ist schwarz, weil die Pädagogin einen Zweig abgebrochen hat.
- Sie ist dunkel, weil es zu nass ist.
- Die Luft ist ja feucht.

Die pädagogische Fachkraft lässt die Kinder über das Experiment nachdenken und grübeln. Das Wichtigste am Labor ist, dass die Kinder eigene Vorschläge und Lösungen dafür finden, warum es z. B. wärmer und feuchter in der Plastiktüte wird. Sie lässt die Kinder ihre Ideen mitteilen und vergleicht die unterschiedlichen Ideen der Kinder miteinander. Die pädagogische Fachkraft schafft eine Gelegenheit zum Reflektieren über eine konkrete Situation, aber nimmt trotzdem ihre Kommentare und Gedanken als Gegenstand, um die Ideen von der Natur weiterzuentwickeln.

Die pädagogische Fachkraft stellt die oben beschriebenen Experimente in einen größeren Zusammenhang und lässt die Kinder ein Modell des Damms bauen, den sie vor einiger Zeit besucht haben. Das Modell des Damms und seiner Umgebung bauen die Kinder in ein leeres Aquarium. Die Kinder verteilen feuchten Sand auf dem Boden und stellen eine Wasserschale in den Sand. Die Schale ist ein Modell des Damms, an dem die Kinder untersucht hatten, ob das Wasser einen Eingang und/oder Ausgang hatte. Die Kinder pflanzen dann Topfpflanzen rundherum.

Die pädagogische Fachkraft klebt eine dünne Plastikfolie über das Aquarium und stellt es ins Fenster. Die Kinder bekommen die Aufgabe, täglich nachzusehen, was mit der Wasserschale und den Gewächsen im Aquarium passiert. Die Kinder zeichnen auch ein Bild, auf dem zu sehen ist, was sie denken, was im Inneren passieren wird. Die Absicht der pädagogischen Fachkraft ist es, die Kinder zum Nachdenken über den Kreislauf des Wassers zu bringen. Damit die Kinder die Gelegenheit bekommen, ihre Ideen über das Wasser in der Natur zu entwickeln, lässt sie die Kinder über dieses Phänomen immer wieder *nachdenken*. Die Kinder erzählen, warum sie glauben, dass sich in beiden Experimenten Wasser gebildet hat. Die pädagogische Fachkraft *vergleicht die unterschiedlichen Auffassungsarten der Kinder miteinander*, nicht um sie in „Richtig" oder „Falsch" einzustufen, sondern um aufzuzeigen, dass es *eine Vielfalt an Ideen* bei den Kindern gibt.

Das Interesse der Kinder für das Wasser hat sich dahin entwickelt, dass sie nun überlegen, was warmes und kaltes Wasser kennzeichnet. Die pädagogische Fachkraft nutzt das Engagement der Kinder, indem sie Lerngelegenheiten schafft, dadurch dass die Kinder untersuchen, Schlussfolgerungen ziehen und ihre Gedanken darüber, dass der Wasserkreislauf aus verschiedenen Formen von Wasser besteht, weiterentwickeln. Die pädagogische Fachkraft fordert die Kinder auf zu beschreiben, was mit dem Wasser geschieht, wenn es erwärmt wird. Stina berichtet den anderen Kindern, „erst wird es warm, dann fängt es an zu kochen, dann wird es schließlich Dampf und steigt hoch in den Himmel". Als alle Kinder erzählt haben, was ihrer Meinung nach passiert, wenn man Wasser erwärmt, sagt die pädagogische Fachkraft zu ihnen, dass ihnen viele verschiedene Dinge eingefallen sind, wie aus dem Wasser Dampf wird.

Ein Teil der Kinder meint, dass heißes Wasser verfault ist und dass man das heiße Wasser daran erkennt, dass es am Boden der Schale blubbert. Die pädagogische Fachkraft will herausfinden, was die Kinder über heißes Wasser denken und fordert sie auf, es zu beschreiben. Jonas erzählt, dass das heiße Wasser dampft und blubbert und zur Decke hochsteigt oder in die Wolken und wenn das dampfende Wasser in die Wolken gelangt ist, dann gehen die Wolken kaputt. Die Absicht der Pädagogin hinter dem Gespräch über kaltes und warmes Wasser ist, dass den Kindern klar werden soll, dass das Wasser seinen Aggregatzustand bei Temperaturänderungen wechselt.

Damit die Kinder ihre Vorstellungen vom Wasser erweitern, machen sie noch ein Experiment. Die pädagogische Fachkraft schafft für die Kinder eine *konkrete Situation*, die sie zum Nachdenken anregt. Ein paar Kinder erhalten die *Aufgabe*, 200 ml Wasser in einem Topf zu kochen und zu *beobachten, was in der Zeit mit dem Wasser passiert,* während es immer heißer wird. Die pädagogische Fachkraft bittet sie, auch darauf zu achten, wohin das Wasser verschwindet. So *macht die pädagogische Fachkraft die Kinder darauf aufmerksam, worüber sie sich Gedanken machen sollen*. Die Kinder kommentieren die Verwandlung des Wassers damit, dass es blubbert, kocht und dampft. Sie sagen auch „dass der Dampf in den Himmel hochsteigt, wenn er den Topf verlässt".

An einem anderen Tag wollen andere Kinder das Experiment noch einmal wiederholen und Wasser auf dem Herd kochen. Die pädagogische Fachkraft fragt die Kinder, woher sie denn wissen, dass das Wasser kocht. Die Kinder antworten, dass es blubbert, überkocht, blubbert, weil es auf der Platte steht usw. Die pädagogische Fachkraft stellt diese Frage, weil sie möchte, dass die Kinder die Veränderungen des Wassers *beobachten* und dass sie den Unterschied zwischen warmem und kochendem Wasser *sehen*.

Die zwei Mädchen, die das Experiment machen, entdecken einen Wassertropfen auf der Platte und beobachten ihn ganz genau. Sie stellen fest, dass er immer kleiner wird. Die pädagogische Fachkraft gibt ihnen die Aufgabe zu zeichnen, wohin sich der Wassertropfen verzieht.

Als die pädagogische Fachkraft fragt, wohin das Wasser verschwunden sei, als es heiß wurde, antwortet Stina: „Das Wasser stößt an die Decke und fällt wieder auf den Boden und steigt hoch in den Himmel. Wenn Wasser auf die Platte kommt, wird es wie ein Magnet." Elin meint, dass „Wasser in den Herd hineinfließt". Die pädagogische Fachkraft fragt sie, *was sie von diesem Experiment mit dem Wasser gelernt haben*. Sie fragt, weil sie wissen will, ob die Kinder das Ziel des Experiments, nämlich zu sehen, wie Wasser sich verändert, wenn es heiß wird, tatsächlich *erfahren* haben.

Das Verständnis der Kinder für die Natur

In allen Gruppen beginnt das Projekt damit, dass Kalle, der im Naturhistorischen Museum arbeitet, eine ausgestopfte Wacholderdrossel hervorholt. Die Kinder sollen raten, was das für ein Vogel ist. Sie schauen sich auch eine Amsel an und bekommen dann verschiedene Vogelstimmen vom Band vorgespielt. Eine Weile unterhalten sie sich darüber, warum Vögel singen. Kalle nimmt dann eine „tote Wacholderdrossel" und die Kinder sollen überlegen, warum sie gestorben ist und was mit ihr passieren würde, wenn sie auf der Erde läge. Die Kinder erzählen von verschiedenen toten Vögeln, die sie gesehen haben. Sie bemerken dann die Totengräberkäfer und anderes Kleingetier rund um die tote Wacholderdrossel. Kalle erzählt, wie die kleinen Tiere den toten Vogel auffressen und wie sie dann „Kot lassen", was der Erde Nährstoffe gibt (Erde wird). Sie sprechen darüber, dass die Bauern Kuhmist als Dung auf die Felder verteilen und die Kinder sollen überlegen, wer die Nährstoffe braucht. Baum und Blume brauchen Nahrung! Er holt grüne Blätter hervor und sie reden darüber, wie sie sich im Herbst braun färben. „Wer mag Blätter?", fragt Kalle. Ja, klar die Würmer! Die Kinder dürfen in eine kleine Plastikkiste schauen, in der Erde, Blätter, kleine lebende Tiere und Würmer sind. Dann kommt das letzte Glied: „Wer frisst die Würmer?" Ein Kind ruft: „Vögel" und schon ist der Kreislauf geschlossen. Kalle hat die verschiedenen Teile anschließend auf den Boden gelegt, während sie darüber sprechen. Jetzt wiederholt er den Sachverhalt, indem er Fragen stellt und gleichzeitig malt er Pfeile auf den Boden zwischen die verschiedenen Teile und spricht davon, dass man das einen Kreislauf nennt. Er erzählt auch, warum es Kreislauf heißt. Sie überlegen und reflektieren gemeinsam, woran die Kinder denken, wenn sie das Wort Kreislauf hören.

Das Verständnis über das, was die Kinder und Kalle zusammen getan haben, unterscheidet sich qualitativ. Ein Teil der Kinder benennt verschiedene Gegenstände, die Kalle zeigt. Andere Kinder formulieren einzelne Teile wie „Vögel fressen Würmer!" Eine dritte Art und Weise des Verständnisses über das, was sie im Naturhistorischen Museum erlebt haben, ist, dass sie Zusammenhänge in Form einer Kette sehen. Zum Beispiel sagt Peter: „Er hat von Tieren erzählt. Dass eine Nahrungskette ... dass Tiere gestorben sind und leben und so, und erst der Vogel, dann kommen die kleinen Tiere und essen ihn auf, dann wird er zu Erde, dann wird das Nahrung für den Baum. Im Herbst verlieren alle ihre Blätter, dann zieht der Wurm die Blätter in die Erde hinab und sie werden zu Erde, dann wird das wieder Nahrung für den Baum ...die Erde ...mehr fällt mir nicht mehr ein." Das am weitesten gediehene Verständnis kann man als Kreislauf bezeichnen. Viktor sagt: „Er hat diese Sachen von den Vögeln und Würmern erzählt, dass ein Vogel ein paar Jahre lebt und dann stirbt er ja und dann kommen die Insekten und die Käfer und essen aus ihm. Dann kommen die Totengräber und graben ihn ein, dann kacken sie und so wird er zu Erde und dann mögen die Pflanzen die Erde gern und dann ernähren sie sich von ihr und wachsen. Im Herbst verlieren sie ihre Blätter, dann kommen die Würmer und fressen die Blätter auf. Und dann kommen die Laubspatzen – Laubdrosseln oder so – und essen die Würmer auf. Aber wenn ich mir vorstelle, dass alle Würmer verschwinden, dann würden die Pflanzen noch ein paar Jahre wachsen und dann sterben, weil sie nichts mehr zu essen haben und sie würden ihre Blätter verlieren und die Würmer wären weg, dann würden die Blätter überall rumliegen."

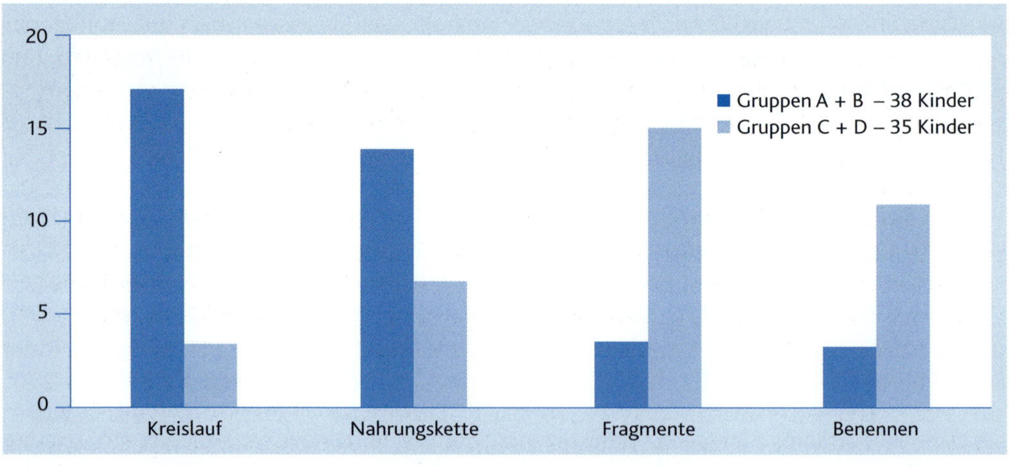

Abbildung 5: Grafische Darstellung des Verständnisses der Entwicklungs- (A+B) und Referenzgruppen (C+D) für den Kreislauf.

Wie wir an der Abbildung 5 ablesen können, gibt es auffällige Unterschiede zwischen den Gruppen, die entwicklungspädagogisch arbeiten, und den Referenzgruppen. Das entwicklungspädagogische Arbeiten, wie es die Kinder in den Gruppen A und B erlebt haben, hat ihnen bessere Voraussetzungen gegeben, den Kreislauf zu verstehen.

Auf die Frage des Interviewers: „Kannst du dich erinnern, wie Kalle es genannt hat, als er Pfeile zwischen die unterschiedliche Teile auf dem Boden gemalt hat?" antworteten die Kinder z. B. Kreislauf, Meisterlauf, Abfahrtslauf, Zirkel, Ring usw. Wie man sehen kann, gab es viele Vorschläge! Auf die Frage, warum Kalle Pfeile zwischen die Einzelteile gemalt hat, antwortete ein Kind: „Nur damit wir es besser verstehen, hat er sie in einen Kreis gelegt."

15. Bei Vorschulkindern Verständnis für ihre Umwelt entwickeln

Dieser Teil des Buches baut, wie wir bereits in den vorangegangenen Kapiteln gesehen haben, auf einige der Entwicklungsprojekte auf, die vom phänomenografischen Forschungsansatz und der Didaktik, die daraus entstanden ist, ausgehen. Jedoch gab es wesentlich mehr Studien, die das Ziel hatten, die Entwicklung der Kinder zu beeinflussen, beispielsweise in Fragen der Mathematik (Neuman, 1987; Ahlberg, 1992, 1995, 1997) oder der Schriftsprache (Gustavsson und Mellgren, 2000), beim Verständnis von Landkarten (Längsjö, 1996), in Lebensfragen (Pramling, Johansson, Davidsson und Fors, 1995, 2000), in den Naturwissenschaften (Pramling und Pramling Samuelsson, 2001) usw. Weil alle aber die gleichen Ergebnisse zeigen, nämlich dass die Kinder, die an den Entwicklungsprojekten teilgenommen haben, ein ausgeprägteres Verständnis entwickelt haben als die Kinder in Kindertageseinrichtungen, die traditionell arbeiten, führen wir hier nicht noch weitere auf.

Was ist nun das zusammenfassende Bild vom Gegenstand und Akt des Lernens in diesen Entwicklungsprojekten? Und wie ist dabei die Rolle der pädagogischen Fachkraft?

Gegenstand des Lernens

Der Fokus für das Lernen der Kinder in unseren Untersuchungen waren spezifische Phänomene und Erscheinungen innerhalb fünf verschiedener Bildungsbereiche. Das *Lernverständnis der Kinder*, d. h. ihre lernmethodische Kompetenz – oder die Art des Lernens – war als Lerngegenstand in allen Beispielen im Blick, ungeachtet des spezifischen Inhalts. Das Lernen an sich wurde fokussiert und problematisiert, aber auch andere diesbezügliche Aspekte.

Traditionelle Inhalte der Schule, wie das *Lernen der Schriftsprache* und der Grundlagen der *Mathematik,* waren wesentliche Teile dieses Lernens. Es ging darum, Verständnis für verschiedene Aspekte oder Begriffe innerhalb der grundlegenden Lese- und Schreibentwicklung und der Mathematik zu schaffen, d. h., wie die Sprache und die Mathematik in der Erfahrungswelt der Kinder vorhanden sind.

Was Symbole angeht, so ging es darum, die Funktion und Verwendung von Symbolen als Konventionen sichtbar zu machen. Innerhalb der Mathematik haben wir Beispiele für eine ganze Reihe von Begriffen, Prinzipien und Gedanken gesehen, mit denen wir uns in der Arbeit mit den Kindern befasst haben.

Innerhalb der *Naturwissenschaften* lag der Schwerpunkt vor allem auf der Ökologie und dem Denken in Kreisläufen, allerdings auch auf dem Grundsätzlichen – nämlich darauf, nach der Erklärung von Dingen zu suchen. Schließlich war die Kultur, oder die von den Menschen geschaffene Umwelt, Gegenstand des Lernens. Hier ging es nicht nur um beobachtbare Systeme wie Verkehr und Geschäfte, sondern auch um die Entwicklung der Gesellschaft.

Bei all diesen verschiedenen Inhalten wollte man auch allgemeine Strukturen für die Kinder sichtbar machen.

Das Lernen als Gegenstand in den Beispielen, die wir oben beschrieben haben, stand teilweise im Vordergrund, indem spezifische, klar definierte Objekte betrachtet wurden. Aber in den Beispielen kann man auch generell die Arbeit mit verschiedenen Themen auf einem übergeordneten Niveau betrachten. Der Hintergedanke ist, sowohl die Ähnlichkeit mit der traditionellen Arbeitsweise in Kindertageseinrichtungen – nämlich mit Themen zu arbeiten – deutlich zu machen, aber auch den Unterschied durch die sehr klare Struktur hervorzuheben sowie die spezifischen Objekte, die Kinder und pädagogische Fachkräfte zum Nachdenken und Kommunizieren anregen. Was nur in geringerem Umfang in den Beschreibungen deutlich wird, ist das Spiel der Kinder. Nicht weil es nicht stattgefunden hat, sondern weil wir keine systematischen Daten rund um das Spielen erhoben haben. Dennoch kann man in den Beschreibungen das Vorkommen des Spiels bei den von der pädagogischen Fachkraft arrangierten Aktivitäten immer wieder durchscheinen sehen und die spielerische Lerndimension ist die ganze Zeit über vorhanden und zentral.

Akt des Lernens

Was sind es nun für Begriffe und Verhaltensweisen, die allen Projekten zueigen sind? *Die Kommunikation und das Handeln des Kindes* stehen im Vordergrund und bedingen sich gegenseitig – das heißt, wenn sie zum Beispiel engagiert etwas untersuchen oder bauen, wenn sie sich in Bildern oder Symbolen ausdrücken, wenn sie gemeinsame oder eigene Probleme lösen, über die man reden (seine Gedanken in Worte kleiden) oder die man nachfragen will. Es ist eine selbstverständliche Sache für Vorschulkinder, darüber zu reden, was sie tun, und nach Antworten zu suchen, wenn sie sie nicht bei den Spielkameraden und Erwachsenen in der direkten Umgebung finden (Williams, 2001). Die Basis für die Kommunikation mit der Umwelt ist für jedes Kind seine eigene Art, *Erfahrungen damit zu machen*, worauf seine Aufmerksamkeit gerichtet wird. Darum ist es für den Lernerfolg des Kindes entscheidend, dass es sich in einem positiven Umfeld befindet, das Vertrauen in seine Gedanken und seine Art, sie auszudrücken, vermittelt. Das Vertrauen der pädagogischen Fachkraft bedeutet also, dass das *Kind zu einem eigenen Verständnis* in der Kommunikation mit Dingen, Spielkameraden und Erwachsenen *findet*. Die Perspektive des Kindes und seine Erfahrungen zu verstehen, wird zum zentralen Punkt.

Außer einer gewissen Offenheit und einem Vertrauen in die Kinder haben die pädagogischen Fachkräfte zu einer Form der Kommunikation beigetragen, die vielleicht nicht alle Kinder spontan von selbst entwickeln, nämlich *die eigene Perspektive* zu wechseln (vom An-etwas-Denken dahin zu denken, *wie* man über etwas denkt) sowie zu versuchen, *die Perspektive der anderen* einzunehmen, wenn die Variation der Denkweisen sichtbar gemacht wird. Die neuere Forschung zeigt, dass bereits kleine Kinder schon früh in der Lage sind, die Perspektive von anderen einzunehmen (Lindahl, 1996; Johansson, 1999; Mauritzson und Säljö, 2001; Bennett, et al. 1997), aber wir sind der Auffassung, dass man mit pädagogischen Mitteln dazu beitragen kann, dass die Kinder eine Hilfestellung bekommen, *ihre eigene Art des Denkens und Ler-*

nens als solche wahrzunehmen, indem die verschiedenen Perspektiven der Kinder zum Vorschein gebracht werden.

In dieser Kommunikation ist es Aufgabe der pädagogischen Fachkraft, die Kinder zu inspirieren, die Gedanken der Kinder nachzuvollziehen und entsprechende, weiterführende Fragen zu stellen (Doverborg und Pramling Samuelsson, 2000 a, 2000 b). Hier hat auch die Fähigkeit des Kindes, sich verschiedene Möglichkeiten vorstellen zu können, eine wichtige Funktion oder, wie es Paul Harris (2000, S. XI–XII) ausdrückt,

> *... die Fähigkeit, sich Alternativen vorstellen zu können und deren Folgen abzusehen, tritt schon früh in der Entwicklung des Kindes in Erscheinung und bleibt ihm das ganze Leben über erhalten. Diese Fähigkeit ist besonders deutlich im Spiel der Kinder, wenn sie so tun, als wären sie jemand anders, aber sie drängt sich in die Vorstellungen des Kindes von der Wirklichkeit und verwandelt sie.*

Im Spiel entwickeln Kinder Vorstellungen und gestalten sie, genau wie sie es in den Projekten getan haben, als sie mit unterschiedlichen Inhalten beschäftigt waren. Die pädagogische Fachkraft war diejenige, die die Voraussetzungen für die Kinder geschaffen hat, dass sie denken, reflektieren und sich Dinge vorstellen sowie ihre Gedanken auf unterschiedliche Art zum Ausdruck bringen können, nicht zuletzt mittels verschiedener Formen der Dokumentation. Es gab immer einen Gegenstand.

Als das englische EPPE-Projekt (Effective Provision for Preschool Education) die Qualität der Kindertageseinrichtungen, in denen die Kinder sich besser entwickelt und mehr gelernt haben als in anderen Kindertageseinrichtungen, untersuchten, wurde der Begriff „shared sustainable thinking" (gemeinsames nachhaltiges Denken) zum Schlüsselwort. Das heißt, die Tätigkeiten, in denen es den Kindern und pädagogischen Fachkräften gelang, dasselbe Gedankenobjekt mit Interesse zu fokussieren und darüber zu kommunizieren, stellten die besten Voraussetzungen für das Lernen des Kindes dar. Ein anderes Qualitätsmerkmal, das in der Auswertung zum Vorschein kam, ist die Art der Fragen, die man gestellt hat. In den Kindertageseinrichtungen, in denen sich die Kinder am besten entwickelt haben, waren die Fragen offen, voller Vertrauen in die Kinder und zudem auch fordernd (Siraj Blatchford, Sylva, Muttock, Gilden und Bell, 2002).

Variation war ein zentraler Faktor

- in der unterschiedlichen Denkweise der Kinder,
- beim Betrachten verschiedener Ebenen der Generalisierung,
- beim Betrachten und Arbeiten mit ein und dergleichen Botschaft.

Aber das Wichtigste an der praktischen Durchführung war, dass die pädagogischen Fachkräfte sich im Klaren waren, was der Gegenstand des Lernens in den Kindergruppen sein sollte (oder kann) und dass man systematisch arbeitete, ausgehend von den verschiedenen Begriffen, die den Ansatz der Frühpädagogik bilden, wie er in den vorangegangenen Kapiteln herausgearbeitet worden ist.

Das ist das Muster für das Vorgehen der pädagogischen Fachkräfte, das im Großen und Ganzen bei allen das gleiche ist, auch wenn persönliche Variationen im Umfang der verschiedenen charakteristischen Züge auftreten.

Die Arbeit mit den Kindern ist *geplant* und *gut vorbereitet*, ebenso wie man immer an der *Erfahrungswelt der Kinder* ansetzt. Was wissen die Kinder bereits von diesem Inhalt? Wie stellen sich Kinder etwas vor? Wenn die pädagogische Fachkraft mehrere Lerngegenstände im Blick hat, bemerkt sie auch, wenn etwas Spontanes passiert, das sie nutzen kann.

Die pädagogische Fachkraft *kommuniziert* viel mit den einzelnen Kindern, indem sie sie oft *befragt* (etwas, das sie offenkundig mögen und sogar einfordern). In der Kindergruppe, die *kontinuierlich in der Größe schwankt*, versucht sie, die Kinder zum Erzählen, Beschreiben oder Erklären zu bringen. Sie stellt viele *Fragen*, wie die Kinder etwas meinen, warum sie dies oder das tun, wie sie auf etwas gekommen sind usw. In der Kommunikation mit jedem einzelnen Kind der Gruppe macht sie die anderen Kinder auch auf Unterschiede und Gemeinsamkeiten im Finden von Lösungswegen, beim Zeichnen oder Bauen aufmerksam, das heißt die *Vielfalt* in ihrer Art und Weise, etwas zu illustrieren oder auszudrücken, wird von der pädagogischen Fachkraft besonders betont.

Um über verschiedene Inhalte kommunizieren zu können und sie zu problematisieren, werden *verschiedene Situationen geschaffen*, wie Experimente, Spielmöglichkeiten, Aufgaben, die man lösen muss, kreative Tätigkeiten, etc. Aber die pädagogische Fachkraft *nutzt auch die Gelegenheiten, die spontan entstehen*. Das kann sowohl im Spiel der Kinder sein als auch bei Essenssituationen, Stuhlkreisen usw.

Die *Stuhlkreise* sind meist kurzweilig und problemorientiert. Kinder sitzen selten passiv da und warten. Jedes einzelne Kind wird respektiert, aber auch alle zusammen – nämlich die Gruppe als Ganzes.

Obwohl in dieser Arbeitsweise Reflexion, Verbalisierung der Gedanken und Kommunikation ständig eingesetzt werden, arbeitet man die ganze Zeit über auch so, dass man auf verschiedene Weise *konkretisiert* und seine Gedanken im Spiel ausdrückt, durch Theater, Bild, Musik, Bauen, Text usw. Es werden auch gemeinsam konkrete Modelle unterschiedlicher Phänomene erstellt.

Die *Dokumentation* ist ein wichtiger Schritt im Arbeitsprozess. Sie kann derart geschehen, dass die Kinder auf ihren eigenen Aufnahmegeräten ihre Interviews aufzeichnen. Oder die Werke der Kinder werden sichtbar aufgehängt, sodass sie jedermann bestaunen kann und die Kinder die Entwicklung des Themas verfolgen können, sowohl generell als auch individuell, das heißt, dass sie sehen können, was sie gedacht haben, als sie das erste Mal etwas zu einem spezifischen Inhalt gezeichnet haben, und wie es aussah, als das Thema abgeschlossen war. Oft befinden sich an den Bildern der Kinder geschriebene Kommentare, die von ihnen selbst oder der pädagogischen Fachkraft geschrieben wurden. In der Dokumentation wird – mit anderen Worten – sowohl der Arbeitsprozess als auch die eigene Entwicklung des Kindes wichtig und sichtbar.

Als ein Teil des Akts des Lernens kann man vielleicht wagen zu behaupten, dass die pädagogischen Fachkräfte als lernende Individuen dazugehören, das heißt, dass sie zu ihrem eigenen Handeln und zu der Tatsache, dass sie am Lernen des Kindes beteiligt sind, eine *reflektierende Haltung* einnehmen.

Metakognitive Dialoge als Strategie in der Vorgehensweise der pädagogischen Fachkräfte bedeuten in erster Linie, dass man die Kinder zum *Reden und Reflektieren* veranlasst. Zum

Zweiten geht es darum, den Kindern dabei zu helfen zu erfahren, *wie sie denken*. Hier bewirkt die Gruppe als Ganzes und die Variation, die in ihren Denkweisen zutage tritt, dass die Kinder die Voraussetzungen erhalten, ihre eigene Denkweise in Relation zu anderen zu sehen.

Kinder begegnen der Welt der Schule

Was passiert, wenn die Kinder der Welt der Schule begegnen (Pramling, Klerfelt und Williams Graneld, 1995)? Das ist in einer nachfolgenden Untersuchung ausgewertet worden, die Teil der Studie *Kunnandets grunder/Die Grundlagen des Wissens* (Pramling, 1994) war. Wir beschreiben dies hier nur kurz.

Die Kinder wurden in der Schule auf unterschiedliche Art und Weise beobachtet. Die Entwicklung mancher Kinder wurde in Form von Fallstudien dokumentiert, das heißt, sie wurden in ihren Klassenräumen das erste Schuljahr hindurch beobachtet (Kullberg, Pramling und Williams Graneld, 1996), während die Mehrzahl der Kinder befragt wurde, die am Ende des ersten, zweiten und dritten Jahres Aufgaben lösen sollte. Das Ergebnis zeigt, dass „unsere" Kinder – d. h. die Kinder aus den Tageseinrichtungen, die nach einem entwicklungspädagogischen Ansatz gearbeitet hatten – nach dem ersten Jahr noch einen Vorsprung in Form eines besseren Verständnisses und einer besseren Fähigkeit, innerhalb der fünf Bildungsbereiche Probleme zu lösen, hatten. Aber es wurde eine sozioökonomische Differenzierung sichtbar: Kinder aus „sozial benachteiligten" Milieus waren nun auf dem gleichen Niveau wie die Vergleichskinder aus einem „besser gestellten" Umfeld. Mit jedem Jahr im Schulsystem wurde der Unterschied aber schwächer und in der dritten Klasse finden wir nur noch marginale Unterschiede beim Formulieren von Texten (Johansson, Klerfelt und Pramling, 1997). Aber man kann vielleicht sagen, dass die Kommunikationsfähigkeit der Kinder der einzige Langzeiteffekt war, worauf die Kinder ihr Selbstvertrauen und ihre eigenen Fähigkeiten aufbauten. Selbstverständlich trafen die Kinder nicht auf eine einzelne Schulwelt, sondern auf viele unterschiedliche, was wir an den Fallstudien deutlich ablesen können (Pramling, Klerfelt, und Williams Graneld, 1995, S. 76–87). Diese unterschiedlichen Schulwelten haben sicherlich Einfluss darauf, wie die Erfahrungen der Kinder aus der Kindertageseinrichtung in der Schule weiterentwickelt werden.

Teil IV: Junge Kinder, die Zukunft und die Pädagogik

16. Was sollen Kinder in der Tageseinrichtung lernen?

Zu allen Zeiten hatte man eine Vorstellung davon, was Kinder lernen und wie sie werden sollten (James, Jenks und Prout, 1998). Jeder Erwachsene, der sich mit Kindern beschäftigt, hat unreflektierte oder bewusste Vorstellungen von Erziehung und Lernen. Natürlich gab es dies auch in der Welt der Kindertageseinrichtung, auch wenn man dort die Persönlichkeitsentwicklung in den Mittelpunkt gestellt hat (s. Kapitel 2). Weil die individuelle Entwicklung des Kindes das Leitziel der Frühpädagogik war (Pramling, 1991), waren Arbeitsweise, Methoden und pädagogische Umgebung wichtiger als die Inhalte, während diese in der Schule viel expliziter waren (SOU 1985:22). Daher wurde der Inhalt der schwedischen Frühpädagogik als gegeben angenommen und man reflektierte nur sehr begrenzt darüber, *was* die Kinder eigentlich lernen sollen.

Gleichzeitig hat man mit unterschiedlichen Inhalten gearbeitet. Am deutlichsten kann man das an den verschiedenen Beschreibungen ablesen, die zuerst Arbeitsmittelpunkt oder Monatsgegenstand[34] (Henriette Schrader-Breymann, nach Johansson, 1994; Krecker, 1977), später dann Interessenschwerpunkt genannt wurden (Köhler, 1936), nach dem Motto „durch Tätigkeit zum Wissen" (Fröbel, [1863] 1995). Das bedeutete, dass die pädagogischen Fachkräfte ein Gebiet festlegten, auf dem die Kinder Kenntnisse sammeln sollten. Wenn wir den Film *Intressecentrum och tema – en hundraårig historia/Interessenzentrum und Thema – eine hundertjährige Geschichte* (Johansson und Gustafsson, 1993) ansehen, können wir verfolgen, wie ein Pädagoge mit dem Thema „Apfel" arbeitet. Kinder und Erwachsene sprechen über den Apfel (die pädagogische Fachkraft versucht, die Bestandteile des Apfels zu erklären), sie gehen auf den Markt und kaufen Äpfel (müssen bezahlen und lernen etwas über Geld), sie stellen Apfelmus her (schälen und kochen), sie sortieren Äpfel der Größe nach (Kategorisierung und Reihenfolge üben), singen Lieder über den Apfel, lesen Bücher über den Apfel usw. Ausgehend von diesem Szenario kann man zu dem Schluss kommen, dass die Pädagogin einen Inhalt aussucht, den sie die Kinder mit allen Sinnen erfahren lässt. Bezugspunkt ist das Zuhause, d. h. man unternimmt solche Aktivitäten, die zum „Heim und Herd, also zum mütterlichen Umfeld" gehören und nimmt daher an, dass die Kinder diverses Wissen und verschiedene Informationen aufnehmen. Aber nicht genug damit, man nutzt auch das Thema „Apfel", damit die Kinder etwas über Mathematik, Gesellschaft, Natur, Kultur und Sprache lernen. Der Inhalt ist eigentlich nur die Nabe, um den herum das eigentliche Lernen geschieht. Auch wenn man in der eher traditionellen Frühpädagogik, die wir hier auch besprechen, auf das Interesse des Kindes als wichtige Komponente verweist, ist es in der Entwicklungspädagogik mehr die Frage,

---

[34] *Anm. d. Übers.: Die Autorinnen verwenden hier den deutschen Begriff.*

welche Fähigkeiten Kinder in Beziehung zu diesem Thema oder Inhalt (Interessenschwerpunkt) entwickeln können, mit dem man in der Kindertageseinrichtung arbeitet. Die Entwicklungspädagogik wird auf diese Art zielgerichteter, auch wenn das Interesse der Kinder natürlich eine Voraussetzung ist. Darüber hinaus geht es auch darum, über das Lernen im Verhältnis zum Inhalt zu reflektieren.

In der „Lehrertätigkeit" ist das Motiv ein wichtiges Charakteristikum, weil es einer Tätigkeit den persönlichen Sinn verleiht (Enerstvedt, 1988). Theodor Enerstvedt stützt sich auf Alexej Nikolajev Leontjev, der meint, dass in der *Spieltätigkeit der Kinder das Motiv im Spielen selbst liegt, während es sich bei Lern- und Arbeitstätigkeiten außerhalb befindet*. Und weil kleine Kinder nicht die Motive der anderen ahnen können, ist die spielorientierte Tätigkeit zentral. Das Lernmotiv selbst wird in der Spieltätigkeit entwickelt. Spieltätigkeit wird aus einer übergreifenden Perspektive betrachtet, die Leontjev „Handlungsmotive" nennt, die sich in der Spieltätigkeit formieren. Man ist der Meinung, dass das Kind mit der Zeit versteht, dass es gewisse Fertigkeiten lernen muss, um eine bestimmte Spieltätigkeit ausführen zu können, die dem zugrunde liegt. So entstehen also Motive für Handlungen, die notwendig sind, um die Spieltätigkeit ausführen zu können. Diese können das Lernmotiv an sich sein (Enerstvedt, s. o.). Man kann vielleicht wagen zu behaupten, dass *Handlungen und Aktivitäten seit jeher und gestützt auf viele Theorien immer in der Frühpädagogik eine wichtige Rolle gespielt haben*. Indem man Kinder in ein inhaltliches Umfeld versetzt, an dem sie interessiert sind, kommt auch die Motivation zum Lernen. Der Inhalt ist eigentlich der Methode und der Einstellung den Kindern gegenüber untergeordnet. Auch wenn man natürlich davon ausging, dass die Kinder doch die einen oder anderen Sachzusammenhänge aufschnappten, wenn sie präsentiert wurden.

Ziele für die Arbeit in schwedischen Kindertageseinrichtungen wurden zum ersten Mal im *Pädagogiska programmet för föskolan/Pädagogischen Programm für die Vorschule* (Socialstyrelsen[35], 1987:3) festgelegt, auch wenn sie dort sehr allgemein und abstrakt formuliert waren: z. B. Kinder zu kritisch denkenden, selbstständigen Menschen zu machen, die in der Lage sind, zusammenzuarbeiten und eigene sowie die Probleme anderer zu lösen. Das heißt, hier war der Inhalt noch sekundär. Stattdessen sprach man davon, die Persönlichkeit des Kindes entwickeln zu wollen, auch wenn im später herausgegebenen Kommentar *Lära i förskolan/In der Vorschule lernen* (Socialstyrelsen, 1990:4) verschiedene Inhalte beschrieben wurden. Man kann jedoch die Geschichte der Bildungsempfehlungen für jüngere Kinder auch aus anderen Perspektiven zurückverfolgen (s. Vallberg-Roth, 2002).

Sie waren auf einer Linie mit den Entwicklungstheorien, die die Grundlage der pädagogischen Programme bildeten, in denen Reife und Denkstruktur die Voraussetzung für den Wissenserwerb waren. Aber Wissensbildung war etwas anderes als die Logik, die unsere Art, über Intelligenz zu denken, bestimmt (Gardner, 1993, 1999). Howard Gardner argumentiert in *Den bildade människan/Der gebildete Mensch* (1999), dass Kinder viel über grundlegende menschliche Fragen wie das Wahre, das Schöne und das Gute lernen sollen, das heißt über diese Aspekte ein Leben lang nachdenken sollen, um sie zu verstehen. Auch wenn wir Gardners inhaltlichen Vorschläge beiseitelassen, so meinen wir doch sagen zu können, dass der Tenor in unseren schwedischen Bildungsplänen in die gleiche Richtung geht. Der inhaltliche Kern der Bildungsbemühungen bleibt gleich. Diese Inhalte werden dann im Laufe des Bildungssystems immer weiter vertieft und immer differenzierter betrachtet.

---

[35] *Anm. d. Übers.: Zentralamt für Gesundheits- und Sozialwesen.*

Schwedischer Bildungsplan für Tageseinrichtungen für Ein- bis Fünfjährige („Lpfö" 98)

Als 1998 der erste Bildungsplan für die Jahre vor der Einschulung in Form einer Verordnung herausgegeben wurde (Utbildningsdepartementet, 1998 a), erhielt die Vorschule (in Schweden für Kinder von einem bis fünf Jahren) zum ersten Mal spezifische Ziele. Welche Ziele bestimmten nun die Arbeit in der Kindertageseinrichtung und die gewünschte Qualitätsentwicklung? Die grundlegenden Werte sind für das gesamte Bildungssystem dieselben und können mit dem Begriff Demokratie zusammengefasst werden. Ihre Basiswerte sind folgende:

> *Die Unantastbarkeit des Menschenlebens, die Freiheit und Integrität des Individuums, Gleichheit aller Menschen, Gleichberechtigung zwischen den Geschlechtern sowie Solidarität mit Schwachen und Ausgestoßenen sind die Werte, die die Vorschule in der Arbeit mit den Kindern lebendig halten will. (Utbildningsdepartementet, 1998 a, S. 7).*

Um diese Grundprinzipien noch nachdrücklicher zu betonen, wurden sogar Ziele für die Einflussnahme der Kinder formuliert:

> *Die Vorschule soll anstreben, dass jedes Kind*
>
> - *seine Fähigkeiten, seine Gedanken und Meinungen auszudrücken, entwickelt und damit die Möglichkeit erhält, auf seine Situation Einfluss zu nehmen,*
> - *seine Fähigkeiten, Verantwortung für sein eigenes Handeln und die Umgebung der Vorschule zu übernehmen, entwickelt,*
> - *seine Fähigkeiten, demokratische Prinzipien zu verstehen und danach zu handeln, entwickelt, indem es an unterschiedlichen Formen der Zusammenarbeit und an der Entscheidungsfindung teilnimmt.*
>
> *(Utbildningsdepartementet, 1998 a, S. 14)*

Sowohl in den Leitzielen als auch in den spezifischen Zielsetzungen für die Einflussnahme der Kinder geht es darum, die Rechte der Kinder anstelle ihrer Bedürfnisse in den Vordergrund zu rücken (Nutbrown, 1996). Für Kinder bedeutet Demokratie, dass sie Respekt und Vertrauen erleben. Man kann sagen, dass die Reggio-Emilia-Perspektive auf dieser Linie liegt. Hier war Schweden in vieler Hinsicht ein Vorreiter, nicht zuletzt deshalb, weil es unter den ersten Ländern in der Welt war, die ein Verbot gegen körperliche Züchtigung erließen. Dass Kinder in unserer Gesellschaft auf ganz andere Weise respektiert werden, als es in anderen Ländern der Fall ist, zeigt Kristina Bartley (1998), als sie die Kinderpolitik verschiedener Länder vergleicht und bewertet und außerdem die Umsetzung der Inhalte der UN-Kinderkonvention untersucht. Man kann auch in empirischen Studien über Kinder und Familie sehen, dass man in den nordischen Ländern auf eine Art und Weise miteinander verhandelt, die von Respekt gegenüber den Kindern zeugt (Sommer, 1997; Dencik, 1996), und dass Kinder ihre Rechte kennen (Kjørholt, 2001). Im schwedischen Bildungsplan wird Folgendes über Werte und Normen gesagt:

> *Die Vorschule soll danach trachten, dass jedes Kind*
>
> - *Offenheit, Respekt, Solidarität und Verantwortung entwickelt,*
> - *die Fähigkeit entwickelt, auf andere Menschen Rücksicht zu nehmen und sich in ihre Situation hineinzuversetzen sowie hilfsbereit zu sein,*

- *seine Fähigkeit entwickelt, zu verschiedenen ethischen Problemen und Lebensfragen im Alltag Stellung zu nehmen, sie zu entdecken und zu reflektieren,*
- *Verständnis dafür entwickelt, dass alle Menschen den gleichen Wert besitzen, ungeachtet Geschlecht, sozialem oder ethnischem Hintergrund und*
- *Respekt vor allem Lebenden entwickelt und sich um seine direkte Umgebung kümmert.*

(Utbildningsdepartementet 1998, S. 11)

Man kann sagen, dass das ganze schwedische Bildungsplanprojekt ein Demokratieprojekt für Kinder und pädagogische Fachkräfte ist (Pramling Samuelsson, 2001 a), bei dem die Pädagoginnen und Pädagogen als Konstrukteure des Curriculums gesehen werden (Alvestad, 2001).

Doch der Demokratiegedanke ist in der Kindertageseinrichtung keineswegs neu. Arnold Gesell war bei seinen Studien über die Reifestadien des Kindes ganz begeistert von dem Gedanken, dass man das Kind und seine Welt respektieren müsse und dass die Aufmerksamkeit für die „natürliche Entwicklung" des Kindes gerade dazu beitragen würde, dass aus ihnen demokratische Wesen würden (Gesell und Ilg, 1961).

Dass man die Welt der Kinder respektieren muss – diese Meinung wird heutzutage theoretisch in allen elementarpädagogischen Einrichtungen vertreten. Aber es liegt noch ein weiter Weg vor uns, bevor in der Praxis umgesetzt ist, dass man als pädagogische Fachkraft ein Bewusstsein schaffen muss, was dies für jede einzelne Situation bedeutet, für jedes Kind, den ganzen Tag (Lindahl, 2002; Johansson, 2003). Demokratie und Mitsprache sind ja relative Begriffe in Hinblick darauf, dass sich unsere Denkweise über junge Kinder in den letzten 30 Jahren enorm verändert hat (Williams, Sheridan und Pramling Samuelsson, 2001). Vermutlich ist es unsere eigene erwachsene Art des Denkens, die den Rahmen schafft oder die Grenzen der Kinder absteckt. Keine Frage, dass Kommunikation eine Schlüsselstellung einnimmt.

Wie im vorangegangenen Kapitel bereits erwähnt, haben Sheridan und Pramling Samuelsson (2001) eine Gruppe Fünfjähriger aus sechs unterschiedlichen Tageseinrichtungen interviewt, die vorher von externen Personen nach ECERS (Early Childhood Education Rating Scale) ausgewertet wurden. Unter den sechs Einrichtungen gab es Beispiele, die in ihrer Qualität sowohl sehr hoch als auch sehr niedrig eingestuft wurden. Interessant war die Analyse der Aussagen der Kinder zu ihren Möglichkeiten, Einfluss zu nehmen oder mitzubestimmen. Hier wurden signifikante Unterschiede zwischen den Kindertageseinrichtungen mit hohen bzw. niedrigen Standards deutlich. Die Kinder in den qualitativ für sehr gut befundenen Einrichtungen waren der Meinung, dass sie Einfluss auf die Geschehnisse dort nehmen können und an einem demokratischen Prozess beteiligt sind.

Die Welt der Kinder zu sehen und sie zu respektieren, bedeutet aus entwicklungspädagogischem Blickwinkel jedoch nicht, dass man den Einfällen und dem Interesse der Kinder Folge leistet, auch wenn die eigenen Gedankengänge und Vorstellungen der Kinder wichtig sind und es auch notwendig ist, sie hervorzuheben und sichtbar zu machen. Stattdessen meinen wir, dass die Richtung der Arbeit und damit der Inhalt in den Vordergrund treten sollte, so wie er dem Bildungsplan entspricht. Dies verlangt bei den pädagogischen Fachkräften ein Bewusstsein für die Zielsetzung. Die Ziele, die in Werten und Normen, Einstellungen und Kompetenzen sowie im Verständnis für sich und die Umwelt zum Ausdruck kommen.

Demokratie und Mitsprache muss sowohl den Gegenstand als auch den Akt des Lernens betreffen. Man muss die Voraussetzungen für die Kinder schaffen, ihre Aufmerksamkeit auf ein Phänomen zu richten, aber Kinder müssen auch in der Praxis Demokratie erfahren. Das, so zeigt es Eva Johansson (2003) in ihrer Studie über Kleinkinder in der Kindertageseinrichtung, kann variieren zwischen dem, dass das Kind respektiert und in den „Vordergrund gerückt wird" bis zu der Ansicht, dass es überhaupt nichts zu sagen habe (s. a. Lindahl, 2002).

Hier wollen wir noch einmal den Bogen schlagen zu der Theorie der Relevanzstruktur und den Erfahrungen der Kinder. Bewusstsein und Denken sind immer ein Bewusstsein für etwas oder Denken über etwas. Und gerade mit dem, wie sich dieses „Etwas" aus der Perspektive des Kindes gestaltet, soll die Kindertageseinrichtung arbeiten. Die Aufgabe der Erwachsenen ist es, die Welt transparenter zu machen. Dies beinhaltet, den Kindern zu helfen, das Selbstverständliche zu begreifen – zum Beispiel wie Sachen miteinander in Beziehung stehen oder was eine Figur und was einen Hintergrund ausmacht. Wir haben im vorangegangenen Kapitel eine Reihe von Beispielen angeführt, wie in verschiedenen Entwicklungsprojekten mit bestimmten Aspekten gearbeitet wurde und auch, was dies für das Lernen der Kinder hieß. Wenn man an einem Thema arbeitet, sollte es also immer einen Inhaltsaspekt geben, auf den die pädagogische Fachkraft die Aufmerksamkeit der Kinder lenkt, während es immer auch zahlreiche andere Faktoren gibt, die im Hintergrund vorhanden sind, aber nicht thematisiert oder problematisiert werden. Indem man im Bewusstsein der Kinder Strukturen schafft, d. h. eine Art, Phänomene zu erfahren, die an verschiedene Aspekte der Umgebung der Kinder geknüpft sind, gibt man ihnen die Voraussetzungen, ihre Umwelt besser zu verstehen.

Kleinkinder lernen etwas über Dinge und Menschen, indem sie riechen, schmecken, lauschen, beobachten, fühlen, werfen, klopfen, wenden und drehen, d. h. durch Sinneserfahrungen. Die Sachen werden untersucht, sie experimentieren mit ihnen. Bei den älteren Vorschulkindern können und sollten auch Ideen und Begriffe wie Objekte betrachtet werden. Auf die gleiche Art, wie Kleinkinder die Welt der Dinge erforschen, nämlich durch Experimentieren, so müssen ältere Kinder mit Ideen und Begriffen variantenreich arbeiten können. Kinder brauchen die Möglichkeit, eine Bekanntschaft und Vertrautheit mit „Denkobjekten" herstellen zu können, indem man sie sichtbar macht. Es geht also darum, dass die pädagogische Fachkraft die Aufmerksamkeit der Kinder auf das lenken muss, was die Kinder verstehen, d. h. wofür sie ein Bewusstsein entwickeln sollen. Ein Beispiel dafür sind verschiedene Zusammenhänge wie der biologische Kreislauf in der Natur oder der ökonomische Kreislauf im Austausch von Ware und Diensten und Geld, wie wir es in einem Beispiel kennen gelernt haben. Das Denkobjekt selbst ist hier ja in konkreten Dingen und Handlungen verankert, während ein Begriff wie „Kreislauf" eigentlich nur gedacht werden kann.

In jeder Erfahrung, die ein Kind macht, gibt es eine kognitive Komponente. Vielleicht beginnt eine Erfahrung mit einem Gefühl, aber das Gefühl erhält nach und nach einen Sinn und damit einen kognitiven Aspekt, aber die Denkweise kann auch verschiedene Gefühle hervorrufen (Bremner, 1992). David Olson (2003) meint, dass jedes Verstehen an ein Gefühl gekoppelt ist. Das Ziel der entwicklungspädagogischen Tätigkeit, das wir hier diskutieren, ist es, Gedankenstrukturen in Form des ganz Grundlegenden zu entwickeln, d. h. ein Bewusstsein für unterschiedliche Phänomene in der Umwelt der Kinder, für die die Kinder im Anschluss ein tiefer gehendes Verständnis entwickeln und in der Schule ihre Kenntnisse dann darauf aufbauen sollten. Es geht also in erster Linie darum, den Kindern das Lernen beizubringen, d. h. ihnen zu helfen, besser gerüstet zu sein, ihre Umwelt zu verstehen (Pramling, 1994, S. 49).

Gleichzeitig tritt der Inhalt in den Vordergrund, aber nicht wie ein Schulfach oder eine der verschiedenen wissenschaftlichen Disziplinen, sondern er wird formuliert als ein Verständnis für die Umwelt. Wenn man die anzustrebenden Ziele im Bildungsplan betrachtet „... *ihr Verständnis für die grundlegenden Eigenschaften in den Begriffen Sprache, Messen und Form sowie ihre Fähigkeit, sich in Zeit und Raum zu orientieren.*" (Utbildningsdepartementet, 1998 a, S. 13), dann kann man diese zwar als Inhalt des Unterrichtsfachs Mathematik auslegen, als einen Inhalt, den die pädagogische Fachkraft den Kindern nahebringen soll. Wenn wir dies jedoch aus entwicklungspädagogischem Blickwinkel deuten, dann heißt das, dass das Kind lernen soll, *etwas in seiner Umwelt zu erfahren und zu erkennen*, d. h. sich bewusst zu werden, dass es seine Umwelt in Form von Sprache, Messen, Form, Zeit und Raum erfahren kann. Dies verlangt, dass die pädagogische Fachkraft selbst die Möglichkeiten im Alltag erkennt, um den Kindern die Voraussetzungen und Gelegenheiten zu geben, die Umwelt selbst zu erfahren, oder vielleicht die Motivation und das Interesse, sie erfahren zu wollen. Wille und Motiv liegen beide im Erfahren und Erkennen und sind keine Voraussetzung für das Lernen.

Zahlreiche Studien zeigen Folgendes: Wenn es Erwachsenen gelingt, Begeisterung für einen Inhalt zu vermitteln, die Ideen der Kinder darüber aufzugreifen und sie systematisch für alle in ihrer Umwelt sichtbar zu machen, dann entwickeln Kinder ein Verständnis, das dem anderer Kinder aus vergleichbaren Tageseinrichtungen weit überlegen ist (s. Teil III oder ausführlich bei z. B. Pramling, 1988 a, 1988 b, 1994; Doverborg und Pramling Samuelsson, 1999 a, 1999 b, 1999 c, 2001).

Wenn man den Bildungsplan von unserem entwicklungspädagogischen Ansatz her interpretiert, dann bedeutet das, dass man zum einen *eine gewisse Einstellung in der Kommunikation mit Kindern haben muss*, aber gleichzeitig *als pädagogische Fachkraft die Verantwortung dafür trägt, dass das Bewusstsein des Kindes auf die Ziele gelenkt wird, die dort formuliert werden*. Dies schließt jedoch nicht aus, dass man wie Vygotsky (1972) die eigenen alltäglichen Vorstellungen der Kinder wie einen Keim, aus dem ein tieferes Verständnis erwächst, wahrnimmt. Die Welt der Kinder soll größer werden, damit sie neue Aspekte und Dimensionen erleben können, der Erwachsene soll die Kinder nicht von einer bestimmten Sichtweise überzeugen. Gleichzeitig hängt es von den Fähigkeiten des Erwachsenen ab, das Interesse der Kinder zu wecken und die Gedankenwelt der Kinder herauszufordern, die entscheidet, ob sich die Kinder in die Richtung entwickeln, die im Bildungsplan formuliert wurde.

Was das Lernen der Kinder betrifft, hat die pädagogische Fachkraft immer eine wichtige Aufgabe gehabt, wenn es um das Spielen geht, war dies nicht so selbstverständlich. Heutzutage zeigt die Forschung, dass die Teilnahme der Erwachsenen am Spiel der Kinder *zu einem komplexeren und weiter entwickelten Spiel führt* (Sylva, Roy und Painter, 1980), auch wenn es Studien gibt, die nachweisen, dass Erwachsene das Spiel der Kinder zerstören können (D'Arcy, 2000). Das heißt, dass die Teilnahme der Erwachsenen sowohl positive als auch negative Effekte auf das Spiel haben kann (was vermutlich auch für das Lernen gilt). Der springende Punkt wird sein, *wie* sich der Erwachsene zum Spiel verhält oder wie er am Spiel teilnimmt. Aspekte, die Befürworter in den Vordergrund stellen, sind, dass durch die Teilnahme der Erwachsenen am Kinderspiel das Spiel von ihrer Seite *für gut und wichtig befunden* wird

(Manning und Sharp, 1977). Die *Bindung* (attachment) zwischen Kindern und Erwachsenen wird eindeutig enger, wenn die Erwachsenen auf positive Weise am Spiel der Kinder teilnehmen (Howes und Smith, 1995). Zudem zeigen Studien, dass die *Aufmerksamkeit* der Kinder größer ist, wenn ein Erwachsener mitspielt (Hutt, Tyler, Hutt und Christopherson, 1989.) Sogar wenn es um das *Zusammenspiel der Kinder* untereinander geht, können Erwachsene mit Strategien helfen, damit die Kinder sich einigen (Howes und Smith, 1995). Erwachsene *bereichern* die Spielwelt der Kinder, indem sie Material, Ideen und Fähigkeiten zur Verfügung stellen, die das Tätigkeitsfeld für das Spiel der Kinder und die Möglichkeiten für Lernprozesse erweitern (Bennett, Wood und Rogers, 1997). Schließlich führen sie *„scaffolding"* an, das den Kindern die Möglichkeit verschafft, sich bei Aktivitäten zu engagieren, die sie ohne Hilfe des Erwachsenen nicht bewältigt hätten (Vygotsky, 1978). Vielleicht darf man sagen, dass die pädagogische Fachkraft die gleiche Rolle im Spiel wie beim Lernen hat – jemand zu sein, der die Aufmerksamkeit des Kindes auf verschiedene Objekte (Gegenstände) lenkt, indem er ein wacher Zuhörer ist, der sowohl *die Voraussetzungen für die Kommunikation* schafft als *auch aktiv* auf eine die Kinder respektierende Weise daran teilnimmt. Die Fähigkeit, sich in die Kinder hineinzuversetzen, sowohl in Hinblick auf den Sinn, den sie schaffen, als auch derart, dass man den Kindern im Spiel und im Lernen eine aktive Rolle lässt, zeigt, dass Erwachsene auf respektvolle Weise an der Welt der Kinder und ihrer Wissensbildung teilhaben.

Zwischen Gegenstand und Akt des Lernens pendeln

Beim Pendeln zwischen Gegenstand und Akt des Lernens geht es darum, die Aufmerksamkeit einmal dem Inhalt und dann wieder der Form zuzuwenden, etwas, das Kinder im Spiel auch spontan machen. Sie entscheiden sich für *etwas*, das sie spielen wollen, sprich: für einen Gegenstand, aber während des gesamten Spielvorgangs kommentieren Kinder, was sie tun werden oder wie etwas sein soll, mit anderen Worten, sie kommentieren *wie* sie das spielen, was sie spielen.

Ebenso kann man das Pendeln zwischen einem *Gegenstand* (dem Inhalt, auf den die pädagogische Fachkraft die Aufmerksamkeit der Kinder richtet) und der *Art und Weise* wie Kinder über diesen Inhalt denken und sprechen, betrachten. Man kann vielleicht sagen, dass die Art und Weise, über etwas zu denken, mithilfe metakognitiver Dialoge beim Lernen zum Gegenstand gemacht wird.

Sowohl beim Spielen als auch beim Lernen sind die Aufmerksamkeit, das Interesse und das Engagement des Kindes auf etwas (ein Objekt) gerichtet, das das Kind auf unterschiedliche Weisen begreift. Spiel und Akt des Lernens gehen – unter dem entwicklungspädagogischen Gesichtspunkt, den wir hier einnehmen – von Variation und Vielfalt aus. Diese Variation (in der Art, über etwas zu denken und zu sprechen) wird zum Gegenstand der Reflexion gemacht, entweder durch die eigenen Verhandlungen der Kinder oder durch die Einflussnahme der pädagogischen Fachkraft. Wenn Kinder in verschiedenen Projekten zusammenarbeiten, kommt spontan eine Diskussion in Gang und wird im Spiel aus der Situation heraus verhandelt (Williams, 2001). Kinder sind mitunter völlig vertieft in ein Projekt, aber oftmals brechen andere Kinder in diese konzentrierte Tätigkeit ein und ebenso selbstverständlich sollte es zugehen, wenn Erwachsene die Aufmerksamkeit der Kinder lenken. Vielleicht ist das die wichtigste Aufgabe der pädagogischen Fachkraft, die Aufmerksamkeit der Kinder auf einen Inhalt, der im gesellschaftlichen Bildungsauftrag genannt wird, zu lenken, ob wir nun das, worin sich die Kinder in der Kindertageseinrichtung vertiefen, Spiel oder Lernen nennen. Vielleicht könnte man sie eher „pädagogische Aktivitäten" nennen, die sowohl gemeinsam als auch einzeln stattfinden.

Janet W. Astington (1998), die sich lange Jahre für die „theory of mind"-Forschung interessiert hat, weist darauf hin, dass Kinder, die darüber sprechen, wie sie selbst und andere denken, die besseren Wissenschaftler werden. Diese Fähigkeit wird in Gruppen gefördert, wie wir im Kapitel 7 gesehen haben. Deshalb müssen das Sprechen des Kindes und seine Kommunikation immer ein Schlüsselfaktor sowohl beim Spielen als auch beim Lernen sein. Nicht zuletzt spielt hier die metakommunikative und metakognitive Dimension eine wichtige Rolle. Bei verschiedenen Aktivitäten zwischen Denken und Sprechen zu wechseln und darüber zu sprechen, wie man etwas tut und denkt, ist eine praktikable Art, zwischen Gegenstand und Akt zu pendeln.

17. Die Zukunft in einer globalen und kreativen Gesellschaft

Wenn wir heute einen Bildungsplan für Kinder erstellen, ist das Einzige, was wir mit Sicherheit sagen können, dass wir im Grunde nicht genau wissen, welche Kenntnisse und Fähigkeiten Kinder in der Zukunft brauchen werden. Man kann jedoch annehmen, dass ausgeprägte spezifische Kenntnisse die Gefahr mit sich bringen, dass man gerade jene nicht braucht. Wie auch immer, man kann sagen, dass ein Bildungsplan auf politischen Zielen beruht, d. h. auf unseren Vorstellungen in der Gegenwart, was die nächste Generation benötigen wird.

Mit der UN-Kinderkonvention wurde ein globaler Beschluss gefasst, der dann in verschiedenen Kulturen umgesetzt werden sollte. Was bedeutet das im Lichte von Valsiners Aussage (1990, 1995), dass das einzig Generelle, das man über die Entwicklung der Kinder sagen könne, sei, dass sie vom Kontext abhänge? In diesem Zusammenhang ist es nicht unwichtig zu erwähnen, dass eine Theorie über das Lernen, wie wir sie zu formulieren versucht haben, eine in der abendländischen Tradition entstandene Theorie einer modernen technologischen und multikulturellen Gesellschaft ist. Eine Gesellschaft, die sich innerhalb eines Jahrhunderts von einer Industriegesellschaft hin zu einer Wissensgesellschaft (Next Generation Forum, 1999) entwickelt hat. Next Generation Forum[37] (Next Generation Forum, 2000) stellt eine Prognose für die sogenannte kreative Gesellschaft auf. Tom Bentley (1998) meint, dass die Schlüsselfaktoren für den Reichtum einer Generation früher Land, Arbeit und physisches Material waren. In der Zukunft werden es jedoch die Ideen sein, Kreativität und Wissen. Hier und jetzt kann das für unsere Vorschulkinder bedeuten, dass ihre Ideen (wie sie im Spiel und beim Lernen zum Ausdruck kommen) die Möglichkeit brauchen, wahrgenommen zu werden, und dass sie dabei die Unterstützung von engagierten Erwachsenen[38] bekommen. Aber es heißt auch, dass Wissen und Kreativität im Alltag nicht zu trennen sind, sondern ganz im Gegenteil – dass die Kreativität als Nabe für den Wissenserwerb gesehen wird.

---

[37] *NGF ist ein internationales Forschungsteam, gesponsort von LEGO, das an einer Zukunftsvision für das Lernen und die Entwicklung der Kinder arbeitet.*

[38] *Snilleblixtarna (die Geistesblitze) sind ein Beispiel dafür, s. www.snilleblixt.nu. (Anm. d. Übers.: eine website, die Erfindungen von Kindern und Erwachsenen zugänglich macht.)*

Kreativität und Schaffensprozess

Kreativität kann als Ausdruck von Produkten oder „facilitators" verstanden werden, also als ein Prozess, bestehend aus Möglichkeiten und Ressourcen. Der Ausdruck kann in Form eines Produktes betrachtet werden – etwas, das vom Schaffenden selbst getrennt werden kann (physische Produkte, Ideen oder neue Einsichten) –, während Kreativität bei Menschen die Frage aufwirft, wie sie in Form von Möglichkeiten und Einstellungen Anwendung findet. Was charakterisiert eigentlich die kreative Situation? Was passiert, wenn sie entsteht? Und was bedeutet ein unterstützender Kontext für den Schaffenden?

Kreativität kann auf einer individuellen und persönlichen oder auf einer kollektiven Ebene stattfinden. Aber ob persönlich oder gruppenbezogen: Kreativität muss in Relation zu kulturellen und historischen Faktoren beurteilt werden.

- *Kreativ sein heißt, ein Problem zu finden und nicht nur lösen zu können.*
- *Kreativ sein heißt eher, Hypothesen generieren zu können, als sie zu lösen.*
- *Kreativ sein heißt, darüber nachdenken zu können, worüber man nachdenkt.*
- *Kreativ sein ist die Möglichkeit, das, was man gelernt hat, auf andere Zusammenhänge übertragen zu können.*

(Next Generation Forum, 2000, S. 8)

Im Bericht des Next Generation Forums (2000) wird außerdem behauptet, dass in der Kinderforschung nicht so sehr danach gefragt wird, wie Kinder auf Probleme aufmerksam werden. In pädagogischen Zusammenhängen werden Kinder mit unterschiedlichen Problemen, die sie lösen sollten, konfrontiert.

Hier ist es interessant zu sehen, dass Kinder oft ganz andere Probleme „schaffen" als Erwachsene. Ein Beispiel aus Elisabeth Doverborgs (2000) Studien: Einige Vorschulkinder sind mit mathematischen Problemlösungen befasst. Alexander denkt sich eine Aufgabe für seine Freunde aus. Unter anderem sagt er: „Du bekommst zwölf Eier, was backst du?" Eine Aufgabe, auf die ein Erwachsener mit Sicherheit nicht gekommen wäre, weil Erwachsene mit größter Wahrscheinlichkeit eine Frage gestellt hätten, auf die es eine relativ klare Antwort gegeben hätte. Dahingegen wirft Alexanders Frage unendliche Möglichkeiten auf und gibt *keine* richtige Antwort.

In der Spielwelt der Kinder ist alles möglich und erlaubt – vielleicht trägt dies dazu bei, dass wir Kinder oft kreativer einschätzen als Erwachsene. Vielleicht ist es dieses Im-Spiel-versunken-Sein, das eines Tages Ergebnisse in verschiedenen Formen von Neuschöpfungen hervorbringt. Es wagen, Grenzen zu überschreiten um etwas weiterzuentwickeln oder zu verändern. Das verlangt von der pädagogischen Fachkraft ein Verhalten, dass das Selbstvertrauen stärkt. Hans Henrik Knoop (2002) meint, dass Kreativität ein Prozess sein kann, welcher Befriedigung an sich generiert, d. h. das Kind spürt, dass es als Person wächst, wenn es spielt und schöpferisch tätig wird.

Kreativität und Lernen sind zwei Phänomene, die unserer Meinung nach miteinander verflochten und auch voneinander abhängig sind. Um diesen Typ des Lernens zu erzeugen, müssen Kinder ermuntert werden, zu testen, Grenzen aus eigener Kraft zu erweitern. Sie müssen die Möglichkeit erhalten, Dinge zu entdecken und sich die spielerische Freude am Kreativ-sein erhalten. Deshalb muss das Spiel ernst genommen werden. Kinder lernen zu leben, indem sie spielen (Fulgahm, 1989). Weiterhin muss man Kinder die Kontrolle über ihren eigenen Lernprozess übernehmen lassen, indem sie Projekte selbst definieren dürfen, die sie für wichtig (sinnvoll) und spannend halten. Gerade das tun Kinder im Spielen, so die Forschung. Kinder müssen lernen zu lernen (Pramling, 1983) und man sollte ihnen eine Vielfalt an Lernchancen anbieten.

Spiel und Lernen

Die Begriffe „Spielen" und „Lernen" ruhen schon aus Tradition auf unterschiedlichen Betrachtungsweisen und unterschiedlichen Theorien. Das Verständnis von Lernen wurde schon immer an die Übertragung von Wissen von einer Generation zur nächsten geknüpft, oft in Form institutionalisierten Lernens. Die Verpflichtung der Gesellschaft, die nächste Generation auf eine systematische Weise zu beeinflussen, war und ist das Ziel des Bildungssystems. Beim Lehren geht es also um Einflussnahme von außen.

Das Spiel hat einen anderen Ursprung als das Lernen. Das Spiel wurde als das innerste Wesen des Kindes betrachtet, das heißt als die Art des Kindes, seiner Umwelt auf natürliche Weise zu begegnen – Kinder spielen, ob die Gesellschaft das möchte oder nicht! Und das Spiel ist die Welt der Kinder, die Erwachsene oft nicht betreten, ein Spiel, das in Theorien viele verschiedene Gesichter zeigt (Huizinga, 1955; Berg, 1992; Knutsdotter Olofsson, 1987, 1992).

Spiel ist aus Kinderaugen eine Tätigkeit, die bereits Fröbel am Anfang der Kindergartenentwicklung für wichtig hielt. Zu verschiedenen Zeiten wurde dem Spiel unterschiedliche Bedeutung beigemessen, und so ist es noch heute in unterschiedlichen Kulturen und Zusammenhängen (Dau, 1999). Wenn man die Debatte innerhalb der Kindertageseinrichtungen (*Förskolan*, 2001) verfolgt, kann man sagen, dass die Art und Weise, wie über das Spiel gesprochen wird, eine als selbstverständlich betrachtete Einstellung zum Lernen impliziert und sichtbar macht.

In einem Beitrag über Spiel schreibt Kjetil Steinsholt (2001, S. 37–38), dass Spielen wie Verlieben sei, etwas, das einfach geschehe, ohne Ziel, Absicht oder etwas, das Erwachsene manipulieren können. Eine grundlegende Dimension des Spiels betrifft die Sinnfindung, was es bedeutet, ein Mensch in der Welt zu sein. „Mein Argument ist, dass das Spiel für Kinder Sinn bedeutet – und das ist etwas völlig anderes als Lernen!" Wir müssen vielleicht an dieser Stelle nicht Steinholts Meinung zum Lernen analysieren, aber doch konstatieren, dass die Autorinnen dieses Buches eine andere Ansicht als er vertreten, nämlich die, dass Lernen gerade Sinn schaffen meint, genau wie das Spiel. Aus Sicht der Kinder ist die Lenkung für Kinder sowohl beim Lernen als auch beim Spielen ein Schaffen von Verständnis für sie selbst und ihre Umwelt (Pramling Samuelsson, 1999).

Spiel ist traditionellerweise immer dadurch charakterisiert, dass es lustvoll, frei, spontan, symbolisch, engagiert und sozial ist und als Mittel (Prozess) das Ziel (Produkt) dominiert. Welche dieser Begriffe sind in Hinblick auf das Lernen nicht anwendbar? Alle, soweit wir verstehen, würden die Dimensionen ausmachen, die man heutzutage „lustvolles Lernen" nennt. Was man in Frage stellen oder diskutieren kann, ist, ob im Spiel der Prozess das Produkt dominiert. Beim Lernen war traditionellerweise das Produkt der messbare Beweis für Wissen. Aber dies ist ja nun nicht die Perspektive, die in den Bildungsplänen gespiegelt wird. Man kann bei der Strukturierung des Lernens vielleicht sogar etwas von der Art des Kindes zu spielen lernen. Kinder fangen oftmals an, miteinander zu verhandeln, was sie spielen wollen. Wenn sie sich geeinigt haben, kann die Dynamik des Spiels dazu führen, dass es sich ganz unterschiedlich entwickelt. Aber auch das endet irgendwann, beabsichtigt oder zufällig. Das Lernen könnte die gleiche Struktur haben – einen Beginn, bei dem das Bewusstsein der Kinder auf etwas gerichtet ist, große Freiheit in der Ausführung und dann ein Schlusspunkt, bei dem die Variation zum Gegenstand der Reflexion gemacht wird. Hier kann die pädagogische Fachkraft helfen, indem sie den Kindern hilft, ihren eigenen Lernprozess zu entdecken, das heißt sie nutzt den metakognitiven Aspekt des Lernens (Pramling, 1987, 1996; eine Übersicht über Metakognition finden Sie in NSIN Research Matters Nr. 13, 2001 und Kapitel 7). Aber die pädagogische Fachkraft trägt gleichermaßen die Verantwortung für den Inhalt oder die Verständnisdimension, die man bei den Kindern entwickeln will.

Die traditionelle Sichtweise von Spiel und Lernen, wie sie oben diskutiert worden ist, ist nicht unsere. In diesem Buch plädieren wir dafür, Prozess und Produkt durch Gegenstand und Akt auszutauschen. Die Folge unseres theoretischen Ansatzes ist, dass man beides (Gegenstand und Akt) nicht voneinander trennen kann. Wenn sich das Kind etwas zuwendet, das in seiner Umgebung ist, - ob wir Erwachsene das nun Spiel oder Lernen nennen, – dann gibt es aus Sicht des Kindes einen Gegenstand beim Akt. Wenn Kinder zum Beispiel einen Laden aufbauen und darin einkaufen, dann sind Akt und Gegenstand für das Kind untrennbar. Erwachsene können sich natürlich entscheiden, ob sie das, was das Kind tut, Spielen oder Lernen nennen, aber nach unserer Sichtweise der Frühpädagogik, die von der Welt des Kindes ausgeht, ist es völlig ohne Belang, wie die Erwachsenen es benennen, womit sich das Kind beschäftigt und wie es das tut.

Einer der herausragendsten Züge der „theory of mind“ ist die Fähigkeit des Kindes, sich etwas vorzustellen (so zu tun „als ob“), wobei sie zwischen Fantasie und Wirklichkeit trennen können. Als Konsequenz muss das, was vorgetäuscht wird, Handlungen oder Ereignisse beinhalten, die nicht die gleichen sind wie in der Wirklichkeit. Das impliziert, dass Kinder nicht so tun können, als wären sie sie selbst, weil sie es ja tatsächlich sind. Jemand, der so tut, als ob er schlafe, kann das nur tun, wenn er nicht schläft. Angeline Lillard (1993, S. 350) bezieht sich auf dieses Paradox mit ihrer Aussage:

> *Wenn ich versuche, einen Bauklotz zu essen, weil ich glaube, dass es ein Kuchen ist, dann tue ich nicht so, sondern mache vielmehr einen Fehler. Auf der anderen Seite, wenn ich die Handlung ausführe und mir völlig im Klaren bin, dass das wirklich ein Bauklotz ist, dann tue ich so als ob. Um etwas vorzutäuschen, muss man die Situation auf zwei Ebenen erfassen; zum einen die reale Ebene (Bauklotz) und die vorgetäuschte (Kuchen).*

Auch wenn Kinder zwischen Fantasie und Wirklichkeit unterscheiden können, so werden doch gerade in diesem Grenzgebiet die kreativen Gedanken geboren, indem sie sich gegenseitig befruchten.

Wenn man die Blickrichtung der Kinder als Ausgangspunkt für das Lernen in der Kindertageseinrichtung nimmt, kann man sagen, dass man nicht so einfach zwischen Spiel und Lernen unterscheiden kann. Es ist einfach unmöglich zu wissen, wann Kinder ihre Gedanken, Fantasie oder Kreativität kreisen lassen – und folglich kann auch nicht zwischen Spiel und Lernen unterschieden werden. Das Einzige, das man festhalten kann, ist, dass sowohl Spiel als auch Lernen eine Frage des Hier und Jetzt ist, und gleichzeitig geht es um die Überschreitung von Grenzen, sich etwas vorzustellen, innovativ zu sein, usw. Neuere Studien zeigen, dass Kinder im Spiel Neues schaffen und improvisieren (Sawyer, 1997).

In der themenorientierten Tätigkeit, die Lilian Katz und Sylvia Chard (1989) „project approach" nennen, legen Kinder und Erwachsene den Inhalt gemeinsam fest. Während die Kinder mit verschiedenen Aktivitäten beschäftigt waren, fragte man sie, ob sie spielten oder arbeiteten. Die Antworten der Kinder kann man in vier Kategorien fassen:

1. *Wechsel zwischen Spiel und Arbeit*, wenn zum Beispiel die Kinder das Spiel mit dem Kaufmannsladen vorbereiten, indem sie Kuchen backen;
2. *weder Spiel noch Arbeit*, weil die Kinder verweigern, ihrer Tätigkeit einen Stempel zu verpassen, sie tun einfach etwas;
3. *Arbeit, die Spaß macht,* z. B. wenn sie selbst auf die Idee kommen, den Boden zu wischen;
4. *Spielen und Arbeiten:* Die Kinder sagen, dass die pädagogische Fachkraft möchte, dass sie verschiedene Dinge tun, „aber wir wollen Spaß haben".

Man hat bei dieser Studie nicht den Eindruck, dass die Trennung von Spiel und Lernen für Kinder adäquat ist. Wenn die pädagogische Tätigkeit Spaß macht und die Kinder sie für sinnvoll halten, dann gehen Spiel und Lernen ineinander über.

Wie können die offensichtlich unterschiedlichen Phänomene Spiel und Lernen integriert werden oder eine Einheit innerhalb der Frühpädagogik konstituieren? Als Fröbel das Spiel im Kindergarten einführte, tat er das, um zu zeigen, dass kleine Kinder einem inneren Tätigkeitsdrang Ausdruck verleihen mussten. Kinder hatten also ein Bedürfnis, das in Form des Spiels befriedigt wurde. Das Spiel existierte dann über Jahre als selbstverständlicher Teil des Kinderlebens in der Kindertageseinrichtung. Als der Begriff auf der Bildfläche erschien und dies sogar in Bezug auf die jüngsten Kinder, kam man darauf, vom Spiel als einem Teil des Lernens zu sprechen, d. h. Kinder lernen, auch wenn sie spielen. Aber beim Spiel ist das Lernen ein Nebenprodukt: Jean Lave und Etienne Wenger (1991) plädieren für authentisches Lernen als bedeutungsvollste Art des Lernens. Sie meinen, wenn man nützliche Dinge tue, dann entstehe der Lernprozess von allein. Aber wir meinen: Das Lernen ist kein Nebenprodukt von Spiel oder authentischen Aktivitäten –, sondern das Lernen ist bildlich gesprochen die „Spielfigur" und das Spiel oder andere Aktivitäten der Kinder sind gewissermaßen die „Bühne", auf der Kinder die Möglichkeit erhalten, Neues zu erfahren.

Wenn Kinder spielen, tun sie das nicht, um etwas zu lernen. Im Zusammenhang mit der Schule wird das Spiel meistens instrumentalisiert, um etwas zu lernen. In dem Phänomen Spiel und Lernen liegt insofern eine Problematik, dass die pädagogische Fachkraft die Intention hat, dass das Kind etwas lernen soll, das Kind jedoch möchte spielen. Diese Unterscheidungen beruhen auf verschiedenen Perspektiven. Aber soll man nun die Perspektive des Kindes oder die des Erwachsenen einnehmen? Die pädagogische Fachkraft möchte, dass etwas gelernt werden soll, während es sich aus Sicht des Kindes um eine Tätigkeit oder ein Engagement handelt. Aus der Kinderperspektive erscheint die Umwelt auf unterschiedliche Weise, was zur Folge hat, dass die Kinder sich engagieren und versuchen, verschiedenartige Probleme zu lösen (Lindahl, 1996; Öhberg, 2003). Kinder sind immer engagiert, oder wie ein Freund von uns von seinen Kindern sagt: „Sie sind immer online". Worauf sich ihre „Betriebsbereitschaft" und ihr Engagement richtet, ist genau das, was für die pädagogische Fachkraft eine Herausforderung darstellt, nämlich das Engagement der Kinder mithilfe von Erlebnissen, Material, Kommunikation usw. zu steuern. *Die pädagogische Fachkraft muss zum einen ein Ziel verfolgen, was Kinder lernen sollen, und es zum anderen im Handeln der Kinder entdecken können. Auf diese Weise werden Spiel und Lernen zu einem integrierten Ganzen in der Pädagogik der Kindertageseinrichtung.*

Gemeinsames Lernen, Spiel und Kommunikation

Traditionellerweise wurde das Spiel in der Kindertageseinrichtung als Ausdruck des eigenen Lernens des Kindes und als Sinnschaffungsprozess angesehen, worauf wir mehrere Male in diesem Buch hingewiesen haben. Die Verantwortung der pädagogischen Fachkräfte war es, zu „stützen, aber nicht zu stören". Das Spiel der Kinder wurde nicht vom Lernen vereinnahmt, sondern sollte geschützt werden und dabei lustvoll, frei und sorgenlos bleiben. Wir plädieren dafür, dass *Spiel und Lernen als miteinander verflochten* gesehen wird. Das Spiel wurde als wichtiger Teil des Lernens hervorgehoben und die Verantwortung der Erwachsenen für Spiel und Lernen wurde betont. Gleichzeitig gibt es eine starke Bestrebung, die Spielwelt der Kinder zu schützen: Erwachsene sollen nicht das Ruder übernehmen oder dem Kind die Lust am Spielen rauben oder das Kind davon abhalten, in seinem Spiel eine eigene Kultur zu schaffen. Einerseits können wir feststellen, dass das Spiel in der Kindertageseinrichtung und im Hort eine neue Bedeutung mit Blick auf das Lernen des Kindes erhalten hat, andererseits erscheint es für pädagogische Fachkräfte problematisch, mit dem Spiel der Kinder auf behutsame Weise umzugehen. Ein weiteres Problem liegt in den verschiedenen Perspektiven, die Pädagogen, die in Kindertageseinrichtung, Hort und Schule tätig sind, traditionellerweise einnehmen, wenn es ums Spiel an sich und ihre Arbeit mit Spiel bei den entsprechenden Tätigkeiten geht. In der Schule gibt es dabei nicht die gleiche traditionelle Verankerung wie in der Kindertageseinrichtung, auch wenn dort viel gespielt wird, was die Lehrer mehr oder weniger unterstützen. Etwas provokativ kann man behaupten, dass das eigene Spiel der Kinder in der Schule meist auf den Schulhof oder in den Hort verbannt worden ist. Oder sind das nur Vorurteile? Was passiert eigentlich in den Schulstunden, die als spielerisch bezeichnet werden können?

> *Ein Beispiel vom ersten Jahrgang der Grundschule. Die Kinder bekommen alle einen kopierten Zehnkronenschein mit der Aufgabe, eine Geschichte zu schreiben, in der das Geld ausgegangen ist, wenn die Geschichte zu Ende ist. Kombiniert werden sollte hierbei eine Subtraktion mit dem Verfassen eines Textes. Ein Kind kam auf die Idee, mit seinen zehn Kronen ein Los zu kaufen und eine Million zu gewinnen, was die Aufgabe lustiger machte und viel mehr Möglichkeiten bot, die Grenzen zu erweitern und zu fantasieren und kreativ zu sein. (Björneloo, persönliches Gespräch, 2001)*

Kann man im oben genannten Beispiel eine Grenze zwischen Spiel und Lernen in der Gedankenwelt des Kindes ziehen?

Man kann vielleicht sagen, dass es die Integration von Spiel und Lernen nie in größerem Umfang gab, weder in der Kindertageseinrichtung noch in der Schule. Das eigene Spiel der Kinder als wichtiges Moment hat es schon immer in der Kindertageseinrichtung gegeben, während Spiel in der Schule eher in Fächern wie „Gymnastik mit Spiel und Sport" auftauchte. Erst 1998 wurde das Spiel im revidierten Lehrplan der Schule als ein Werkzeug des Lernens genannt (Utbildningsdepartementet, 1998 b). Das Spiel in der Kindertagesstätte war frei von Erwachsenen, während die spielerischen Tätigkeiten in der Schule das Ziel hatten, die Schüler etwas Bestimmtes lernen zu lassen, sodass dem Spiel an sich selten ein Wert oder eigener Raum beigemessen wurde. Deshalb haben die Schüler auch oft nicht den Eindruck, dass sie spielen oder dass es erlaubt ist, in der Schule zu spielen (Pramling, Klerfelt und Williams Graneld, 1995).

Vielleicht kann man das Problem, das hier diskutiert wird, derart zusammenfassen, dass in der Forschung über das Lernen ein Paradigmenwechsel erkennbar ist, der bewirkt hat, dass sich

Spielen und Lernen näher gekommen sind. Die Frage ist, wie sich das in der Praxis ausdrückt, wenn man sich dabei die Problematik vor Augen führt, wie wir sie oben beschrieben haben. Damit tritt auch die Problemstellung in den Vordergrund, wie man das Spiel als ein Potenzial für das Lernen und die eigene Kultur des Kindes sichtbar machen kann. Es geht darum, das Spiel als ein Werkzeug für pädagogische Fachkräfte zu durchleuchten, aber auch darum, noch mehr über das Lernen und die Kultur des Kindes zu erfahren, und zwar ausgehend vom Kind selbst. In Bezug auf den Bildungsplan (Utbildningsdepartementet, 1998 a, 1998 b) bedeutet dies, dass die Einrichtungen ein spezifisches zielorientiertes Lernen fokussieren, das ins Spiel integriert wird.

Was die Schule angeht, wird die Herausforderung teilweise darin bestehen, das Spiel und die Kreativität bei allen Lernaktivitäten mit einzubeziehen (Utbildningsdepartementet, 1998 b), während die Herausforderung für die Kindertageseinrichtung sein wird, diese Dimensionen in Bezug zu den angestrebten Zielen der Kindertageseinrichtung zu sehen (Utbildningsdepartementet, 1998 a).

Der Schnittpunkt zwischen dem Spiel als eigene Welt und der Kultur des Kindes (das zudem als Potential für das Lernen gilt) und den Strategien des Lehrers in der Arbeit mit dem Spiel der Kinder wird so zum Mittelpunkt. Lernen bedeutet Sinn stiften – etwas, das sich auf unendlich viele Arten vollziehen kann. Der Auftrag der Kindertageseinrichtung und der Schule ist es, dies zu fördern, was auch eindeutig aus unseren Bildungs- und Lehrplänen hervorgeht, Lpfö 98 und Lpo 94/98 (Utbildningsdepartementet, 1998 a, 1998 b). Eine Art, das Sinnstiften zu fördern, ist das Spiel, auch das geht aus den Bildungsplänen hervor. Wie kann dann das Spiel dazu beitragen, das Lernen in der Schule und in der Kindertageseinrichtung zu verändern?

Das Spiel ist ein wichtiger Teil im Leben und Sinnstiften eines Kindes. Das Spiel hat Dimensionen, die mindestens genauso, wenn nicht noch weiter fortgeschritten sind wie der Lerninhalt der Schule und Tageseinrichtung. Im Spiel und in der Kommunikation werden Gegenseitigkeit und Gemeinschaft zwischen Kindern hergestellt und im Spiel werden Erfahrungen und Ereignisse wichtig genommen. Das Spiel entwickelt sich aus der Interaktion mit den Spielkameraden (Kärrby, 2000).

Lassen Sie uns einen Blick darauf werfen, wie ein Mädchen in der ersten Klasse einen Text darüber formuliert, was sie und ihre Freunde in der Pause unternommen haben.

> *(Übersetzung des Textes auf dem Bild:) Ich und Johanna und Laki und Helena, wir haben Schmetterling gehüpft, das war lustig; ich und Helena waren eins und Johanna und Laki waren zwei und Karin und Daniela die waren drei; wir waren beim Oberschenkel und Johanna und Laki waren bei den Achseln und Karin und Daniela die waren oben bei den Knien tschüss.*

Hier beschreibt eine Achtjährige die Reihenfolge und Teile der Regeln für das Spiel „Schmetterling hüpfen" – ein Hüpfspiel mit Gummitwist. Die Kinder auf dem Bild sehen fröhlich aus und sind so gezeichnet, dass der Schmetterling bei dem Spiel mit dem Gummitwist erkennbar ist. Spiele kommen und gehen – indem man sie in Wort und Bild dokumentiert, erinnern sich die Kinder an sie. Das ist ein Beispiel für Kulturgeschichte aus Sicht der Kinder.

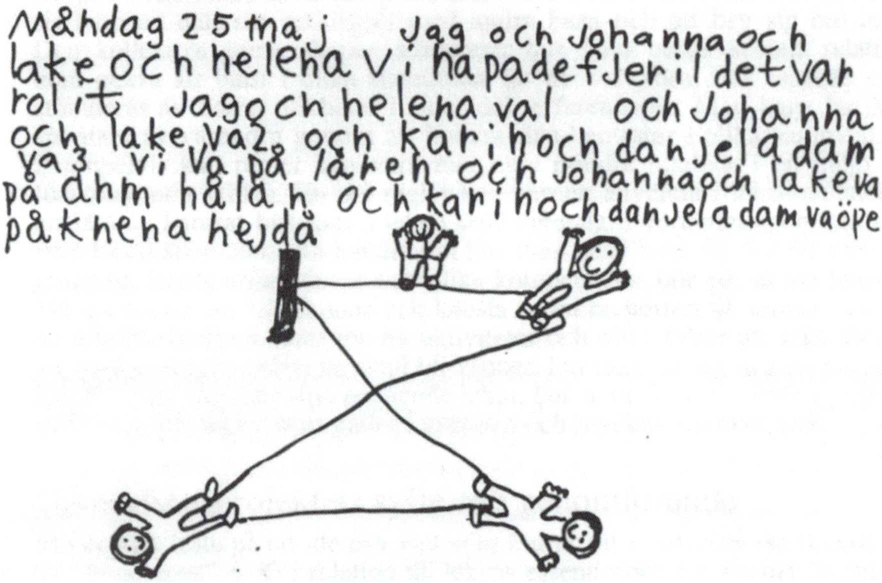

Bild 5: Montag, 25. Mai (Beispiel, Björneloo, 2001)

Was erfahren wir aus der Beschreibung dieses Mädchens von der Lust am Lernen, vom Zutrauen in die eigenen Fähigkeiten, von Geborgenheit, Rücksicht, Respekt, Zusammenspiel und Kommunikation im Lichte der eigenen Kultur der Kinder innerhalb des Freundeskreises? Evaldsson (1993) beschreibt viele ähnliche Beispiele aus dem Hort. Aber lassen Sie uns noch ein Beispiel aus einer Kleinkindgruppe betrachten (Johansson und Pramling Samuelsson, 2001, S. 81 f.).

Die Kinder sitzen an drei Tischen, die in einer Reihe nah beieinander aufgestellt sind. Es ist eng. Alle können hören und sehen, was im Raum vor sich geht. Heute sitzen 15 Kinder und vier Erwachsene beim Mittagessen am Tisch.

> *Plötzlich entdeckt Yani (3,6), dass sich die Sonne in seinem Lätzchen spiegelt, sodass an der Decke ein Muster erscheint. Yani lacht und schaut an die Decke. Er zeigt dorthin. „Gijaffe", sagt er begeistert. Er bewegt seinen Körper vor und zurück, sodass das Muster kommt und geht. Alle Kinder schauen. Die Erwachsenen müssen lachen. „Schau mal", sagt die pädagogische Fachkraft eifrig und lacht. Adela (2,8), Amir (2,5) und Marga (2,4) schreien laut und lachen. „Dass er das erkannt hat. Was für eine Fantasie, eine Giraffe darin zu sehen", sagt die Erwachsene in fröhlichem Tonfall. „Habt ihr gesehen Kinder, dass Yani zaubern kann?", fährt sie fort. Yani lächelt verzückt, er macht ein stolzes Gesicht. „Gijaffe", wiederholt er. Jetzt ist Leben im Raum, die Kinder zeigen darauf und sind voll dabei und Erwachsene und Kinder lachen gemeinsam.*

Als erstes können wir uns die Frage stellen, ob man das oben beschriebene Ereignis als Spiel bezeichnen würde. Wenn wir uns darauf beziehen, dass eine Spielsituation von einem „Als-ob", charakterisiert wird, kann man sagen, dass dieser Aspekt vorhanden ist. Das reflektierte Sonnenlicht an der Decke bildet eine Figur, die wie eine Giraffe aussieht. Das Spiel enthüllt die Entdeckung, dass etwas zu etwas anderem werden kann, eine Metaphorik des Spiels, wie

Hangaard Rasmussen es nennt (2002, S. 7–26). Spannung finden wir auch, sie ist an der Aufregung und lebendigen Freude all derer, die an den Tischen sitzen, erkennbar. Etwas Unvorhergesehenes ist passiert und man beschäftigt sich damit. Für einen Moment steht die Zeit still und alle verfolgen die Reflexe der Sonne an der Decke. Ein gemeinsamer Sinnstiftungsprozess scheint möglich.

Wir können sehen, wie auch die pädagogischen Fachkräfte dem Spiel der Kinder folgen. Spontan fällt ihnen die Neugierde und die Entdeckung des Jungen auf. Diesen Moment widmet man der gemeinsamen Erforschung der Entdeckung von Yani und es bricht gemeinsame Freude unter Kindern und Erwachsenen aus. Obwohl sie beim Essen sind und es am Tisch mit einem Mal sehr lebendig wird, schenkt man dem Ereignis Aufmerksamkeit und alle Kinder sind einbezogen. Die Freude, die hier Gestalt annimmt, kann man wohl am ehesten als Entdeckerfreude bezeichnen. Die Entdeckung eines Kindes wird zur kollektiven Handlung, an der alle rund um den Tisch teilnehmen und ihre Aufmerksamkeit auf ein gemeinsames Phänomen richten: das Muster, das das Lätzchen an der Decke bewirkt. Die pädagogischen Fachkräfte loben Yanis Entdeckung. Sie folgen seinem Interesse und schätzen sowohl seine Initiative als auch die Bedeutung, die er selbst dem Spiegelreflex an der Decke beimisst. Als er voller Begeisterung *„Gijaffe"* ruft, teilen die Erwachsenen seine Freude. Die anderen Kinder werden eingeladen, daran teilzunehmen. Die Erwachsenen geben seiner Entdeckung einen Namen und bestätigen die Kompetenz des Kindes. *Was für eine Fantasie er hat.* Man stellt außerdem vor den anderen Kindern heraus, dass er etwas schaffen kann, *Yani kann zaubern.* Die Situation kann als kurzzeitiges Spiel gedeutet werden, mit Spontaneität, Freude, sozialem Zusammenspiel und Symbolik, wobei der Prozess des Zusammenspielens sehr wichtig ist.

Wir können das Ereignis auch als einen lustvollen Lernprozess betrachten. Die Kinder werden ermuntert zu beobachten, zu entdecken, sich etwas vorzustellen. Wir können uns vorstellen, dass die selbstverständliche Art und Weise der Kinder, ihre Umwelt wahrzunehmen, unterbrochen wird; sie sind fasziniert, und das Interesse wird auf die Reflexion an der Decke gelenkt. Die Kinder sind von dem Muster völlig eingenommen. Ihre Freude ist offenkundig. Wir können es so beschreiben, dass das Bewusstsein (und die Lebenswelt) der Kinder auf ein Problem in ihrer Umwelt gerichtet wird. Ein Sonnenreflex wird als Muster erkannt, wird zum Bild und zum Symbol für etwas in der Umgebung. Die Situation entfernt sich vom Hier und Jetzt. Von der aktuellen Situation am Esstisch geht das Interesse der Kinder und Erwachsenen zum Bild an der Decke und seiner Bewegung über. Zudem bietet die Gelegenheit eine Kommunikationsmöglichkeit und einen gemeinsamen Sinnstiftungsprozess. Erwachsene und Kinder benennen das, was passiert, geben ihm einen Sinn. Ungeachtet dieses Sinns und ungeachtet dessen, was jedes einzelne Kind darin sieht, können wir uns vorstellen, dass die Situation ein Potenzial zum Lernen bereithält, das darüber hinaus auch noch Freude und Gegenseitigkeit möglich macht.

Ein Ausgangspunkt der Entwicklungspädagogik ist es, das *gemeinsame Lernen und die Kommunikation* als das Sinnstiften der Kinder zu sehen, sie kreieren ihre eigene Welt, mit eigenen Bedingungen und Werten. Corsaro (1985) unterstreicht nämlich die Bedeutung dessen, dass Kinder Dinge mit anderen Kindern zusammen tun möchten. In seinen Studien, die er mit Vorschulkindern gemacht hat, wird der Begriff „Freundeskultur" durch Aktivitäten, feste Abläufe, selbst gemachte Gegenstände und gemeinsame Dinge definiert und die Werte als etwas, das Kinder erschaffen und mit anderen Kindern teilen. Corsaro stellt heraus, dass es in der Freundeskultur vor allem darum geht, dass die Kinder erleben, dass sie ihr Leben unter Kontrolle haben und dass sie diese Kontrolle mit ihren Spielgefährten teilen können. Im kollektiven

Leben der Kindertageseinrichtung und der Schule lernen Kinder, ihre Wirklichkeit mit anderen Kindern zu teilen und sich um andere zu kümmern. Die kollektive Gemeinschaft stimuliert nicht nur die sozialen Beziehungen der Kinder, sondern auch dass Kinder in verschiedenen Situationen voneinander lernen, wobei das Lernen auch von den Unterschieden zwischen den Kindern, was Alter und Erfahrungen betrifft, stimuliert wird. Aber Kinder lernen auch spontan voneinander, indem sie ihre Freunde in verschiedenen Zusammenhängen imitieren. Zum Beispiel können Regeln in einer Umgebung wie der Kindertageseinrichtung oder der Schule mehr oder weniger ausgesprochen sein. Einen Teil der Regeln können die Kinder auf Spielsituationen anwenden, um einem Spielkameraden zu zeigen, wie man sich beim Spiel verhalten soll. In der Verlängerung können das Kenntnisse sein, die einem mitteilen, wie man sich als ein Teil einer Gruppe verhalten soll. Die Erfahrungen der Kinder und ihre verschiedenen Kompetenzen werden auf diese Art zu Wissen. Viele vertreten die Ansicht, dass Spiel, Fantasie und Gefühl zur Empathie führen (Harris, 1995). Indem man Kindern verschiedene Aktivitäten und verschiedene Spielsachen anbietet, lernen Kinder zum Beispiel, wie man Freundschaften schließt, wie man in ein bereits begonnenes Spiel einsteigen kann, wie man sein Spiel schützt, wie man Einfluss in der Gruppe gewinnt, was für Regeln in der Gruppe gelten und noch viel, viel mehr (Williams, 2001; Williams, Sheridan und Pramling Samuelsson, 2001).

Die Studie beweist auch, dass das soziale Zusammenspiel mit den Spielgefährten entscheidend für das Lernen eines Kindes in einer Institution ist. In den institutionellen Zusammenhängen, in denen Kinder sich befinden, wird ihre Identität geschaffen und auch die Voraussetzungen für ihre Entwicklung, meint Mariane Hedegaard (2003). Sie betonte, dass das Schulleben mit den Klassenkameraden beginne, und wenn das nicht funktioniere, sei es sehr schwierig, alles andere in Gang zu bringen. Aber gleichzeitig stellt sie fest, dass die Zusammenarbeit zwischen den Klassenkameraden nicht andere Verhältnisse kompensieren könne, wie z. B. dass man bestimmte Inhalte lernt, was Kinder wollen oder wie sie sich den Lehrern oder Eltern gegenüber verhalten.

Spielende und lernende Kinder als theoretische Grundlage der Frühpädagogik

Ebenso wie Kinder das Lernen lernen müssen, müssen sie lernen zu spielen. Wie Spiel und Lernen bei dem einzelnen Kind Form annimmt, hängt vermutlich eng mit der Kultur und den Wertvorstellungen zusammen, mit denen es konfrontiert wird, daher spielen Kinder in verschiedenen Kulturen auch mitunter unterschiedlich (s. a. Dau, 1999; Sutton-Smith, 1997). Genauso gibt es aber auch die gleichen Spiele in offensichtlich sehr unterschiedlichen Kulturen, was vielleicht damit erklärt werden kann, dass wir in allen Kulturen Menschen finden, die auf bestimmten Ebenen vieles gemeinsam haben. Kinder werden geboren, um lernende und spielende Menschen zu werden, sie wollen Dinge verstehen und ihre Umwelt beherrschen lernen. Pia William (2001) legt in ihrer Abhandlung dar, wie sich Kinder spontan und völlig selbstverständlich gegenseitig Dinge beibringen und voneinander lernen, wenn man sie lässt.

Nach Vygotsky (1978) gibt es kein *freies* Spiel, weil verschiedene Spielthemen ihren Ursprung in der Kultur der Kinder und der gemeinsamen Interaktion zwischen den Kindern haben. Die Spielthemen können ihren Ursprung auch in einem allgemeinen Wissen über einen Kontext, in mündlichen Traditionen oder in etwas anderem haben, das brauchbare Muster für ein Zusammenspiel zur Verfügung stellt. Daraus folgt, dass Umgebung, Ressourcen und die Teilnahme des Erwachsenen entscheidend bestimmen, wie sich Spiel und Lernen in einer

Kindergruppe entwickeln können – oder wie diese beiden Dimensionen eine integrierte Einheit im Lernumfeld der Kindertageseinrichtung bilden können. Und noch einmal – die Fähigkeiten der pädagogischen Fachkraft, das Engagement der Kinder und ihre Gedanken auf ein bestimmtes Objekt zu richten, sind ausschlaggebend für Spiel und Lernen der Kinder.

David Olson (2003) meint, dass das, was eine Theorie über das Lernen kennzeichnet, als *Erstes* ist, dass sie aus einem *Begriffssystem oder aus Begriffseinheiten* besteht, die definiert sind. Die Begriffe, die wir hier auf unterschiedliche Arten zu beleuchten versucht haben, sind Gegenstand des Spiels und des Lernens in Form von *Erfahrung*, das heißt etwas, das im Bewusstsein des Kindes entsteht, das Kinder erschaffen, überschreiten und weiterentwickeln sollen. Paul Harris (1995) beschreibt die Spiele der Kinder, in denen sie „so tun als ob". Dabei können sich Kinder einen Gegenstand vorstellen, der etwas anderes repräsentiert, Kinder können ohne Gegenstand ein imaginäres Objekt schaffen und sie können einem Objekt Eigenschaften zuordnen, die es gar nicht besitzt. Ebenso muss das Kind im Lernprozess weg von der konkreten Situation, um sich Dinge vorzustellen und einen Sinn zu stiften. *Im Spielen wie auch im Lernen ist der Terminus „als ob" zentral.* Kinder denken an etwas Konkretes aus ihrem Alltag, „als ob" es etwas anderes bedeute.

Variation ist ein anderer zentraler Begriff sowohl beim Spielen als auch beim Lernen. Brian Sutton-Smith (1997) meint, dass alle Formen des Spiels, die man definiert hat, und all die unterschiedlichen Arten, mit denen man sie beurteilt hat, zu zahlreichen Zweideutigkeiten führen und dass gerade diese komplexe Variation der Formen des Spiels und der Arten, es zu interpretieren, zu einer Entwicklung führen. Eine Form der Variation im Spiel besteht in dem Wechsel zwischen dem Unrealistischen (Fantasiewelt) und der Wirklichkeit. Vielleicht kann man ebenso behaupten, dass es eine Variation beim Lernen gibt, wenn man das Konkrete einer Situation und das Überschreiten der Gedanken in Richtung eines Verstehens betrachtet, das selten konkret ist. Sutton-Smith (s. o.) sagt, dass das Spiel eine temporale und eine spatiale Variation in sich birgt, auch das kann man auf das Lernen übertragen. Ebenso behauptet er, dass sich Definitionen für Spiel in einer Kultur entwickeln, wenn Menschen mit vielen Kenntnissen über die Umwelt sich über Handlungen, Personen, Objekte, Orte, Zeiten und Motive, die Spiele konstituieren, einigen. Vermutlich ist es mit dem Lernen genau dasselbe.

Aber lassen Sie uns zurückgehen zur Perspektive des Kindes, bei der es nur darum geht, die Welt zu erobern und ihr teilhaftig zu werden – das Kind hat keinerlei Bedürfnis, etwas „Spiel" oder „Lernen" zu nennen!

Sutton-Smith (s. o.) bezieht sich auf die biologische Evolution als Vorbild für die menschliche Entwicklung, bei der die Flexibilität wichtiger als Präzision ist. Er meint, dass die Evolution durch verschnörkelte Veränderungen und latente Möglichkeiten geprägt ist, etwas, das auch für Spiel und Lernen gilt.

Das andere Prinzip der Variation bei Sutton-Smith bezieht sich auf *Überfluss*, das heißt, die Fähigkeit des Körpers, zum Beispiel Synapsen im Überfluss zu produzieren. Spielen und Lernen sind beide eine endlose Reproduktion einer Menge verschiedener Möglichkeiten. Die Flexibilität erscheint auch hier als wichtiges Prinzip. In der Welt der Biologie geht es darum, dass die zwei zuerst genannten Prinzipien von der Flexibilität generiert werden. Ohne Flexibilität ist weder Spiel noch Lernen möglich.

> *In dieser Information sah ich plötzlich eine passende Metapher dafür, wie man die Rolle des Spiels verstehen kann. Wir können sagen, dass so, wie das Gehirn anfangs über ein umfangreiches Potenzial verfügt, dies auch für das Spiel charakteristisch ist. Das Gehirn hat unzählige Verbindungen, aber wenn sie im Verhalten nicht aktualisiert werden, werden die meisten von ihnen absterben. Ebenso ist es mit dem Spiel. Auch wenn neue Verbindungen aktualisiert werden, sind sie immer noch nicht gleichwertig mit der Wirklichkeit des Alltags. Handlungen werden keine Wirklichkeiten des Alltags, bevor eine Rhetorik oder eine Praktik da ist, die deren Anwendung und Wert entspricht. Die Funktion des Spiels kann daher in den frühen Entwicklungsphasen helfen, das Potenzial des Gehirns zu aktualisieren, ohne dass dies größere Verbindungen mit der Wirklichkeit erfordert. In dem Fall wäre die Funktion des Spiels, mehr von der potenziellen Veränderbarkeit, die sowohl im Gehirn als auch im Verhalten existiert, zu bewahren, als es ohne Spiel möglich gewesen wäre. Piagets Theorie ist selbstverständlich das ganze Gegenteil. Er meint, erst nachdem Verbindungen von der Anpassung an die Wirklichkeit etabliert worden sind, können sie im Spiel gefestigt werden. Unsere These würde bedeuten, dass eine andere Funktion des Spiels, vielleicht die allerwichtigste, das Aktualisieren neuer Verbindungen wäre und damit die Erweiterung der potenziellen Veränderlichkeit in der Kindheit (Sutton-Smith, 1997).*

Als Sutton-Smith (s. o.) vom Spiel als einem Modell für angepasste Variation spricht, meint er, dass Spiel als potenzielles Handeln gesehen wird, das das Gehirn und Handeln durch eine Verbindung aktualisiert. Spiel vereint diese Möglichkeiten zu einem Modell der angeborenen (neonatalen) Prozesse, die als unrealistischer Optimismus, Egozentrizität und wiederholte Handlungen beschrieben werden, die in den Vorschuljahren im Alltagsverhalten langsam verschwinden, aber im Spiel wie in einem Kokon bis in spätere Jahre vorhanden sind. Eine weitere Erklärung, die Sutton-Smith abgibt, verweist auf die Funktion des Spiels als ein Beispiel kultureller Variation, eine zugängliche Verhaltensform, ebenso wie Musik, Tanz, Gesang und andere Arten von Kunst. Die letzte Möglichkeit einer Deutung, die Sutton-Smith anführt, ist es zu sehen, dass es zufällige Übertragungen von Spielfertigkeiten auf Fertigkeiten im Alltag gibt. Spiel kann auch als Modell für den notwendigen Anpassungsprozess gesehen werden, indem es Unsicherheit in die Domäne der Wirklichkeit einführt. Sutton-Smiths spektakulärste Erklärung ist, dass die Variation des Spiels wie eine Rückkopplung (feedback) auf die Verstärkung des Organismus der angepassten Variation in der wirklichen Welt funktioniert.

Das ist nach Sutton-Smith der Grund dafür, warum das Spiel einen zentralen Platz im Bildungsplan für jüngere Kinder einnehmen sollte. Aus seiner Perspektive bietet das Fortschreiten (Entwicklung) ein höheres Maß an Möglichkeiten innerhalb des ganzen Repertoires an Variation. Variation hat mit anderen Worten eine ebenso zentrale Rolle im Spiel wie auch im Lernen – was wir zu erklären versuchen. Wir sind jedoch der Ansicht, dass man das, was Sutton-Smith vertritt, teilweise anders interpretieren könnte. Er meint, dass es für die Funktion des Spiels fundamental sei, dazu beizutragen, dass sich das Kind durch das Spiel ein Repertoire an Handlungsneigungen schaffe. Unsere Interpretation ist die, dass das Spiel zudem eine Variation gestaltet, die die Basis dafür ist, dass das Kind Dinge erkennen kann. Ein Beispiel kann das kleine Kind sein, das seine Rassel aus dem Kinderwagen schmeißt. An einem anderen Tag wirft es den Teddybären, die Decke, den Schnuller usw. Gleichzeitig beobachtet das Kind, was geschieht, d. h. durch das Variieren der Objekte bei der gleichen Handlung erscheint „auf den Boden schmeißen" als ein erkennbares Phänomen. Das Kind selbst wird aktiv, indem es verschiedene Züge seiner Umwelt erkennt und unterscheidet.

Gleichzeitigkeit ist ein anderer Begriff, der zentral in der Frühpädagogik ist. Wenn wir diesen Begriff mit Spiel in Verbindung bringen, ist es offensichtlich, dass es in der Spielwelt der Kinder viele Aspekte von Simultaneität gibt. Als Erstes kann man sagen, dass sich Kinder der Wirklichkeit bewusst sind, auch wenn sie gerade ein intensives Rollenspiel spielen, was man daran sehen kann, dass sie abwechselnd spielen und das Spiel „redigieren" (Harris, 1995; 2000). Rollen- und Fantasiespiele verlangen auch, dass man die Perspektive von anderen einnehmen kann, das heißt, dass man sich simultan der eigenen Perspektive und der der „Mitspieler" bewusst ist. Kinder müssen sich auch gleichzeitig ihrer eigenen Rolle in Relation zum Thema, in dem man spielt, bewusst sein – man ist ein Schauspieler auf einer Bühne (Hundeide, 1989).

Wenn es um das Spiel und den *Akt* des Lernens geht, können wir eine Ähnlichkeit in Bezug auf verschiedene Kommunikationsebenen sehen. Carollee Howes (1980) betrachtet die *Metakommunikation* als einen erkennbaren Zug im Spiel, das sie als die höchste Ebene der Zusammenarbeit der Spielkameraden betrachtet. In der Metakommunikation tritt das Kind zufälligerweise aus dem Spiel heraus und kommentiert das. Auf diese Weise haben die pädagogischen Fachkräfte praktisch mit dem Lernen in der elementarpädagogischen Versuchstätigkeit gearbeitet (siehe Teil III). Sie haben Kinder zu Handlungen und Gedanken inspiriert (vergleichbar mit dem Engagement im Rollenspiel), aber auch zu einem Bruch in der Kommunikation beigetragen (die metakognitiven Dialoge), der mit dem spontanen Bruch der Kinder in der Kommunikation innerhalb ihres Spiels (wo eine Metakommunikation abläuft) verglichen werden kann. Das Verhalten der pädagogischen Fachkraft trägt auf diese Art dazu bei, dass das Kind seine eigenen Gedanken reflektiert und sie betrachten kann.

Eine Frühpädagogik mit Verankerung in der Theorie

Innerhalb der Entwicklung der Frühpädagogik haben sich, wie wir in Kapitel 2 gesehen haben, unterschiedliche Richtungen abgelöst, während es gleichzeitig einen gemeinsamen Kern des Ganzen gibt – das Kind wird als etwas anderes als der Erwachsene und als Individuum betrachtet, das sich gern in verschiedenen Spielaktivitäten engagiert. Der Fokus lag auf dem Akt des Lernens – wie man sich den Kindern gegenüber verhalten sollte. Den deutlichsten Gegenstand des Lernens fanden wir bei Fröbels Kindergartenkonzept in Form von Mathematik und Moral. Kein frühpädagogischer Ansatz hat eine Einteilung nach Fächern vorgenommen, die Perspektive war eher fach- und disziplinübergreifend (integrierend) (Pramling Samuelsson, 2002 b). Das Spiel hat in den verschiedenen Ansätzen eine unterschiedlich starke Rolle gespielt.

Sutton-Smith (1997, S. 219) sagt „Spiel ist wie Sprache, ein System für Kommunikation, das an sich nicht gut oder schlecht ist". Darum sind die Werte und die Zukunftsintentionen, die die Kindertageseinrichtung spiegelten, wichtig. Die Pädagogik der Vorschule wird so zu einer Brücke zwischen dem Subjektiven und dem Individuellen und dem gesellschaftlich Normativen und Strukturellen.

Neben der Sichtweise der Pädagogik als eine Art Brücke zwischen dem Individuellen und dem Gesellschaftlichen könnte eine solche Brücke auch der Schnittpunkt zwischen Kind und Bildungsplan sein (Johansson und Pramling Samuelsson, 2003). Gerade hier liegt die wichtigste Aufgabe der pädagogischen Fachkraft, nämlich das Bewusstsein des Kindes zu lenken und dem Kind zu begegnen.

Worauf wir hier hinweisen möchten, ist, dass die Kindertageseinrichtung in Schweden zum ersten Mal in der Geschichte einen Bildungsplan hat. Das hat zur Folge, dass man den Gegenstand des Lernens nicht länger ignorieren kann. Um dem Kind die Voraussetzungen geben zu können, sich spezifische Begriffe, Phänomene usw. anzueignen, muss sich die pädagogische Fachkraft unbedingt im Klaren darüber sein, was das für die Kinder bedeutet. Der Gegenstand des Lernens ist die Herausforderung, der sich jede pädagogische Fachkraft stellen muss.

Die Kindertageseinrichtung ist also bildungsorientiert, dies sagt aber noch nichts über die zugrunde liegenden Lerntheorien aus. Dahingegen weist sie einen weit gefächerten Inhalt auf, an dem man nicht vorbeikann. Ein Inhalt, der für die Theorie entscheidend ist, denn der Gegenstand und der Akt des Lernens können nach unserem theoretischen Ansatz nicht voneinander getrennt werden.

Aber eine Theorie über das Lernen der Kinder in der Kindertageseinrichtung muss etwas über die Kinder aussagen. Und das kompetente Kind, das wir sehen, ist von Neugier getrieben, d. h. es wendet sich dem Sinn zu, versucht ihn zu stiften und mit seiner Umwelt umgehen zu können. Zum Teil sind Kinder von Natur aus neugierig und teilweise kommt dies in der Begegnung mit der Umwelt und in der pädagogischen Praxis zum Vorschein – wo die pädagogische Fachkraft die Voraussetzungen für diese Art von Lernen schafft. Wenn sich die spontane Intention der Kinder und die Intention der pädagogischen Fachkraft, gewisse Fähigkeiten und Kenntnisse bei den Kindern zu entwickeln, treffen, passiert dies in einer Situation, in der die Grenzen zwischen den Fachgebieten fließend sind, in der es keine Grenzen zwischen Theorie und Praxis, zwischen Spiel und Lernen und zwischen Fantasie und Wirklichkeit in den Aktivitäten gibt. Die Frühpädagogik, die wir versucht haben zu beschreiben und zu entwickeln, baut auf die Tradition der Vorschule, die Phänomenografie als Methode, die Begriffe, die bislang zu einer Variationstheorie entwickelt worden sind, auf eine große Anzahl empirischer Forschungsdaten sowie den Vergleich zu anderer Forschung und Theorie über das Spiel und das Lernen auf.

Vielleicht kann man die Theorie derart zusammenfassen, dass die Intention des Kindes und sein Blickwinkel in ihrem Fokus stehen. Die Mittel, die der pädagogischen Fachkraft zur Verfügung stehen: die Welt der Kinder einzufangen und herauszufordern, und zwar mit Hilfe der Variation zu dem Gegenstand, den die Kinder erfassen sollen. Die pädagogische Fachkraft muss die von Interessen ausgehende Intention der Kinder auf diese Lerngegenstände lenken – etwas, das in unzähligen Formen und Zusammenhängen stattfinden kann, ob wir das nun Spiel oder Lernen zur Sinnkonstruktion nennen.

Bei einer solchen Pädagogik der Kindertageseinrichtung stellt sich nicht die Frage nach einer „kindinitiierten Aktivität" oder „einer durch Erwachsene initiierte Aktivität", sondern der Lerngegenstand wird die Basis, die sowohl die Kinder als auch die pädagogischen Fachkräfte in jeder einzelnen Situation fokussieren können. Aber damit eine Begegnung und ein Zusammenspiel zwischen Kind und Pädagoge stattfinden kann, muss die pädagogische Fachkraft den Lerngegenstand im Handeln des Kindes erkennen können und selbst beides können, dem Kind begegnen, es herausfordern und den Vorgang initiieren.

Abschließend möchten wir die theoretischen Aspekte und Annahmen zusammenfassen, die unser Verständnis von Entwicklungspädagogik formen:

- *Kinder erfassen die Welt, indem sie von einem Ganzen ausgehen, das nach und nach differenziert und unterschieden wird, damit es in ein neues Verständnis integriert werden kann.*[39]
- *Die Perspektive der Kinder wird in Begriffen von Erfahrung und Sinndeutung definiert.*[40]
- *Eine Relevanzstruktur wird als Sinngehalt und Wiedererkennen der Kinder betrachtet.*
- *Reflexion, Kommunikation, Metakommunikation und metakognitive Dialoge sind Werkzeuge der Lerntätigkeit.*
- *Gegenstand des Lernens sind alltägliche Erfahrungen.*
- *Variation spielt eine fundamentale Rolle beim Lernen. Variation kann in der Gruppe als Ganzes geschehen oder beim einzelnen Kind (s. a. Marton und Morris, 2002; Runesson, 1999). Aber die Variation kann auch von pädagogischen Fachkräften geschaffen werden, indem sie die verschiedenen Denkweisen der Kinder sichtbar machen, wenn sie unterschiedliche Ebenen von Generalisierung hervorheben und ein und denselben Lerngegenstand variieren.*
- *Spiel und Lernen sind in der Welt der Kinder und in der Frühpädagogik untrennbar.*

[39] *Heinz Werners (1973) orgogenetisches Prinzip.*

[40] *Zu einer Problematisierung der kindlichen Perspektive, vgl. auch Pedagogisk forskning i Sverige/Pädagogische Forschung in Schweden, Nr. 1–2, 2003.*

Anhang für die deutsche Ausgabe

Spielend Lernen – die Programmstruktur

Ziel	Gemeinsames Lernen und Kommunikation als Sinnkonstruktion der Kinder verstehen, bei der Bildungsplan und Ideen der Kinder gleichermaßen wichtig sind.
Gegenstand des Lernens	Das Sehen, Begreifen und Erfahren von spezifischen Phänomenen (z. B. Aspekte der Mathematik, die Funktion von Symbolen, Denken in Kreisläufen) in vielfältigen Formen.
Akt des Lernens	Durch Kommunikation und Handeln ein eigenes Verständnis finden;
	auf der Basis der individuellen Art und Weise Erfahrungen machen, die eigene Perspektive finden, die Perspektive wechseln und die Perspektive von anderen verstehen.
Arbeitsweise der pädagogischen Fachkräfte	Klare Vorstellung vom Lerngegenstand; Planung und Vorbereitung; Orientierung an der Erfahrungswelt der Kinder; Voraussetzungen für Kommunikation schaffen und aktiv, aber reflektierend mitkommunizieren; die Intention des Kindes und seine Perspektive auf den Lerngegenstand richten. Lenkung durch Erlebnisse, Material und Kommunikation; Zwischen Gegenstand und Akt hin- und herpendeln; Dokumentation
Bedeutung des Spiels	Spielen und Lernen sind zwei Seiten einer Medaille. „Das Lernen ist die Figur, das Spiel die Bühne"

Die Vorschule im schwedischen Bildungssystem (von Gisela Hoppenstedt)

Reform der frühkindlichen Bildung, Erziehung und Betreuung

1996 wurde die Kinderbetreuung in Schweden in das Bildungssystem integriert mit dem Ziel, eine ganzheitliche Sichtweise von Bildungs- und Lernprozessen im gesamten Bildungs- und Erziehungssystem zu ermöglichen.[41]

---

[41] *Svenska institutet 2005 (siehe unter www.sweden.se/fact_sheet), Kinderbetreuung in Schweden*

Alle öffentlichen Angebote vor der regulären Einschulung werden seit dieser Zeit durch das Schulgesetz geregelt. Im Herbst 2003 besuchten 75 % aller Kinder in der Altersgruppe von 1 bis 5 die *förskola*.

1998 wurde die Vorschulklasse *(förskole klass)* für Sechsjährige eingeführt. Sie ist freiwillig, wird jedoch von fast allen Sechsjährigen besucht.

Im Zuge dieser Integration von Kindertagesstätte und Schule wurde ein Curriculum für die Jahre vor der Einschulung verabschiedet. Der Bildungsplan ist grundsätzlich in gleicher Weise aufgebaut wie der Lehrplan der Schulen. Sie greifen ineinander und beziehen sich auf die gleichen Grundprinzipien und Auffassungen über Entwicklung und Lernen.

In den Jahren 2001–2003 wurden weitere Reformen durchgeführt, die den Zugang für diejenigen Gruppen erleichtern sollten, die noch nicht von der Kinderbetreuung erfasst waren.

Bildungsplan

Das schwedische Curriculum für Tageseinrichtungen für Kinder entwickelt einen Bildungsbegriff, der Bestandteil lebenslangen Lernens ist.

Dazu werden grundlegende Wertorientierungen und allgemeine Richtlinien formuliert[42], die den Bezugsrahmen für die Inhalte und die pädagogische Arbeit herstellen: Der Bildungsplan gibt jedoch nicht an, wie diese Ziele zu erreichen sind.

Die Ziele und Leitlinien umfassen folgende Bereiche:

- Normen und Werte
- Entwicklung und Lernen
- Einfluss des Kindes
- Zusammenarbeit von Vorschule und Elternhaus
- Zusammenarbeit von Vorschulklasse, Schule und Freizeitheim

Pädagogische Grundsätze[43]

Kennzeichnend ist die Zusammenführung von Bildung, Erziehung und Betreuung in einer Tätigkeit.

Die Tätigkeit baut auf einer ganzheitlichen Perspektive des kindlichen Entwicklungs- und Lernprozesses, bei der Fürsorge, Erziehung und Lernen eine Einheit bilden („educare") auf.

---

[42] *siehe Ministerium für Bildung und Wissenschaft Schweden: Curriculum für die Vorschule, unter http://www.gew.de/Binaries/Binary6117/Curriculum_Schweden.pdf.*

[43] *Svenska institutet 2005 (siehe Fußnote 1).*

Dem liegt die Auffassung zugrunde: Kinder lernen immer und mit allen Sinnen. Die Bedeutung des Spielens für den kindlichen Lernprozess wird ausdrücklich betont und im Lehrplan der Regelschule verankert.

Personal

In Schweden arbeiten folgende Berufsgruppen in der Elementarerziehung und Schulkinderbetreuung: VorschulpädagogInnen, KinderpflegerInnen, FreizeitpädagogInnen und Tagespflegeeltern. Seit 2001 absolvieren VorschulpädagogInnen gemeinsam mit FreizeitpädagogInnen und Grundschullehrkräften eine dreieinhalbjährige universitäre Ausbildung mit den Studienschwerpunkten Pädagogik, Entwicklungspsychologie, Familiensoziologie und kreativen Fächern. 83 % der pädagogischen Fachkräfte in Tageseinrichtungen haben studiert.

---

[44] *Quelle: Reinhard Kahl, , in: DIE ZEIT, Nr. 16, 2003.*

Glossar

Dekonstruktion

kann ganz allgemein als Verfahren der „Entlarvung" oder „ Infragestellung" von Theorien, Texten oder Grundannahmen bezeichnet werden.

Diese werden dabei nicht auf ihren Sinn hin untersucht, sondern auf das, was in ihnen verschwiegen, verneint oder ausgelassen wird.

Dispositionen

allgemein: Verfügung über eine Fähigkeit, ein Vermögen, eine Veranlagung oder (durch Erfahrung angewöhnte) Neigung.

Hier auch Gewohnheiten im Denken *(„habits of mind")*, mit denen Erfahrungen interpretiert werden.

Entwicklungspsychologische Perspektive

beruht auf der Annahme von typischen Entwicklungsstufen als biologischen Reifestufen, die alle Menschen durchlaufen.

„false-belief"-Aufgaben

sind ein Untersuchungsparadigma (= die Art und Weise, wie Ergebnisse erzielt werden) der *Theory of Mind* (ToM). Dieser liegt zugrunde, dass Kinder ab einem bestimmten Entwicklungsstand in der Lage sind zu erkennen, dass andere Menschen Überzeugungen haben, von denen das Kind weiß, dass diese falsch sind.

Genderforschung

Das Wort *gender* wurde auch in die deutsche Sprache übernommen, da das deutsche Wort *Geschlecht* sowohl die biologische *(sex)* als auch die soziale und psychologische Dimension *(gender)* vereint.

Die Genderforschung geht davon aus, dass Geschlechterrollen nicht biologisch definiert sind, sondern dass sie soziale und kulturelle Konstruktionen sind.

Kognition

Sammelbegriff für alle gedanklichen Vorgänge und Inhalte, die mit dem Gewahrwerden und Erkennen zusammenhängen. Kognition ist Ausdruck für jeden Prozess, durch den ein Lebewesen Kenntnis von einem Objekt erhält oder sich und seiner Umwelt bewusst wird. Zur Kognition zählen: Wahrnehmung, Erkennen, Vorstellung, Urteilen, Gedächtnis, Lernen, Erinnerung, Denken, aber auch Vermutung, Erwartung, Planen und Problemlösen.

Kognitive Fähigkeiten

sind z. B.

- Aufmerksamkeit
- Wahrnehmungsfähigkeit
- Erkenntnisfähigkeit
- Schlussfolgerung
- Entscheidungsfindung
- Erinnerung
- Merkfähigkeit
- Abstraktionsvermögen

Kohärenz

(in der Psychologie) bezeichnet den logischen Zusammenhang und die Nachvollziehbarkeit von Gedanken.

Metakognition

der Begriff wurde vor etwa zwanzig Jahren von John H. Flavell im Bereich der entwicklungspsychologischen Forschung eingeführt.

Allgemein beschreibt Metakognition die Auseinandersetzung mit den eigenen kognitiven Fähigkeiten und Prozessen.

Metakommunikation

Der Begriff stammt aus der Kommunikationspsychologie und bedeutet so viel wie „über die Kommunikation sprechen" (griech.: „meta" = über). Dabei wird der eigentliche Gegenstand des Gespräches verlassen und die Art und Weise, wie die Kommunikationspartner miteinander umgehen, zum Thema gemacht.

Metalernen

Während des Lernens werden „unsichtbare", früher angelegte Erfahrungen und Wissensinhalte aktiviert und erfolgreich in den Lernprozess integriert. Diese Vorgänge zu thematisieren nennt man „Metalernen".

Mindfulness

meint konzentrierte „Achtsamkeit“ als eine besondere Form der Aufmerksamkeitslenkung. Eigentlich eine Methode aus der Tradition des Buddhismus.

Paradigmenwechsel

ist eine wichtige qualitative Veränderung von Denkmustern im persönlichen Glauben des Einzelnen aber auch in komplexen Systemen und Organisationen. Es ersetzt eine Art des Denkens durch eine manchmal radikal andere. Gesellschaftliche Umbrüche führen zu Paradigmenwechsel.

Phänomenografie

ist eine empirische Untersuchungsmethode, die erfassen will, welche qualitativ unterschiedlichen Arten es gibt, in denen Menschen auf verschiedene Weise Aspekte ihrer Umgebung erfahren, erleben und verstehen.

In der Vorschulerziehung bezieht sich der phänomenografische Ansatz auf die Aspekte, wie Kinder die sie umgebende Welt erleben und wahrnehmen.

Relevanzstruktur

Wann und ob eine Äußerung für ein Kind relevant (wichtig) ist, hängt davon ab, was das Kind schon weiß und was es mit seinem Wissen verbindet.

Simultaneität

meint hier die Fähigkeit, mehrere Dinge gleichzeitig zu tun.

Sozialkonstruktivistische Perspektive

interessiert sich dafür, *wie* Menschen gesellschaftliche Phänomene erzeugen und festigen.

Theory of Mind (oft abgekürzt ToM, auch intuitive Alltagspsychologie)

beschreibt die Fähigkeit, die eigene geistige Beschaffenheit und die eines anderen Menschen zu begreifen und im eigenen kognitiven System zu repräsentieren; konkret: das Bewusstsein dafür zu haben, dass andere Menschen wissen, wünschen oder fühlen. Als Kernkonzepte der ToM werden Wünsche und Überzeugungen verstanden. Sie ermöglichen es, ein Verhalten vorauszusagen.

Variation (lat.: *variare* = verändern)

Meint die spontane oder absichtsvolle Abänderung von Informationsabfolgen oder Eigenschaften.

Pädagogen und pädagogische Konzepte

Alle Kurzdarstellungen der Pädagoginnen und Pädagogen und Auszüge aus den pädagogischen Konzepten werden zitiert aus dem Online-Handbuch Kindergartenpädagogik (Hrsg. von Martin Textor), in: www.kindergartenpädagogik.de.

Friedrich Fröbel, 1782–1852,

ist Begründer der Spielpädagogik und Erfinder des Kindergartens (1840). Er war und bleibt ein genialer Pädagoge, der sein eigenes philosophisch-anthropologisches Menschen- und Weltbild auf der Grundlage christlich-abendländischer Kultur entwickelt hat.

Interessant ist, dass sein Erziehungskonzept – damals wie heute – weltweit erfolgreich umsetzbar ist: Es hat „freie, denkende, selbsttätige Menschen" als Erziehungsziel.

Es versteht jeden Menschen in jeder Lebensphase und Verfasstheit als eigenständige „Einheit" (Gliedganzes, Individuum) im Rahmen der Vielfalt, die letztendlich wiederum auf eine absolute Einheit (ewiges Gesetz, Gott) bezogen ist.

Maria Montessori, 1870–1952

Zentraler Punkt aller Überlegungen Maria Montessoris und somit ihres ganzen Erziehungskonzeptes ist ihre Grundhaltung dem Kind gegenüber. Sie glaubt an die verborgenen schöpferischen Kräfte im Menschen und erachtet ihre Aufgabe darin, diese zu wecken, zu aktivieren und zu motivieren, um den Menschen dadurch zu harmonisieren und zu normalisieren. Nur darin sieht Maria Montessori eine Möglichkeit zur Lösung der Menschheitsprobleme. Sie vergleicht ihre Arbeit im erzieherischen Bereich mit der Arbeit des Arztes, ihre Erziehungsmethoden mit der Hygiene. Deshalb stellt sie die Normalität des Menschen gleich mit seiner absoluten Gesundheit, sowohl im physischen als auch im psychischen Bereich.

Jean Piaget, 1896–1980

Mit der These, dass Denken aus Handeln hervorgeht, stellt sich Piaget auf eine erkenntnistheoretische Position, die er Konstruktivismus nennt. Hier wird davon ausgegangen, dass Kenntnisse, Werte, Intelligenz, Denken, Autonomie und andere Persönlichkeitscharakteristika nicht von außen vermittelt werden können, sondern vom Kind in seinem Inneren aktiv *konstruiert* werden müssen. Dies geschieht in Interaktion mit der materiellen und soziokulturellen Umwelt, wobei zwei Prozesse unterschieden werden:

Assimilation: Das Kind nimmt Informationen aus seiner Umwelt auf und interpretiert sie entsprechend seinen Vorkenntnissen.

Akkommodation: Das Kind modifiziert sein Wissen aufgrund von Unzulänglichkeiten und Widersprüchen zu neuen Erfahrungen.

Lew Vygotski, 1896–1934

In den letzten Jahren werden in der Frühpädagogik immer mehr die Lehren des Russen und seiner Schüler/innen berücksichtigt, die der Förderung der kognitiven Entwicklung von Kleinkindern eine besondere Bedeutung beimessen. Ihr pädagogischer Ansatz verlangt einen hohen Einsatz seitens der Erzieher/innen, deren Rolle damit aufgewertet wird: Sie können laut Vygotski die kindliche Entwicklung entscheidend beeinflussen, da Anleitung und Unterricht der Förderung von Kindern vorausgehen.

High/Scope-Ansatz

Der High/Scope-Ansatz wurde Anfang der 60er Jahre des 20. Jahrhunderts von David P. Weikart entwickelt. Wie beim zur gleichen Zeit entstandenen Head-Start-Programm sollte vor allem sozial benachteiligten Kindern geholfen werden. Diese wurden zunächst in Gruppen von 15 bis 16 drei- bis vierjährigen Kindern von zwei Lehrkräften für zweieinhalb Stunden pro Tag unterrichtet. Der Erfolg der entwickelten pädagogischen Maßnahmen wurde vor allem durch zwei Längsschnittstudien belegt („Perry Preschool Project", „High/Scope-Preschool Curriculum Comparison Study"; siehe z. B. Schweinhart/Weikart/Larner 1986; Shouse 2000).

Reggio-Pädagogik

Die Reggio-Pädagogik ist formal gesehen das Gesamtkonzept von Ideen und Praxisstrukturen, wie es in den jetzt 33 kommunalen Krippen und Kindertageseinrichtungen in der norditalienischen Stadt Reggio Emilia seit den späten 60er Jahren entwickelt wurde.

Wichtigster Inspirator des Konzepts war der 1994 verstorbene langjährige Leiter des Koordinationsbüros der kommunalen Kitas in Reggio Loris Malaguzzi.

In der Reggio-Pädagogik meint Bildung eine umfassende, ganzheitliche Entwicklung und Entfaltung der Persönlichkeit. Zum ganzheitlichen, komplexen Bildungsprozess gehören auch die Selbstbildung und die Persönlichkeitsbildung im sozialen Kontext. Die Reggio-Pädagogik versucht, individuelle und soziale Prozesse im Gleichgewicht zu halten.

Praxisbeispiel für Erzieherinnen und Erzieher

Ziele	Bezogen auf den Bildungsplan: allg.: naturwissenschaftliche Phänomene erforschen konkr.: Experiment mit Wasser: • Was schwimmt? • Was sinkt? Bezogen auf die Kinder: Durch Einbringen von Alltagswissen und eigener Erfahrung Sinn stiften durch gemeinsames Tun/Spiel und Kommunikation
Gegenstand und Akt des Lernens	P. wirft einen Stein ins Wasser und lässt eine Feder auf die Wasseroberfläche gleiten. P: *Was ist mit dem Stein passiert? Warum bleibt die Feder oben?* Kinder bilden Hypothesen; P. nimmt Vorschläge auf, integriert sie und fährt fort P. setzte die Ente auf das Wasser? *Die ist so groß und geht nicht unter. Warum kann die Ente schwimmen?* Kinder bilden Hypothesen/Alltagserfahrung P. nimmt Vorschläge auf, integriert sie und fährt fort P. gibt einem Kind eine Murmel in die linke und ein Blatt in die rechte Hand. Kind bildet Hypothesen P. nimmt Vorschläge auf und fährt fort P. setzt Teebeutel ins Wasser usw. Wenn die Kinder verstanden haben, dass das Phänomen „sinken" und „schwimmen" mit „schwer/er" und „leicht/er" zusammenhängt, holen sie selbst Gegenstände und probieren aus.
Arbeitsweise	Sorgfältige Planung und Vorbereitung: • ein Gefäß, das von allen Seiten einsehbar ist, z. B. ein kleines Aquarium mit Wasser füllen; • Gegenstände vorbereiten, die einen variantenreichen Zugang erlauben (Feder, Stein, Badeente, Korken, Söckchen, Murmel, Blütenblatt, Bleistift, Teebeutel, Eiswürfel); • P. schafft Voraussetzung für Kommunikation: Kontextualisierung der Begriffe „sinken" und „schwimmen"; • P. lenkt Intention und Blickwinkel auf Aspekte des Lerngegenstands; • P. variiert die Gegenstände; • P. beobachtet Interaktion der Kinder; • P. dokumentiert Interaktion der Kinder;

Register

Bibliografie

Ahlberg, A. (1992): Att möta matematiska problem. En belysning av barns lärande. Göteborg: Acta Universitatis Gothoburgensis.

Ahlberg, A. (1995): Att möta matematiken i förskolan. Matematiken i temaarbetet. Göteborg: Acta Universitatis Gothoburgensis.

Ahlberg, A. (1997): Children's ways of handling and experiencing numbers. Göteborg: Acta Universitatis Gothoburgensis.

Alvestad, M. and Pramling Samuelsson, I. (1999): A Comparison between the National Preschool Curricula in Norway and Sweden. In: Early Childhood Research and Practice, 1(2). http://www.ecrp.uiuc.edu/v1n2/index.html.

Alvestad, M. (2001): Den komplekse planlegginga. Førskolelaerarar om pedagogisk planlegging og praksis. Göteborg Studies in Educational Sciences 165. Göteborg: Acta Universitatis Gothoburgensis.

Amabile, T. A. and Riovee-Collier, C. (1991): Contextual Variation and Memory. Retrieval at six months. In: Child Development, 62, S. 1155–1166.

Andernaes, A. (1994): Små barbs utveckling – sett innefra og utenfra. In: Tidskrift for Norsk Psykologiforening, 31.

Asplund Carlsson, M. (1999): „Skönheten och udjuret" i förskolan. In: Litterär kompetens för sexåringar? Didaktisk tidskrift, 9, 327–336.

Asplund Carlsson, M. und Johansson, J.-E. (2000): Husligheten I förskolan. En omsorg om bartn, familj och samhälle. Paper presenterat vir Barnomsorgsnätverkets konferens, Göteborg, 13–14 mars.

Asplund Carlsson, M. und Pramling, I. (1995): Det var en gång ... Om barnlitteratur i ett utvecklingspedagogiskt temaarbete. Göteborgs universitet: Institutionen för metodik i lärarutbildningen.

Astington, J. W. (1998): Theory of Mind Goes to School. In: Educational Leadership, 56 (3), 46–48.

Astington, J. W. (1994): The Child's Discovery of the Mind. Cambridge, Mass.: Harvard UP.

Astington, J. W. (2000): Language and Metalanguage in Children's Understanding of Mind. J. W. Astington (ed.), Minds in the making. Essays in honor of David R. Olson, S. 267–284. Oxford: Blackwell.

Astington, J. W. and Gropnik, A. (1988): Knowing You've Changed Your Mind: Children's Understanding of Representational Change. In: J. W. Astington, P. L. Harris und D. R. Olson (eds.), Developing Theories of Mind, S. 193–206. New York: Cambridge UP.

Athey, C. (1990): Extending Thought in Young Children. London: Paul Chapman.

Bailey, D., Bauer, J., Symons, F. and Lichtman, J. (2001): Critical Thinking About Critical Periods. Baltimore: Paul H. Brooks.

Bartley, K. (1998): Barnpolotik och barns rättigheter. Göteborgs universitet: Sociologiska institutionen.

Barton, S. and Franklin, M. (eds.) (1978): Developmental process. Heinz Werner's selected Writings. (Vol. 2). New York: International University Press.

Bateson, G. (1972): Steps to an ecology of mind. London: Intertext Books.

Baur, P. J. and Dow, G. A. (1994): Episodic Memory in 16- and 20-Months-Old Children: Specifics Are Generalized but Not Forgotten. Developmental Psychology, 30, 3.

Bennett, N., Wood, L. and Rogers, S. (1997): Teaching through play: Teacher's thinking and classroom practice. Buckingham, UK: Open University Press.

Bentley, T. (1998): Learning Beyond the Classroom – Education for a Changing World. London: Demos Routledge.

Berg, L.-E. (1992): Den lekande mässiskan. En socialpsykologisk analys av lekandets dynamik. Lund: Studentlitteratur.

Bergstedt, B. (1998): Den livsupplysande texten. En läsning av N F S Grundtvigs pedagogiska skrifter. Stockholm: Carlssons.

Björneloo, I. (2001): Yngre barns skriftspråkande. Kollegiet Early Childhood Education. Institutionen för pedagogic och didaktik. Göteborgs universitet. 24 april.

Blank, M. (1983 a): Teaching Learning in the Preschool. A dialogue approach. Cambridge MA: Brookline Books.

Blank, M. (1983 b): Classroom discourse: The neglected topic of the topic. In: M. Clark (ed.), Helping communication in early education. Education Review Occasional Publication, No. 11, 13–20.

Bowden, J. and Marton, F. (1998): The university of learning: Beyond quality and competence. London: Cogan Page.

Bredekamp, S. and Copple, C. (1997): Developmentally Appropriate Practise in Early Childhood Programs. Washington D. C.: National Association for the Education of Young Children.

Bremner, J. G. (1992): Infancy. Oxford: Page Bros. Ltd.

Brice Heath, S. (1983): Ways with words. Language, life, and work in communities and classrooms. Cambridge: Cambridge UP.

Briggs, J. A. (1985): Enhancing learning skills: The role of meta-cognition. In: J. A. Bowden (ed.), Student learning: Research into practice. Melbourne: Centre for the study of higher education.

Bronfenbrenner, U. (1979): The ecology of human development. Experiments by nature and design. Cambridge: Harvard UP.

Brown, Ann L. and Reeve, Robert A. (1985): Bandwidths of Competence: The Role of Supportive Contexts in Learning and Development. Technical Report No. 336.

Brown, A. (1978): Knowing when, where and how to remember: A problem of meta-cognition. In: R. Glaser (ed.), Advances in instructional psychology, Hillsdale N. J.: Lawrence Erlbaum Associates.

Brown, A. (1985): Teaching students to think as they read: Implications for curriculum reform. Paper presented at The American Educational Research Association Task Force on Excellence in Education. Curriculum Reform, Washington, D. C.

Brown, A., Bransford, J., Ferrara, R. and Campione, J. (1983): Learning, Remembering, and Understanding. In: P. Mussen (ed.), Child Psychology, Vol. III. New York: Wiley und Sons.

Bruce, T. (1990): Tradition och förnyelse I förskolepedagogiken. Stockholm: Utbildningsförlaget.

Bruner, J. (1997): Celebrating Divergence: Piaget and Vygotsky. Human Development, 40 (2), 63–73.

Canella, G. S. (1997): Deconstructing Early Childhood Education. Rethinking Childhood. New York: Peter Lang.

Carlgren, I. und Marton, F. (2000): Lärare av I morgon. Stockholm: Lärarförbundets förlag.

Carlson, H. L. (1993): Impact of Societal Orientations on Early Childhood Programmes and Parents and Professionals views of those Programmes: Sweden, England, United States. International Journal of Early Childhood, (25)1, 25–26.

Cole, M. (1988): Cross-cultural research in the sociohistorical tradition. Human Development, 31, 137–157.

Corsaro, W. A. (1985): Friendship and Peer Culture in the Early Years. New Jersey: Ablex Publishing Corporation.

Corsaro, W.A. (1997): The Sociology of Childhood. California: Pine Forge Press.

D'Arcy, P. (2000): Two Contrasting Paradigms for the Teaching and the Assessment of Writing. Loughborough, NAAE, NAPE, NATE.

Dahlberg, G., and Lenz Taguchi, H. (1996): Förskola och skola – om två skilda traditioner och om visionen om en mötesplats. Stockholm: HLS förlag.

Dahlberg, G., Moss, P. and Pence, A. (1999): Beyond Quality in Early Childhood Education and Care – Postmodern Perspectives. Falmer Press, Taylor und Francis.

Dahlberg, G. and Olsson, L. E. (1985): Läsning i barnperspektiv. Göteborg: Acta Universitatis Gothoburgensis.

Dahlgren, G. Gustafsson, K., Mellgren, E. and Olsson, L.-E. (1992, 2:a uppl.): Barn upptäcker skriftspråket. Stockholm: Liber.

Damon, W. and Phelps, E. (1989): Strategic Uses of Peer learning in Children's Education. In. T. Berndt und G. Ladd (ed.), Peer Relationsships and Child Development. New York: Wiley und Sons.

Damon, W. (1977): The Social World of the Child. San Francisco: Josey-Bass Publishers.

Damon, W. (1984): Peer Education. The untapped potential. Journal of Applied Psychology, (5), 331–343.

Dau, E. (1999): Child's Play. Revisiting play in early childhood settings. Sydney: Maclennan + Petty.

Davidsson, B. (2000): Samling – en symbol för integrationen. Paper presenterat vid NFPF:s congress I Kristianstand, Norge, 9–12 mars.

de Jonghe, I. (2001): International state of the art on children's playing. Leen Schillemans Research Centre Child und society: http://www.ndo.be.

Dencik, L. (1996): Familjen i välfärdsstatens förvandlingsprocess. Dansk Sociologi, 1, 58–82.

Docket, S. (1999): Thinking about play, playing about thinking. In: E. Dau (ed.), Child's Play. Revisiting play in early childhood settings. Sydney: Maclennan + Petty.

Doverborg, E. und Pramling Samuelsson, I. (1988): Temaarbete. Lärarens metodik och barns förståelse. Stockholm: Liber.

Doverborg, E. und Pramling Samuelsson, I. (1999 a): Förskolebarn I matematikens värld. Stockholm: Liber.

Doverborg, E. und Pramling Samuelsson, I. (1999 b): Hästar och äpplen I ett didaktiskt perspektiv. Om begynnande förståelse för grundleggande matematik. Didaktisk Tidskrift, (9) 4, 337–378.

Doverborg, E. und Pramling Samuelsson, I. (1999 c): Apple cutting and creativity as a mathematical beginning. Kindergarten Education: Theory, Research and Practice, (4) 2, 87–103.

Doverborg, E. und Pramling Samuelsson, I. (2000 a): Att förstå barns tankar. Metodik för barnintervjuer. 2:a rev. uppl. Stockholm: Liber.

Doverborg, E. und Pramling Samuelsson, I. (2000 b): Att utveckla små barns antalsuppfattning. In: B. Johansson und G. Emanuelsson (red.), Nämnaren TEMA: Matematik från början. Göteborgs universitet: Natinellt Centrum för Matematikutbildning.

Doverborg, E. and Pramling Samuelsson, I. (2000 c): To develop young children's conception of numbers. Early Child Development and Care, (162).

Doverborg, E. and Pramling Samuelsson, I. (2001): Children's Experience of Shape and Space for the learning of mathematics, 21 (3).

Doverborg, E. und Pramling, I. (1995): Mångfaldens pedagogiska möjligheter. Att arbeta med att utveckla barns förståelse för sin omvärld. Stockholm: Liber.

Doverborg, E. (2000): Lekens lustfyllda lärande. In: B. Johansson und G. Emanuelsson (red.), Nämnaren TEMA: Matematik från början. Göteborgs universitet: Natinellt Centrum för Matematikutbildning.

Doverberg, E. und Anstett, S. (2003): Rita och berätta. In: I. Pramling Samuelsson und E. Johansson (red.), Förskolan – barns första skola. Lund: Studentlitteratur.

Edwards, C., Gandini, L. and Forman, G. (red.), (1993): The Hundred Languages of Children. The Reggio Emilia Approach to Early Childhood Education. Norwood, New Jersey: Ablex.

Eide, B. J. und Winegar, N. (1996): Kompetente barn og kvalifiserte lärare i den nya småskolen. Oslo: J. W. Cappelens Forlag.

Elkind, D. (1982): The hurried child. Growing up too fast too soon. Reading, Mass.: Addison-Wesley.

Enerstvedt, R. T. (1988): Barn virksomhet og mening. Oslo: Falken.

Ernst, A. (2000): Look again. Documentation and communication through audio-visual media. Early Childhood Matters, (96), 38.

Evaldsson, A.-C. (1993): Play disputes and social order. Everyday Life in Two Swedish Afterschool Centers, (Linköping Studies in Arts and Science No. 93). Linköping: Institute of Tema Research, Linköping University.

Flavell, J. (1970): Development studies of mediated memory. In: H. W. Reese und L.P. Lipsitt (eds.), Advances in child development and behaviour, vol. 5. New York: Academic Press.

Flavell, J. (1976): The development of metacommunication. Paper presented at The 21st International Congress of Psychology. Paris.

Flavell, J. (29779): Metacognition and Cognitive Monitoring. American Psychologist, 34 (10), 906–911.

Foucault, M. (1972): The archaeology of knowledge. New York: Pantheon.

Foucault, M. (1974): The order of things: An archaeology of the human sciences. London: Tavistock.

Frye, D. und Moore, C. (1991): Children's Theory of Mind. New Jersey, Hillsdale: Lawrence Erlbaum.

Fröbel, F. ([1863] 1995): Människans fostran. Red. av J-E Johansson. Lund: Studentlitteratur.

Frønes, I. (1994): De likeverdige. Om sosialisierung og de jevnealdrendes betydning. Oslo: Universitetsforlaget.

Frønes, I. (1997): Et sted å lære: introduksjon til en didaktisk sociologi. Oslo: Cappelen Akademisk Forlag.

Fulgham, R. (1989): Allt vad jag behöver veta jag mig på dagis. Ovanliga funderingar om vanliga ting. Stockholm: Bonniers.

Förskolan (2001): Tema: lek. nr 1.

Gardner, H. (1993): Multiple Intelligences: New York: Basil Books.

Gardner, H. (1999): Den bildade människan. Jönköping: Brain Books.

Gesell, A. und Ilg, F. (1961): Barnens värld och vår. Stockholm: Natur und Kultur.

Glover, A. (1999): The role of play in development and learning. In: E. Dau (ed.), Child's Play. Revisiting play in early childhood settings. Sydney: Maclennan + Petty.

Gould, S. J. (1996): Full house: The spread of excellence from Plato to Darwin. New York: Harmony Press.

Gruber, H. und Voneché, J. (1977): The essential Piaget. London: Routledge und Kegan Paul.

Gustafsson, K. und Mellgren, E. (2000): En studie om barns skrivlärande, (IPD-rapport 2000:8). Göteborgs universitet: Institutionen för pedagogik och didaktik.

Hadley, E. (2002): Playful Disruptions. Early Years, 22 (1), 9–17.

Halldén, G. (2001): Barnet och boet. Familjen – drömmar om det goda, det spännande och det farliga. Stockholm: Carlsson.

Hangaard Rasmussen, T. (1993): Den vilda liken. Lund: Studentlitteratur.

Hangaard Rasmussen, T. (2002): Legens poetik – dannelse og erfaring i børns leg. In: I. Pramling Samuelsson (red.), Lek och lärande. Konferensrapport från Nätverk för Barnomsorgsforskning, Göteborg den 15–16 November 2001, S. 7–26. IPD-rapport nr. 4. Göteborgs universitet: Institutionen för pedagogik och didaktik.

Hanna, E. and Meltzoff, A.N. (1994): Peer imitation by Toddlers in Laboratory, Home and Day-Care Contexts: Implication for Social Learning and Memory. Developmental Psychology, 29, 4.

Harris, P. (1995): Barn och känslor. Lund: Studentlitteratur.

Harris, P. (2000): The work of imagination. Oxford: Blackwell.

Hay, D., Stimsion, C. and Castle, J. (1991): A meeting of minds in infancy: Imitation and Desire. In: Frye, D. und Moore, C. (1991): Children's Theory of Mind. New Jersey, Hillsdale: Lawrence Erlbaum.

Hedegaard, M. (2000): Learning and Child Development. A Cultural-Historical Study. Aarhus: Aarhus UP.

Hedegaard, M. (2003): At blive fremmed I Danmark. Hur tyrkiske unge oplever deras skolegang, identitet och framtid. Aarhus: Klim.

Herakleitos (1979): Fragment. (H. Rehnberg H. Ruin, övers) Lund: Propexus. (Original ca. 500 v. Chr.)

Hewett, V. M. (2001): Examining the Reggio Emilia Approach to Early Childhood Education. Early Childhood Education Journal, (29) 2, 98.

Hohmann, M., Barnet, B. und Weikart, D. P. (1989): Barn I lek og aktiv læring. Pedagogisk håndbok for barnehagen. Tøjen: Universitetsforlaget.

Homburger Erikson, E. (1977): Barnet och samhället. Stockholm: Natur und Kultur.

Howes, C. and Smith, E. (1995): Relations among child care quality, teacher behavior, children's play acitivities, emotional security, and cognitive activity in child care. Early Childhood Research Quarterly, 10, 381–404.

Howes, C. (1980): Peer play scale as an index of complexity of peer interaction. Developmental Psychology, (16), 371–372.

Huizinga, J. (1955). Homo ludens. A Study of the Play Element in Culture. Boston: Beacon.

Hundeide, K. (1977): Piaget I kritisk lys. Oslo: Capellen.

Hundeide, K. (1987): Piagets pedagogik: en aktuell teoretisk referansramme. In: H. Rye, H. Smebye und K. Hundeide (red.), Aktiv læring i førskolealder. En presentasjon av High/Scopes barnehageprogram, S. 31–47. Oslo: Universitetsforlaget.

Hundeide, K. (1989): Barns livsverden. Oslo: Capellen.

Hundeide, K. (1999): From early interaction to class-room communication. University of Oslo. Draft 17/6.

Hundeide, K. (2002): The Mind between Us. Nordisk psykologi, (54) 1, S. 69–90.

Hutt, S., Tyler, S., Hutt, C. and Christopherson H. (1989): Play, exploration, and learning: A natural history of the pre-school. London: Routledge.

Häikiö, T. (2000): Lärande via skapande. En studie av förhållendet mellan konstruktivism och konstruktionism i teori och praktik. Fördjupningsarbete, 10 pöang, Program i pedagogik med inriktning mot förskola och fritidsverksamhet. Göteborgs universitet: Institutionen för pedagogik och didaktik.

James, A. und Prout, A. (1990): Constructing and Reconstructing Childhood. Basingstoke: Falmer Press.

James, A., Jenks, C. and Prout, A. (1998): Theorizing Childhood. New York: Teachers College, Columbia University.

Jenks, C. (1982): Constituting the Child. In: C. Jenks (ed.), The Sociology of Childhood: Essential Readings. London: Batsford.

Jennings, S. (1995): Playing for real. International Play Journal, (3).

Johansson, E. und Pramling Samuelsson, I. (2001): Omsorg – en central aspect av förskolepedagogiken. Exemplet måltiden. Pedagogik forskning I Sverige, 6(2), 81–101.

Johansson, E. und Pramling Samuelsson, I. (2003): Förskolans verdag. In: E. Johansson und I. Pramling Samuelsson (red.), Förskolan – barns första skola. Lund: Studentlitteratur.

Johansson, E. (1999): Etik I små barns värld. Om världen och normer bland de yngsta barnen I förskolan. Göteborg: Acta Universitatis Gothoburgensis.

Johansson, E. (2003): Möten för lärande. Pedagogisk verksamhet för de yngsta barnen i förskolan. Stockholm: Skolverket.

Johansson, J.-E. (1994): Svensk förskolepedagogik under 1900-talet. Lund: Studentlitteratur.

Johansson, J.-E. und Gustafsson, B. (1993): Interessecentrum och tema – en hundraårig historia (Videofilm). Göteborgs universitet. Institutionen för pedagogic.

Johansson, J.-E., Klerfelt, A. und Pramling, I. (1997): Att skriva och lösa problem I grundskolans tre första årskurser. Uppföljning av en försöksverksamhet I förskolan. Paper presenterat vid NFPF:s (Nordisk förening för pedagogisk forskning) Jubileumskongress, Göteborg, 6–9 mars.

Johnson, J. E., Christie, J. F. and Yawkey, T. D. (1999, 2nd edition). Play and Early Childhood Development. Harlow: Longman.

Katz, L. G. (1993): Dispositions as Educational Goals. Eric Digest. EDO-PS–93–10, University of Illinois, Champaign.

Katz, L. G. and McClellan, D. E. (1997): Fostering Children's Social Competence: The Teacher's role. NAEYC Research into Practice Series, no. 8. Washington D. C.: National Association for the Education of Young Children.

Katz, L. G. and Chard, S. (1989): Engaging Children's Minds: The Project Approach. Norwood, New Jersey: Ablex.

Key, E. (1927): Barnets århundrade. Stockholm: Bonniers.

Kjørholt, A. T. (2001): „The participating child". A vital pillar in this century? Nordisk pedagogik, (2), 65–81.

Knoop, H.H. (221): Play – Learning und Creativity: Why happy children are better learners. Copenhagen: Aschehoug.

Krecker, M. (1977): Die Bedeutung Henriette Schrader-Breymanns für die Entwicklung des Volkskindergartens. Beiträge zur Geschichte der Vorschulerziehung. Berlin: Volk und Wissen.

Kullberg, B., Pramling, I. und Williams Graneld, P. (1996): Möjligheter eller hinder till lärande. Fjorton nybörjarelevers erfarenheter. (Rapport nr 12) Göteborgs universitet: Institutionen för metodik.

Kwan, C. and Sylva, K. (1996): Effects of Day Care Environment in Singapore. Paper presented at The XIVth Biennial Meetings of International Society for the Study of Behavioral Development, Quebec City, Canada, 12–16 August.

Kärrby, G. (2000): Svensk förskola – Pedagogisk kvalitet med socialpolitiska rötter. Rapport från Institutionen för pedagogic, Högskolan I Borås.

Köhler, E. (1936): Aktivitetspedagogik, en vägledning. Under medverkan av svenska och norska lärare. Stockholm: Natur und Kultur.

Lagerlöf, S. (1986): Bortbytingen. Ill. av Maj Fagerberg. Stockholm: Carlsen.

Langer, E. (1989): Mindfulness. Cambridge, Mass.: Persens Books.

Lave, J. and Wenger, E. (1991): Situated Learning: legitimate peripheral participation. New York: Cambridge UP.

Leeb-Lundberg, K. (1972): Friedrich Froebel's Mathematics for the Kindergarten. Philosophy, Program and Implementation in the United States. New York: School of Education of New York University.

Lenz Taguchi, H. (1997): Varför pedagogisk documentation? Stockholm: HLS Förlag.

Levin, G. (1996): Endangered play, endangered development: a constructivist view of the role of play in development and learning. In: A. Phillips (ed.), Topics in Early Childhood Education 2: Playing for Keeps. St. Paul, Minn: Inter-Institutional Early Childhood Consortium, Redleaf Press.

Lillard, A. (1993): Pretend Play Skills and the Child's Theory of Mind. Child Development, (64), 348–371.

Lillemyr, O.-F. (2001a): Nyere norsk forskning rettet mot overgangen barnehage – skole. Del I. Norsk Pedagogisk Tidsskrift, (5), 431–445.

Lillemyr, O.-F. (2001b): Nyere norsk forskning rettet mot overgangen barnehage – skole. Del II. Norsk Pedagogisk Tidsskrift, (6), 538–550.

Lindahl, M. and Pramling Samuelsson, I. (2002): Imitation and Variation. Toddler's strategies for learning. Scandinavian Journal of Educational Research, 46 (1).

Lindahl, M. (1996): Inlärning och erfarande. Ettåringars möte med förskolans värld. Göteborg: Acta Universitatis Gothoburgensis.

Lindahl, M. (2002): Vårda – Vägleda – Lära. Effektstudie av ett kompetensutvecklings-program för lärare i förskolemiljön. Göteborg: Acta Universitatis Gothoburgensis.

Linderoth, J., Lantz-Andersson, A. and Lindström, B. (2002): Electronic exaggerations and virtual worries: mapping research of computer games relevant to the understanding of children's game play. Contemporary Issues in Early Childhood, 3(2), 226–250.

Lindqvist, G. (1989): Från fakta till fantasi. Om temaarbete utifrån skapande ämnen och lek. Lund: Studentlitteratur.

Lindqvist, G. (1996): Lekens möjligheter. Lund: Studentlitteratur.

Lindqvist, G. und Lofdahl, A. (2001): Lekens roll i förskolan. Paper presenterat vid NFPF:s 29 kongress, Stockholm, 15–18 mars.

Lundberg, I. (1991): Phonemic Awareness Can Be Developed Without Reading Instruction. In: S. A. Bradley und D. P. Shankweiler (ed.), Phonological Processes in Literacy: A Tribute to Isabel Y. Lieberman. New Jersey: Lawrence Erlbaum.

Längsjö, E. (1996): „Kartan-i-huvudet" – en didaktisk studie kring barns orienteringsförmåga. (C-uppsats i program i Pedagogik med inriktning mot förskola och fritidsverksamhet.) Göteborgs universitet: Institutionen för pedagogik.

Löfdahl, A. (2002): Förskolebarns lek – en arena för kulturellt och socialt meningsskapande. Karlstad University Studies, 28. Karlstads universitet: Institutionen för utbildningsvetenskap, Pedagogik.

Lööf, J. (1977): Sagan om det röda applet. Stockholm: Carlsen.

Manning, K. and Sharp, A. (1977): Structuring play in the early years at school. London: Ward Lock Educational.

Marton, F. and Säljö, R. (1976): On qualitative differences in learning. Outcome and function of the learner's conception of the task. British Journal of Educational Psychology, 46, 115–127.

Marton, F. and Booth, S. (1997): Learning and Awareness. New Jersey: Lawrence Erlbaum.

Marton, F. and Morris, P. (ed.), (2002): What matters? Discovering critical conditions of classroom learning, S. 133–143. Göteborg: Acta Universitatis Gothoburgensis.

Marton, F. and Pang, M.-F. (1999): Two Faces of Variation. Keynote address at The 8th European Conference for Learning and Instruction, Gäteborg, 24–28 augusti.

Marton, F. and Svensson, L. (1978): Att studera omvärldsuppfattning. Rapport nr 158. Göteborgs universitet: Pedagogiska institutionen.

Marton, F. (1981 a): Phenomenography – describing conceptions of the world around us. Instructional Science (10), 177–200.

Marton, F. (1981 b): Studying conceptions of reality – A meta-theoretical note. Scandinavian Journal of Educcational Research, 25, 159–169.

Marton, F. (1992): Phenomenography and „the art of teaching all things to all men". Qualitative Studies in Education, 5(3), 253–267.

Marton, F. (1999): Variatio est mater studiorum. Keynote address at The 8th European Conference for Learning and Instruction, Göteborg, 24–28 augusti.

Marzano, R. J. (1998): A Theory-Based Meta-Analysis of Research on Instruction. Aurora, Colorado, Midcontinent Regional Educational Laboratory. http://www.mcrel.org/products/learning/meta.pdf.

Mauritzson, U. and Säljö, R. (2001): Adult questions and children's responses: Co-ordination of perspectives in studies of children's theories of other minds. Journal of Educational Research, 45(3), 213–231.

Mauritzson, U. und Säljö, R. (2003): Ja vill va Simba å du ä Nala – Barns kommunikation och koordination av perspektiv I lek. In: E. Johansson und I. Pramling Samuelsson (red.), Förskolan – barns första skola. Lund: Studentlitteratur.

Mauritzson, U. (2003): Barns perspektivtagande – hur barn lär sig ge och ta mening I interaction. (Opublicerad lic. avhandling). Institutionen för pedagogik och didaktik. Göteborgs universitet.

Merleau-Ponty, M. (1962): Phenomenology of perception (C. Smith, übers.). New York, London: Routledge.

Montessori, M. (1986): Barndomensgåta. Originaltitel: The secret of childhood [1936]. Stockholm: Bonnier Fakta.

Montessori, M. (1987): Barnasinnet. Originaltitel: The absorbent mind [1949]. Stockholm: MacBook.

Montessori, M. (1989b [1948]): What you should know about your child. Oxford: Clio.

Montessori, Mario M. (1992): Education for human development. Understanding Montessori. London: Clio.

Mårdsjö, A.-C. (1993): Barn och Trafik. Ett utvecklingsarbete i förskola och låstadium (Rapport nr 4): Göteborgs universitet: Institutionen för metodik i lärarutbildningen.

Mårdsjö, A.-C. (Manus): Lärandets skiftande innebörd – uttryckt av förskollärare i utbildning. Göteborgs universitet: Institutionen för pedagogik och didaktik.

Märak, G. (1994): En vårvisa med lyckligt slut. Om kulturell beredskap och barns litteraturtolkningar. Linköping: Tema Barn.

Nash, J. M. (1997): Fertile Minds. Time, (149) 5, 48–56.

National Research Council (2001): Eager to Learn. Educating Our Preschoolers. Washington: National Academy Press.

Neuman, D. (1987): The origin of arithmetic skills. Göteborg: Acta Universitatis Gothoburgensis.

Next Generation Forum (1999): Toward the Creative Society. Next Generation Annual Report 1999. Köpenhamn: http://www.nextgenerationforum.org.

Next Generation Forum (2000): Next Generation Annual Report 2000, first draft. Fourth Next Generation Roundtable Meeting, Costa Rica, June 2000. http://www.nextgenerationforum.org.

NSIN Research Matters (2001): Learning about learning enhances performance, No. 13.

Nutbrown, C. (1994): Threads of Thinking. Young children's learning and the role of early education. London: Paul Chapman.

Nutbrown, C. (96): Children's Rights and Early Education. London: Paul Chapman.

Olofsson Knutsdotter, B. (1987): I likens värld. Stockholm: Almqvist und Wiksell.

Olson, D. (2003): Psychological Theory and Educational Reform. Oxford: Oxford University Press.

Oppenheim, J. (1987): På andra sedan ån. Stockholm: Litteraturfrämjandet.

Pedagogisk Forskning i Sverige. Temanummer: barns perspektiv och barnperspektiv. 2003.

Piaget, J. (1962): Play, dreams and imitation in childhood. London: W.W. Norton.

Piaget, J. (1970 [1929]): Structuralism. New Jersey: Litterfield, Adams and Co.

Piaget, J. (1976): The child's conception of the world. New Jersey: Litterfield, Adams and Co.

Polakow, V. (1992): The Erosion of Childhood. Chicago and London: The University of Chicago Press.

Pramling Samuelsson, I. und Lindahl, M. (1999): Att förstå det lilla barnets värld – med videons hjälp. Stockholm: Liber.

Pramling Samuelsson, I. und Mauritzson, U. (1997): Att lära som sexåring. Skolverkets monografiserie. Stockholm: Skolverket.

Pramling Samuelsson, I. und Mårdsjö, A.-C. (1997): Grundläggande färdigheter – och färdigheters grundläggande. Lund: Studentlitteratur.

Pramling Samuelsson, I. (1999): Förskolan och det nya Millenniumet. Förskoletidningen, 5/6.

Pramling Samuelsson, I. (2000 a): Kreativitet och lärande – en utmaning för läraren. In: I. Johansson und I. Holmbäck-Rohlander (red.), Vägar till pedagogiken i förskola och fritidshem. Stockholm: Liber.

Pramling Samuelsson, I. (2000 b): Vad kann skolan lära av förskolan? Hett Stoff. Finlandssvensk pedagogisk tidskrift. http://www.vasa.abo.fi/fc/Hettstoff

Pramling Samuelsson, I. (2001 a): Demokrati – grunden för den svenska läroplanen i förskolan. In: Læreplaner i internationalt perspektiv, s. 23–38. Frederikshavn: Dafolo.

Pramling Samuelsson, I. (2001 b): Barns perspektiv. Förskoletidningen, 4, 13–16.

Pramling Samuelsson, I. (2002 a): Allt hör ihop i barnets värld: Pedagogiska Magasinet, Tema „Kunskap utan gränder" (2), 14–19.

Pramling Samuelsson, I. (2002 b): Kampen om „den goda barndomen". Förskoletidningen, 3, 11–15.

Pramling Samuelsson, I. (2003): Dialogpedagogikens uppgång och fall? Vägval i skolans historia, (3) 1.

Pramling, I. und Mårdsjö, A.-C. (1994): Att utveckla kunnandets grunder. (Rapport nr. 7.). Göteborgs universitet: Institutiuonen för metodik i lärarutbildningen.

Pramling, I. (1983): The child's Conception of Learning. Göteborg: Acta Universitatis Gothoburgensis.

Pramling, I. (1986 a): Barn och inlärning. Lund: Studentlitteratur.

Pramling, I. (1986 b): Meta-inlärning I förskolan. Barns uppfattningar av inlärning och innehållet i temat „Affären". (Publikation nr. 15) Göteborgs universitet: Institutionen för pedagogik.

Pramling, I. (1986 c): Vad är metakognition? (Rapport nr. 7). Göteborgs universitet: Institutionen för pedagogik.

Pramling, I. (1987): Vad är metakognition? (Rapport nr. 7). Göteborgs universitet: Institutionen för pedagogik.

Pramling, I. (1988 a): Att lära barn lära. Göteborg: Acta Universitatis Gothoburgensis.

Pramling, I. (1988 b): Developing children's thinking about their own learning. British Journal of Educational Psychology, (56), 266–278.

Pramling, I. (1989): Barns förståelse för sin omvärld. In: J. Palmberg (red.), Barnomsorg i utveckling. Stockholm: Liber.

Pramling, I. (1990): Learning to learn: a study of Swedish pre-school children. New York: Springer Verlag.

Pramling, I. (1991): Föreställningar om barnet. In: M. Tamm (red.), Perspektiv på barn och ungdom. Stockholm: Utbildningsradion.

Pramling, I. (1994): Kunnandets grunder. Prövning av en fenomenografisk ansats till att utveckla barns sätt att uppfatta sin omvärld. Göteborg: Acta Universitatis Gothoburgensis.

Pramling, I. (1996): Understanding and empowering the child as a learner. In: D. Olson and N. Torrance (ed.), Handbook of Education and Human Development: new models of learning, teaching and schooling. Oxford: Basil Blackwell.

Pramling, I., Asplund Carlsson, M. und Klerfelt, A. (1993): Lära av sagan. Lund: Studentlitteratur.

Pramling, I., Fors, B., Davidsson, B. und Johansson, E. (1995): Barn och livsfragor. Ett didaktiskt forsook med blivande förskollärare. (Rapport nr. 10). Göteborgs universitet: Institutionen för metodik I lärarutbildningen.

Pramling, I., Johansson, E., Davidsson, B. and Fors, B. (2000): Student Teachers' and Preschool Children's Questions about Life – A phenomenographic approach to learning. European Early Childhood Educational Research Journal, 8(2), 5–22.

Pramling, I., Klerfelt, A. und Williams Graneld, P. (1995): „Först var det roligt, sen blev det tråkigt och sen vande man sig." Barns möte med skolans värld. (Rapport nr. 9.) Göteborgs universitet: Institutionen för metodik.

Pramling, N. and Pramling Samuelsson, I. (2001): „It is floating 'cause there is a hole". A young child's experience of natural science. Early Years, (21)2, Summer.

Qvortrup, J. (1994): Childhood Matters: an Introduction. In: J. Qvortrup et. al (ed.), Childhood matters: Social theory, practice and politics. Aldershot: Avebury.

Rinaldi, C. (1991): The Reggio Emilia Approach. Paper presented at The Hundred Languages of Children, Detroit, MI.

Rinaldi, C. (1993): The Emergent Curriculum and Social Constructivism. In: C. Edwards, L. Gandini und G. Forman (red.), The Hundred Languages of Children. The Reggio Emilia Approach to Early Childhood Education, S. 101–111. Norwood, New Jersey: ablex Publishing Corporation.

Rinaldi, C. (2000): Subjectivity and Intersubjectivity in Children's Learning. Paper presenterat vid The NAEYC conference, Atlanta, 7–10 November.

Rinaldi, C. (2001): Documentation and Assessment: What is the relationship? In: Making Learning Visible. Children as individual and group learners, S. 78–93. Reggio Emilia, Italy: Reggio Children and Project Zero.

Robinson, E. J. and Robinson, W. P. (1983): Ways of Reacting to Communication Failure in Relation to the Development of the Child's Understanding about Verbal Communication. European Journal of Social Psychology, 11, 198–208.

Runesson, U. (1999): Variationens pedagogik. Göteborg: Acta Universitatis Gothoburgensis.

Rye, H., Smebye, H. und Hundeide, K. (1987): Aktiv læring i førskolealder. En presentasjon av High/Scope barnehageprogram. Oslo: Universitetsforlaget.

Rönnermann, K. (2001): „Vi behöver varandra." En utvärdering av praktikers och forskares mäte för att forma forskningsprojekt i skolan. Stockholm: Skolverket.

Sawyer, R. K. (1997): Pretend play as improvisation. Conversation in the preschool classroom. Mahwok, N. J.: Lawrence Erlbaum.

Scholz, R. W. and Tietje, O. (2002): Embedded case study methods: integrating quantitative and qualitative knowledge. London: SAGE.

Schyl-Bjurman, G. und Strömstedt-Lind, K. (1976): Dialogpedagogik. Lund. Studentlitteratur.

Sheridan, S. and Pramling Samuelsson, I. (2001): Children's Conceptions of Participation and Influence in Preschool. A perspective on pedagogical quality. Contemporary Issues in Early Childhood, (2)2, 169–194. (http://www.triangle.co.uk/ciec/).

Sheridan, S. and Pramling Samuelsson, I. (2003): Learning through ICT in Swedish Early Childhood Education – from a pedagogical perspective of quality. Childhood Education, 79 (5), 276–282.

Sheridan, S. (2001): Pedagogical Quality in Preschool. An issue of perspectives. (Göteborg Studies in Educational Sciences 160.) Göteborg: Acta Universitatis Gothoburgensis.

Signert, K. (2000): Maria Montessori. Anteckninger ur ett liv. Lund: Studentlitteratur.

Siraj Blatchford, I., Sylva, K., Muttock, S., Gilden, R. and Bell, D. (2002): Researching Effective Pedagogy in the Early Years. Research Report 356. University of Oxford: Department of Educational Studies.

Skolverket (1999:1): Skolverkets allmänna råd om kvalitetsredovisning inom skolväsendet.

Skolverket (2000). Integrationen förskoleklass – grundskola – fitidshem. Stockholm: Skolverket. (http://www. Skolverket.se/pdf/regeringsuppdrag/forgrufri.pdf).

Snow, C. P. (1993): The Two Cultures. Cambridge UP.

Socialstyrelsen (1987:3): Pedagogisk program för förskolan. Stockholm: Allmänna förlaget.

Sommer, D. (1997): Barndomspsykologi. Utveckling I en förändrad värld. Stockholm: Runa.

Sommer, D. (1998): The reconstruction of childhood – implications for theory and practice. European Journal of Social Work, 1(3), 311–326.

Sommer, D. (2003): Barndomspsykologiske facetter. Aarhus: Systime Academic.

SOU (1972:26): Förskolan. Del 1. betänkande utgivet av 1968 års barnstugeutredning. Stockholm: Socialdepartementet.

SOU (1985:22): Förskola-skola. Betänkande av förskola-skola-kommittén. Stockholm: Gotab.

SOU (1997:108): Att lämna skolan med rak rygg – om rätten till skriftspråket och om förskolans och skolans möjligheter att förebygga och möta läs – och skrivsvårigheter. Stockholm: Fritzes.

SOU (1997:116): Barnets bästa i främsta rummet. FN:s konvention om barnets rättigheter förverkligas I Sverige. Stockholm: Fritzes.

Standing, E. M. (1984): Maria Montessori, her life and work. USA: New American Library.

Steinsholt, K. (1999): Lett som en lek? Ulike veivalg inn i leken og representasjonens verden. Trióndheim: Tapir.

Steinsholt, K. (2001): Lek är som förälskelse. Förskolan, tema: Lek, nr. 2.

Stern, D. (1991 a): Barnets interpersonella värld. Stockholm: Natur und Kultur.

Stern, D. (1991 b): Ett litet barns dagbok. Stockholm: Natur und Kultur.

Strozzi, P. (2001): Daily Life at School. Seeing the Extraordinary in the Ordinary. In: Making Learning Visible. Children as individual and group learners, S. 58–77. Reggio Emilia, Italy: Reggio children and Project Zero.

Sträng-Haraldsson, M. (2000): Barns tankar om naturvetenskap. Förskoletidningen, (3), 4–9.

Sutton-Smith, B. (1984): Text and context in imaginative play. In: F. Kessel und A. Goncu (eds.): Analysing children's play dialogues: New directions for child development, no. 25. San Francisco: Jossey-Bass.

Sutton-Smith, B. (1997): The ambiguity of play. London: Harvard UP.

Sylva, K., Roy, C. and Painter, M. (1980): Child Watching at Playgroup and Nursery School. London: Grant McIntyre.

Säljö, R. (2000): Lärande I praktiken. Kultur, kommunikation och tänkandets redskap. Stockholm: Prisma.

Utbildningsdepartementet (1998 a): Lpfö 98. Läroplan för förskolan. Stockholm: Fritzes.

Utbildningsdepartementet (1998 b): Läroplan för det obligatoriska skolväsendet, förskoleklassen och fritidshemmet. LPO 94 – anpassad till att också omfatta förskoleklassen och fritidshemmet. Stockholm: Fritzes.

Utbildningsdepartementet (1999): OECD – Country Note. Early Childhood Education and Care Policy in Sweden. Stockholm: Utbildningsdepartementet.

Utbildningsradion (1990): Reflektera för att veta mera. Barns utveckling, del 6. (Regi, Birgitta Sohlmann).

Utrikesdepartementet (1990): Konventionen om barnets rättigheter. Stockholm: Utrikesdepartementet

Vallberg-Roth, A.-C. (2002): De yngre barnens läroplanshistoria. Lund: Studentlitteratur.

Wallström, B. (1992): Möte med Fröbel. Lund: Studentlitteratur.

Valsiner, J. (1989): Collective co-ordination of progressive empowerment. In: L. Winegar (red.), Social interaction and the development of children's understanding. New Jersey: Ablex.

Valsiner, J. (1990): Culture and the Development of Children's Action. New York: John Wiley und Sons.

Valsiner, J. (1995): Child Development within Culturally Structured Environments. Volume 3. Comparative-Cultural and Constructivist Perspectives. New Jersey: Ablex.

Watkins, C. et al. (2001): Learning about learning enhances performance. Research Matters, 13, 1–8.

Wellmann, H. (1977): Tip of the Tongue and Feeling of Knowing Experiences: A Developmental Study of Memory Mentoring. Child Development, 48, 13–28.

Wellmann, H., Cross, D. and Watson, J. (2001): Meta-Analysis of Theory-of-Mind Development: The Truth about False Belief. Child Development, 72 (3), 655–684.

Werner, H. (1973): Comparative psychology of mental development. New York: International Universities Press.

Wigforss, F. (1946): Barnens färdigheter I räkning vid skolgångens början. (Pedagogiska skrifter, 191.) Sveriges allmänna folksollärarförenings litteratursällskap.

Williams, P. (2001): Barn lär av varandra. Samlärande I förskola och skola. (Göteborg Studies in Educational Sciences 163.) Göteborg: Acta Universitatis Gothoburgensis.

Williams, P., Sheridan, S. und Pramling Samuelsson, I. (2001): Barns samlärande – en forskningsöversikt. Skolverkets monografiserie. Stockholm: Skolverket.

Wimmer, H. and Perner, J. (1983): Beliefs about beliefs. Cognition, 13 (2), 103–128.

Winegar, L. T. and Valsiner, J. (1992): Children's development within social context. Volume 1. Metatheory and Theory. Hillsdale New York: Lawrence Erlbaum.

Vygotsky, L. S. (1972, [1952]): Taenking og språg I og II. Köpenhamn: Mezdunarodnaja Kinga og Hans Reitzels Forlag A/S.

Vygotsky, L. S. (1978): Mind in Society. In: M. Cole, V. John-Steiner, S. Scribner and E. Souberman (eds. + translation), The development of higher psychological process. Cambridge: Harvard UP.

Öhberg, C. (2003): Småbarn löser problem. In: E. Johansson und I. Pramling Samuelsson (red.), Förskolan – Barmns.